Künstler in Moskau

KÜNSTLER IN MOSKAU
DIE NEUE AVANTGARDE

Herausgegeben von Eric A. Peschler

Mit einem Essay von Wiktor Misiano
und Photographien von Jurij Scheltow

Edition Stemmle
SCHAFFHAUSEN · ZÜRICH · FRANKFURT/M · DÜSSELDORF

Inhalt

Vom Tauwetter zur Perestroika   6

Künstler in Moskau   14

Die Kunst der sowjetischen Avantgarde   203
«Die andere Seite der Medaille»

Ausstellungen   207

*D*ieses Buch erscheint in einer Zeit, in der die Künste in der Sowjetunion nie gekannte Freiheiten genießen. Die neue Politik Michail Gorbatschows, die mit den mittlerweile auch im Westen landläufig gewordenen Begriffen Glasnost und Perestroika nicht zureichend beschrieben ist, hat Film und Theater, Literatur und Bildende Kunst aus den Fesseln einer jahrzehntelang herrschenden Kunstdoktrin gelöst, die sich Sozialistischer Realismus nannte und in bewußter Verkennung des so ausgedrückten Postulates die soziale Wirklichkeit konsequent ignorierte. (In der zeitgenössischen Musik konnten Komponisten wie Alfred Schnittke, Edison Denissow oder Andrej Wolkonskij schon früher fast unbehindert eigene Wege gehen.)

Beinahe über Nacht wurde im Zeichen von Glasnost und Perestroika öffentlich, was sich alternativ zum Traditionalismus der Staatskunst längst etabliert hatte: die inoffizielle Kunst. Ihre Entstehung reicht in die 50er Jahre zurück; ihre Ausprägung erfuhr sie in den 60er, 70er und 80er Jahren, in jener Periode

Vom Tauwetter zur Perestroika

also, die in der Politik heute beschönigend mit dem Begriff Stagnation beschrieben wird. Für die Kunst war sie in Wahrheit eine Zeit der Repression.

«Tauwetter» war der Titel eines Kurzromans von Ilja Ehrenburg, der 1954, ein Jahr nach Stalins Tod, erschienen war. Er gab der Liberalisierungsphase den Namen, die nach der Abrechnung Nikita Chruschtschows mit dem Stalinismus auf dem XX. Parteitag der KPdSU im Februar 1956 angebrochen war. Damals konnten Wladimir Dudinzews «Der Mensch lebt nicht vom Brot allein» und Aleksandr Solschenizyns «Ein Tag im Leben des Iwan Denissowitsch» erscheinen, nicht aber Boris Pasternaks Roman «Doktor Schiwago». Als dieser schließlich im Westen gedruckt wurde, verlor der Autor seinen Sitz im sowjetischen Schriftstellerverband. Den Nobelpreis durfte er nicht entgegennehmen. Es war, wie des Kreml Hofpoet Jewtuschenko formulierte, *«ein Tauwetter mit Sonnenschein und Frostausbrüchen»*.

Am 26. November 1962 veranstaltete der Moskauer Maler Eli Beljutin, ein führender Abstrakter, in seinem Atelier eine Ausstellung avantgardistischer Kunst mit dreißig Teilnehmern, unter denen auch der Bildhauer Ernst Neiswestnyj war. Der wenige Tage später unternommene Versuch einer Wiederholung für ein größeres Publikum scheiterte. Die vom Moskauer «Jugendclub für künstlerische Tätigkeit» organisierte Ausstellung wurde kurz vor ihrer Eröffnung verboten.

Der Bildhauer Ernst Neiswestnyj im Gespräch mit Nikita Chruschtschow, Moskau 1962. Daneben – von links nach rechts: Suslow, Breschnew, Kirilenko.

Beispiel einer Auftragsarbeit: Ernst Neiswestnyjs Relief am Moskauer Krematorium.

Zum Eklat kam es zwei Tage später, am 1. Dezember 1962, anläßlich einer Ausstellung des Moskauer Künstlerverbandes in der Manege, an der sich, in geringem Umfang, auch einige Vertreter der inoffiziellen Kunst, unter ihnen wieder Ernst Neiswestnyj, Wladimir Jankilewskij, Jurij Sobolew, beteiligten. Ausstellungsbesucher Nikita Chruschtschow, der noch kurz zuvor weitere Liberalisierungsmaßnahmen angekündigt hatte, kamen die Bilder der Abstrakten vor, «*als seien sie mit einem Eselsschwanz hingeschmiert*», und er befand: «*Diese pathologischen Hirngespinste sind nicht mehr als elende Imitationen der korrupten formalistischen Kunst des bourgeoisen Westens.*»

In der Folge dieses Verdikts wurden in der Kunstpolitik die Ampeln auf Rot geschaltet. Das wurde spätestens auf einer Tagung der Ideologischen Kommission des Zentralkomitees der Partei am 26.12.62 klar, als deren Vorsitzender Leonid Iljitschow in einer Rede vor Kulturschaffenden die Versammelten auf die Prinzipien des Sozialistischen Realismus einschwor und forderte: «*Man muß sich von Verirrungen und Fehlern befreien, aufmerksam die Meinung des Volkes hören, das Abstraktionismus und Formalismus ablehnt, richtig schlußfolgern, nochmals die eigenen ideologisch-künstlerischen Positionen überprüfen und begreifen, daß es um die geistige Gesundheit und um das Schicksal unserer sozialistischen Kultur geht... Niemand soll meinen, daß ein Kompromiß in ideologischen Fragen möglich sei, daß wir uns mit irgendeiner Zwischenlösung ‹abfinden› könnten, die für die Anhänger als auch für die Gegner des Sozialistischen Realismus, für Realisten als auch für Formalisten, für wirklich talentierte Künstler als auch für Taschenspieler der Kunst annehmbar wäre.*»

Dieser Absage an die Vielfalt in der Kunst setzte Parteichef Chruschtschow noch eins drauf, als er ein Vierteljahr später, im März 1963, vor einer Versammlung führender Persönlichkeiten von Partei und Regierung mit Schriftstellern und Künstlern sprach und in schlichten Worten das vielzitierte «gesunde Volksempfinden» artikulierte:

«*Es ist unbegreiflich, warum, im Namen welcher Ziele, mit Vernunft begabte, gebildete Menschen die Narren spielen und den Unfug treiben, die unsinnigsten Machwerke für Kunst auszugeben. Dabei ist das sie umgebende Leben voller natürlicher, erregender Schönheit.*

Silvester war ich außerhalb der Stadt und kehrte dann nach Moskau zurück. Den ganzen 31. Dezember hatte ich vom Morgen an im Wald verbracht. Das war ein poetischer Tag, ein herrlicher russischer Wintertag; ich betone den russischen Winter, denn nicht überall gibt es solche Winter wie bei uns in Rußland. Das ist natürlich keine nationale, sondern eine klimatische, eine Naturerscheinung. Ich bitte, mich da richtig zu verstehen...

Einen starken Eindruck übte auf mich der Winterwald am Vorabend des neuen Jahres aus; er war so schön. Möglicherweise waren die Schatten auch nicht silbrig; mir fehlen die Worte, um den tiefen Eindruck wiederzugeben, den der Wald auf mich ausübte. Ich beobachtete den Sonnenaufgang und den reifüberzogenen Wald. Diese Schönheit kann nur der begreifen, der selbst im Wald war und solche lebendigen Bilder gesehen hat. Der Vorzug des Künstlers besteht ja eben darin, daß er solche erregenden Bilder wiederzugeben vermag. Diese Gabe besitzt nicht jeder.

Ich sagte zu meinen Begleitern: Schaut auf diese Tannen, auf ihren Schmuck, auf diese Schneeflocken, die spielen und in den Sonnenstrahlen funkeln, wie ist das unwahrscheinlich schön! Und da kommen die Modernisten, die Abstraktionisten, wollen diese Tannen mit den Wurzeln noch oben zeichnen und behaupten obendrein, das sei das Neue, das Progressive in der Kunst...

Das Volk wird ohne Zweifel die Kraft finden, derartigen ‹Neuerern› eine Abfuhr zu erteilen. Und diejenigen unter ihnen, die nicht den Verstand verloren haben, werden sich besinnen; sie werden künstlerisch wertvolle Gemälde schaffen, die von Freude erfüllt sind und die zur Arbeit rufen.»

Solche unmißverständliche Aufforderung wurde nicht selten wörtlich verstanden, den «Neuerern» die gewünschte Abfuhr erteilt. Ernst Neiswestnyj hatte damals im Auftrag des Moskauer Stadtrates mehrere Entwürfe für eine Reliefplastik am neuen Krematorium angefertigt. Moskaus Stadtväter entschieden sich für den konventionellsten. Das Werk symbolisiert auf höchst simple Weise den Kreislauf des Lebens, Tod und Wiedergeburt. Die künstlerische Gestaltung hält sich – für den Betrachter aus dem Westen – ganz in den Grenzen des Herkömmlichen, eines absichtsvoll auf den Symbolgehalt des Sujets abgestimmten und dementsprechend stilisierten Naturalismus. Und eben damit unterschied sich die Skulptur von den üblichen Bildwerken des Sozialistischen Realismus nicht unwesentlich. Sie verzichtet auf die photographische Reproduktion drs Details und läßt überdies den gängigen Optimismus vermissen, den bislang jede künstlerische Schilderung von Szenen aus dem sowjetischen Leben auszustrahlen hatte. Wo immer bis anhin in der Sowjetunion gestorben wurde, geschah es heroisch und zu höherem Zweck und Nutzen. Getrauert wurde stolz. Das zivile, das private Sterben, der individuelle Tod waren noch nie auf solche Weise von einem sowjetischen Künstler dargestellt worden.

Beispiel einer Auftragsarbeit: Entwurf einer Ehrenurkunde «Für hohe Leistungen im individuellen sozialistischen Wettbewerb» von Ilja Kabakow.

Und so war die Gruppe der Trauernden, die im Mittelpunkt des Reliefs steht, etwas Unerhörtes, etwas nie Gesehenes. Die Redaktionen der hauptstädtischen Zeitungen wurden mit Hunderten von Protestbriefen empörter Bürger überschwemmt, die Neiswestnyjs Skulpturengruppe als Beleidigung für das Auge empfanden, und der Volkszorn machte sich in nächtlichen Anschlägen auf das Objekt des Anstoßes Luft.

Drei alte Weiblein, etliche verirrte Mitglieder einer Trauergemeinde und ein Milizionär standen davor, als ich am Tag nach dem Anschlag mit dem Künstler den Tatort besichtigte. Die Wurfgeschoße hatten ihr Ziel offensichtlich verfehlt. Nur der Wandverputz wies einige stumpfe Flecken auf, die von Steinwürfen herrühren mochten. *«Es ist eine Schande»*, hörte ich eine der Großmütter sagen. Neiswestnyj nahm seine Zigarette aus dem Mund.

«Sie haben ja recht, die guten Leute. Mir gefällt's auch nicht.» Er schlug seinen Mantelkragen hoch und stopfte seine Fäuste in die Taschen. Wir gingen in sein Atelier.

In diesem Atelier, einer Unterkunft im alten Stadtzentrum, die einmal Gemüseladen oder Schusterwerkstatt ge-

Im September 1974 ging die Polizei mit Bulldozern und Wasserwerfern gegen eine Ausstellung inoffizieller Kunst auf einem Baugelände an der Peripherie von Moskau vor.

wesen sein mochte, schuf er einige Jahre danach auf Wunsch der Witwe das Grabdenkmal für Nikita Chruschtschow, das man auf dem Moskauer Prominentenfriedhof am Neuen Jungfrauen-Kloster sehen kann. Es war ein später Tribut an seinen Widersacher, der ihn an jener denkwürdigen Ausstellung in der Manege beschimpft und geschmäht hatte: *«Wie der Volksmund sagt, macht erst das Grab den Buckligen gerade.»*

Obwohl das Tauwetter nur von kurzer Dauer war, wirkte es fort. Fortwirkte das Erlebnis der Begegnung mit der westlichen Kunst unseres Jahrhunderts und der Wiederentdeckung der nationalen Kunst der 10er und 20er Jahre, welches das Tauwetter beschert hatte, und durch das aufgestoßene Fenster zum Westen gelangten nun, wenn auch bruchstückhaft, so doch fortlaufend, Informationen aus den Kunstmetropolen der kapitalistischen Welt ins Land.

Die Ära Breschnew, die auf den Sturz Chruschtschows im Oktober 1964 folgte, brachte den Entstalinisierungsprozeß zum Stillstand. Kulturpolitik erschöpfte sich in Disziplinierungsmaßnahmen ihrer Funktionäre, die das Banner des Sozialistischen Realismus hochhielten. In der inoffiziellen Kunst fand eine Sezession statt. Eine Gruppe von Malern, die 1962 an der Ausstellung in der Moskauer Manege teilgenommen hatten, vollzogen einen Anpassungsschritt und siedelten sich als sogenannte Progressisten im «linken» Spektrum der offiziellen Kunst an, wo sie fortan geduldet wurden. Die anderen, in der Mehrzahl und den Erstgenannten an Bedeutung weit überlegen, bildeten den «underground».

Der Begriff «Untergrund» weckt die Vorstellung von einer «verbotenen Kunst», die es anders als in Nazideutschland (wo bekanntlich die Gestapo Ateliers und Künstlermansarden turnusmäßig nach «entarteter Kunst» zu durchsuchen pflegte, mißliebige Kunstwerke konfiszierte oder an Ort und Stelle zerstörte und ihre Produzenten, so Umerziehungsversuche an ihnen scheiterten und sie nicht rechtzeitig ins Ausland entkommen konnten, in Konzentrationslager einlieferte) in der Sowjetunion nie gegeben hat. Es gab auch zu keiner Zeit «Moskaus heimliche Maler», so der Titel eines Fortsetzungsberichtes, in dem Jimmy Ernst, Sohn des deutschen Surrealisten Max Ernst und seinerzeit Professor am Brooklyn-College in New York, nach einer Reise in die Sowjetunion seine Erlebnisse zum besten gab. Da erzählt er von seinen Exkursionen in die *«Schattenwelt der Geächteten»*, die natürlich immer nur nachts stattfanden. So gegen halb zwölf traf man sich in einer dunklen Gasse. Ein flüchtiger Gruß, ein geflüstertes Wort... *«Das war wie in einem Hitchcock-Thriller»*, behauptete Ernst. «*Dann gehen sie so dreimal um die Ecke, sehen sich um, und dann geht man in irgendein Haus...*»

In diesem Haus, in dem Ernst auf leisen Sohlen, vermutlich die Schuhe in der Hand, die Treppen hinaufschleichen mußte, wohnte ein «*heimlicher Maler*». Als er des Amerikaners ansichtig wurde, «*da stand nun dieser Mann da, und die Tränen liefen ihm nur so herunter. Und das Zimmer war so klein, daß unsere Knie aneinanderstießen, als wir uns setzten. Dann haben wir nur geflüstert...*»

Nicht nur Tränen kennzeichneten die «*Gefühlsergüsse des russischen Meisters mit der großen Seele*», weiß Ernst sich zu erinnern. An der Wand hing eine Bildpostkarte von New York. «*So jede zwanzig Minuten nahm er sie von der Wand, küßte sie, und dann sah er uns an.*»

Solche Geschmacklosigkeiten und Gruselgeschichten konnte man damals da und dort nachlesen. Mit der Wirklichkeit hatten sie nichts gemein, und sie dienten gewiß nicht der Information, mehr schon dem herrschenden Antisowjetismus. In Wahrheit konnte auch in jenen Jahren in der Sowjetunion jeder malen, wie es ihm gefiel: abstrakt, realistisch, figurativ oder ungegenständlich. Niemand hinderte ihn daran, keiner störte ihn dabei. Er durfte sogar verkaufen, wenn er Käufer fand. Er konnte nur nicht öffentlich ausstellen. Und das bedeutete, daß er kein Publikum hatte, keine Anerkennung, keine Kritik, keine Presse, kurzum: daß er als Künstler ganz eigentlich nicht existent war. Der Versuch einiger inoffizieller Künstler, ihre Bilder auf einem Moskauer Baugelände unter freiem Himmel einem größeren Publikum zu zeigen, endete mit einem Fiasko. Die Staatsmacht ließ Bulldozer anrücken, die die nichtgenehmigte Ausstellung abräumten. Das war 1974.

Diese Situation, die verlorene Hoffnung auf eine Wende der Kulturpolitik in absehbarer Zeit, führte in den 70er Jahren und noch zu Anfang der 80er Jahre zu einem neuen Exodus, zu einem neuen Aderlaß für die russische Kultur. Der Musiker Mstislaw Rostropowitsch, der Theatermann Jurij Ljubimow, der Filmregisseur Andrej Tarkowskij und viele andere entschlossen sich zur Emigration oder wurden, wie z.B. der Schriftsteller Lew Kopelew, ausgebürgert. Die nichtoffizielle Kunst verlor so wichtige Vertreter wie Ernst Neiswestnyj, Jurij Kupermann, Michail Schemjakin, Oleg Zelkow, um nur einige zu nennen.

Die anderen blieben im Lande und nährten sich mehr oder weniger gut, aber jedenfalls redlich. Auch davon ist zu sprechen, denn die weitverbreitete Mär von der materiellen Not der nonkonformistischen Künstler in der Sowjetunion war eben immer nur eine Mär, die um so lieber geglaubt

Sozialistischer Realismus:
W. N. Bakschejew, Blauer Frühling, 1930

wurde, als sie ins Bild der Vorstellungen paßte. Fast alle gehen neben ihrer schöpferischen Tätigkeit Auftragsarbeiten nach, die ihnen nicht nur ein überdurchschnittlich gutes Einkommen sichern, sondern auch die Aufnahme in einen Berufsverband ermöglichen. Sie sind Bühnenbildner, Designer, Buchillustratoren und Dekorateure. Ilja Kabakow und Erik Bulatow beispielsweise verdanken ihre Bekanntheit in der Heimat nicht ihren bei uns bewunderten Bildern, sondern ihren Illustrationen zu unzähligen beliebten sowjetischen Kinderbüchern, die hohe Auflagen haben.

Die Mitgliedschaft in einem Berufsverband ist unerläßlich. Sie verleiht dem Künstler den Status, der ihn in die Lage versetzt, sich Leinwand, Pinsel und Farbe zu verschaffen, und einen Arbeitsraum, ein Atelier anzumieten, dessen Komfort wiederum von der Stellung bestimmt wird, welche das Mitglied im Verband bekleidet. Das heißt, daß der mehrfach dekorierte Altmeister des Sozialistischen Realismus, der eine Professur an der Kunstakademie bekleidet, gegenüber dem Vertreter der inoffiziellen Kunst natürlich privilegiert ist und daß dieser wiederum von den Arbeitsbedingungen nur träumen kann, wie sie die Schlachtenmaler der Armee genießen, die ihre Kolossalgemälde und Monumentalskulpturen in ei-

Sozialistischer Realismus:
S. A. Grigorjew, Die Aufnahme in den Komsomol, 1949

gens für sie errichteten Mammutstudios pinseln und kleben.

Wo es keine privaten Galerien gibt, hat das Atelier, die «Masterskaja», wie es russisch heißt, neben seiner eigentlichen noch eine zweite, sehr wichtige Funktion. Die «Masterskaja» war immer Treffpunkt für Kollegen und Freunde, für Gönner und Förderer, ein Ort, an dem tagsüber gearbeitet und nächtelang diskutiert und gestritten, gefestet und gefeiert wird, wo man – so es die Räumlichkeit zuläßt – für einen Tag und eine Nacht lang eine Ausstellung organisiert, ein Spektakel der Aktionskunst oder eine Performance, wie man es neuerdings nennt.

Unter den Gönnern und Förderern der nichtoffiziellen Kunst waren seit den 50er Jahren viele hochgestellte Persönlichkeiten wie der Schriftsteller Ilja Ehrenburg oder der Pianist Swjatoslaw Richter, vor allem aber bekannte Wissenschaftler, die junge Künstler durch Ankäufe von Bildern und Skulpturen ermunterten und ideellen Beistand leisteten, indem sie ihnen Bibliotheken öffneten und unverfälschte Informationen über künstlerische Ereignisse im Westen zugänglich machten, weil sie in der Erneuerung der sowjetischen Kunst eine unabdingbare Voraussetzung für die geistige Demokratisierung und Humanisierung des herrschenden Systems sahen und weil die klaffende Diskrepanz zwischen dem hohen Niveau von Naturwissenschaften und Technik und dem Tiefstand von Geisteswissenschaften und Künsten sie mit Sorge erfüllte. Andere Angehörige der Oberschicht dagegen, die sich in der Rolle von Mäzenen gefielen, hatten wenig oder gar keine Beziehung zu den Objekten ihrer häufig generösen Förderung. Wie überall in der Welt gehörte es in jenen Jahren, von denen die Rede ist, auch bei der arrivierten, der neureichen Klasse der Sowjetgesellschaften zum guten Ton, mindestens ein abstraktes Ölbild im Salon und unter den Gästen der Abendgesellschaft auch einen wegen formalistischer Verirrungen vom Konservatorium relegierten oder desertierten jungen Pianisten vorzeigen zu können.

Daß der Besuch der «Masterskaja» des nonkonformistischen Künstlers schließlich auch zum festgebuchten Programm moskaureisender Globetrotter vom Schlage eines Jimmy Ernst wurde, hängt ursächlich mit der Entdeckung dieser Nischen systemkritischer Auseinandersetzung durch Angehörige der westlichen diplomatischen Missionen in Moskau zusammen. Daß es unter diesen auch Kunstsinnige gab und gibt, die eine wertvolle Vermittlerrolle spielten und viel dazu beitrugen, die inoffizielle Kunst der Sowjetunion im Westen bekanntzumachen und ihren Vertretern dort jene Anerkennung zu verschaffen, die ihnen in ihrer Heimat bislang versagt geblieben war, ist unbestritten. Andererseits ist zu sagen, daß die meisten der westlichen Ausländer, die Bildwerke der neuen Avantgarde im Diplomatenkoffer exportierten, mit Kunst wenig im Sinn hatten. Sammeln war Mode, um nicht zu sagen Sport, den man sich leisten konnte. Kunst war billig und versprach Wertzuwachs. So ist heute zu beklagen, daß ungezählte Werke der zeitgenössischen sowjetischen Kunst, die nirgendwo dokumentiert sind, von denen kein Photo existiert, in alle Welt verstreut und verloren sind. Mancher Moskauer Künstler vermag nicht einmal mehr den Namen des Käufers zu nennen, der seine Bilder aus dem Atelier trug. Glücksfälle sind seltene Ausnahmen geblieben. Der 1986 verstorbene große russische Bildhauer Wadim Sidur, der zu Lebzeiten in seiner Heimat nie ausstellen konnte, fand in dem westdeutschen Slawisten Karl Eimermacher einen uneigennützigen Freund und Bewunderer, der sein Werk in vielen Ausstellungen und zahlreichen Publikationen bei uns bekannt machte und die Aufstellung einiger seiner Skulpturen in deutschen Städten bewerkstelligte.

Perestroika heißt Umbau und Glasnost soviel wie Transparenz. Die für die inoffizielle Kunst folgenreichste Umbaumaßnahme, die Gorbatschow nicht ohne Widerstand durchsetzte, war die Entlassung von Kulturminister Pjotr Demitschew, der ein Vierteljahrhundert lang dogmatische Positionen in der Kulturpolitik vertreten hatte. Sein Amt übernahm Wassilij Sacharow, ein ausgewiesener Reformer, der Mitarbeiter des Politbüromitglieds und Gorbatschow-Vertrauten Aleksandr Jakowlew und des inzwischen geschaßten Moskauer Parteichefs Boris Jelzin war. Der neue Kulturminister selber soll es gewesen sein, der die erste große Ausstellung nichtoffizieller Kunst möglich machte, die – von einer Gruppe von Verbandsmitgliedern auf eigene Faust arrangiert – im Februar 1987 in einem Saal an der Peripherie der sowjetischen Hauptstadt eröffnet wurde und für Schlagzeilen in der Weltpresse sorgte. Über sechzig Teilnehmer zeigten Bilder und Skulpturen aller modernen Stilrichtungen. Für Jewgenij Barabanow, den Kritiker der Literaturzeitung, war es *«die erste echte Kunstausstellung in Moskau seit den zwanziger Jahren».* Noch am Vorabend der Vernissage hatte es Schwierigkeiten gegeben. Kunstbeamte der Moskauer Verbandssektion fanden *«Obszönes»* an einem Bild von Wladimir Jankilewskij, qualifizierten das am blauen Sowjethimmel aufgehängte Symbol der staatlichen Qualitätskontrolle auf einer Leinwand von Erik Bulatow als *«blanken Hohn»* und wollten Grischa Bruskins «Fundamentales Lexikon» entfernt sehen, weil es *«antisowjetisch»* sei.

Obschon die Ausstellung weder durch Plakate noch in der Presse angekündigt worden war, zog sie schon in den ersten Tagen zahlreiche Besucher an. Das Publikum, jahrzehntelang nur an den Postkartenkitsch des Sozialistischen Realismus mit seinen Abbildungen aus einer rosaroten Scheinwelt gewöhnt, erwies sich als ungeübt, in Bilder wie in einen Spiegel zu schauen. So irritierte denn auch weniger die fremde Form der Darstellung als die Thematik, die Konfrontation mit einer Kunst, die sich um keine Tabus schert, sondern sich konkret mit der rauhen Welt des real existierenden Sozialismus auseinandersetzt. Auch von organisiertem Protest wurde in Moskau gesprochen. In der Illustrierten «Ogonjok» (Feuerchen) warnte Boris Ugarow, der Präsident der Sowjetischen Akademie der Künste, davor, über Künstler, die früher totgeschwiegen worden seien und die jetzt entdeckt würden, die anderen zu vergessen. Wichtig sei für die Beurteilung eines Künstlers, *«auf wessen Seite er steht».*

Die große Schau an der «Kaschirskaja», wie sie nach der gleichnamigen nahe gelegenen Metro-Station getauft wurde, öffnete die Schleusen für eine veritable Flut von Ausstellungen allerorts in Moskau, deren meiste juryfrei waren und an denen jeder teilnehmen konnte, der sich zu einer der vielen Gruppen zählte, die sich unter allen möglichen Namen spontan zusammenschlossen und oft auch ebenso schnell wieder zerfielen. Daß nicht alles Qualität, will sagen Kunst war, was da gezeigt wurde, versteht sich. Eine prominente Schriftstellergattin aus der Schweiz faßte ihre Eindrücke von der Ausstellung an der «Kaschirskaja» in die treffenden Worte: *«Es ist nicht alles gut, was da hängt. Aber es ist gut, daß es da hängt.»*

Die Ausstellung an der «Kaschirskaja» im Februar 1987 fiel zeitlich zusammen mit einem internationalen «Friedensforum», zu dem Michail Gorbatschow Politiker, Wissenschaftler und Kulturprominenz aus aller Welt nach Moskau geladen hatte. Diese trugen dazu bei, daß sich die Kunde von der Attraktivität der inoffiziellen sowjetischen Kunst auch dort verbreitete, wo man von ihr noch nicht Notiz genommen hatte. Die Folgen waren fast voraussehbar und sind bedauerlich. Seither fallen nämlich Galeristen und Ausstellungsmacher wie die Heuschrecken in die Moskauer Ateliers ein und inszenieren dort den Saisonausverkauf. Einige clevere Künstler, die nicht nur von Kunst, sondern auch vom Kommerz etwas verstehen, sehen es mit Wohlgefallen, wie vife Spekulanten die Preise ihrer Bilder auf Kunstmessen in Paris oder New York ins Astronomische treiben. Andere – und die sind in der Mehrzahl – lassen sich arglos übertölpeln und vertrauen phantastischen Versprechungen, die sich nur selten erfüllen. So sind in den vergangenen Monaten wiederum zahllose Bildwerke der inoffiziellen sowjetischen Kunst außer Landes gekommen und damit für ein erst noch zu errichtendes sowjetisches Museum zeitgenössischer Kunst unwiederbringlich verloren. Es wiederholt sich, was mit vielen bedeutenden Kunstwerken der historischen Avantgarde der 20er Jahre geschah, mit den Bildern von Malewitsch und Larionoff, von Rodtschenko und El Lissitzkij. Sie wurden in alle Welt verstreut und sind für den russischen Kulturbesitz nicht wiederzugewinnen.

Ist nun mit Glasnost und Perestroika die inoffizielle Kunst offiziell geworden? Ilja Kabakow verneint das:

«Die inoffizielle Kunst kann ihrem Charakter nach in der aktuellen Realität niemals offiziös werden. Das ist ganz ausgeschlossen, weil eben ihr Charakter immer alternativ ist, weil sie immer auf der anderen Seite steht als die offizielle Kunst. Wie immer es auch die offiziöse Kunst anstellen wollte, sich die nichtoffizielle einzuverleiben, wird diese immer die Gegenposition halten. Einmal vorausgesetzt, die offiziöse Kunst wollte wirklich diesen Schritt tun.

Man vereinnahmt die nichtoffizielle Kunst immer a posteriori, post mortem. Jetzt zeigt man die Bilder von Üllo Sooster, der zu seinen Lebzeiten nie ausstellen konne, von Zwerew und anderen oder die Skulpturen des kürzlich ver-

Sozialistischer Realismus:
J. I. Pimenow, Hochzeit in der Straße von morgen, 1962

storbenen Wadim Sidur, der nie eine offizielle Ausstellung hatte. Beispiele, daß man langsam bereit ist, die Toten zu integrieren. Die lebende, die lebendige nichtoffizielle Kunst wird immer ausgeschlossen und verfemt bleiben.

Das Äußerste, was wir erwarten können, was geschehen kann, das wäre, daß man dem nichtoffiziellen Künstler gestattet, ein normales Leben mit seiner Kunst zu führen, daß man ihm das Recht auf Ausstellungen, auf Publikation, auf Kritik einräumt, mit anderen Worten: das Recht auf ein normales Funktionieren, wie es die andere, die offiziöse Kultur genießt.

Bis gestern hat es das nicht gegeben. Neuerdings, in der letzten Zeit, ist das möglich. Und das ist großartig.»

Die sechsundzwanzig Vertreter der nichtoffiziellen sowjetischen Kunst, der neuen Avantgarde, die in diesem Buch vorgestellt werden, sind eine Auswahl, die nicht willkürlich getroffen wurde. (Hätte der Herausgeber sich von seinem persönlichen Geschmack, von seinen privaten Vorlieben leiten lassen, dann wäre wohl ein ganz anderes Buch entstanden mit dem Titel «Meine Moskauer Künstlerfreunde».) Zufällig ist nur die Zahl sechsundzwanzig, die sich aus der verlangten Beschränkung ergab. Gefragt war kein Generalkatalog, sondern eine überschaubare und nach Möglichkeit repräsentative Dokumentation der Kunstentwicklung in den letzten drei Jahrzehnten, die 80er Jahre inbegriffen, in denen eine ganz junge Generation die Bühne betrat, mehrheitlich kaum dreißigjährig und also noch unfertig. Die Abbildung ihrer Arbeiten ist keine Wertung, sondern Information.

Anders verhält es sich mit den Künstlern der 60er und 70er Jahre, die das Buch in der vorgegebenen Chronologie alphabetisch ordnet. Sie haben der jeweiligen Entwicklung Impulse gegeben, sie entscheidend beeinflußt oder ganze Stilrichtungen geprägt.

Die Beschränkung bringt es mit sich, daß in diesem Buch etliche Namen fehlen, der von Oleg Wasiljew zum Beispiel, der nicht nur ein exzellenter Illustrator, sondern auch ein ausgezeichneter Maler ist, oder der von Swetlana Bogatyr, einer sehr feinsinnigen Künstlerin, die mehr Beachtung verdient, als man ihr schenkt. Ganz außer Betracht bleiben mußte die Graphik, die ein hohes Niveau hat, wie man von den Ausstellungen Garif Basyrows oder Jurij Sobolews weiß, um nur zwei Namen zu nennen. Der zeitgenössischen nichtoffiziellen sowjetischen Graphik wäre ein eigenes Buch zu widmen.

Nicht befriedigt hat in manchen Fällen die Qualität der Druckvorlagen für die Reproduktionen. Sie wurden ausnahmslos von den Künstlern zur Verfügung gestellt. Kamera, Filmmaterial und Verarbeitung entsprechen in der Sowjetunion nicht unserem Standard. Wo wir Mängel feststellen mußten, haben wir sie im Hinblick auf den dokumentarischen Charakter dieses Buches in Kauf genommen.

Schließlich bleibt mir noch der Dank an alle, die meine Arbeit mit Rat und tätiger Mithilfe unterstützt haben, vor allem der Dank an den Freund Wladimir Njemuchin, den Patriarchen der Moskauer Künstler, der selbstlos, wie er stets ist, aus seinem reichen Fundus zum Material dieses Buches beigetragen hat.

Stäfa am Zürichsee, im April 1988   Eric A. Peschler

Künstler in Moskau

Wladimir Jakowlew	16
Wladimir Jankilewskij	22
Dmitrij Krasnopewzew	30
Wladimir Njemuchin	38
Dmitrij Plawinskij	46
Eduard Schtejnberg	54
Wadim Sidur	62
Üllo Sooster	70
Boris Sweschnikow	76
Anatolij Zwerew	82

Wo Bildlegenden erweitert wurden, folgt ihr Text in der Regel den Erläuterungen, welche die Künstler ihren in diesem Buch abgebildeten Werken mitgegeben haben.

Die 60er Jahre

Erik Bulatow	90	*Jurij Albert*	138
Eduard Gorochowskij	98	*Grischa Bruskin*	144
Francisco Infante	104	*Andrej Filippow*	152
Ilja Kabakow	110	*Sven Gundlach*	160
Boris Orlow	118	*Nikolaj Owtschinnikow*	168
Wiktor Piwowarow	124	*Arkadij Petrow*	174
Iwan Tschuikow	130	*Andrej Rojter*	182
		Wadim Zacharow	188
		Konstantin Zwesdotschotow	194

Die 70er Jahre   *Die 80er Jahre*

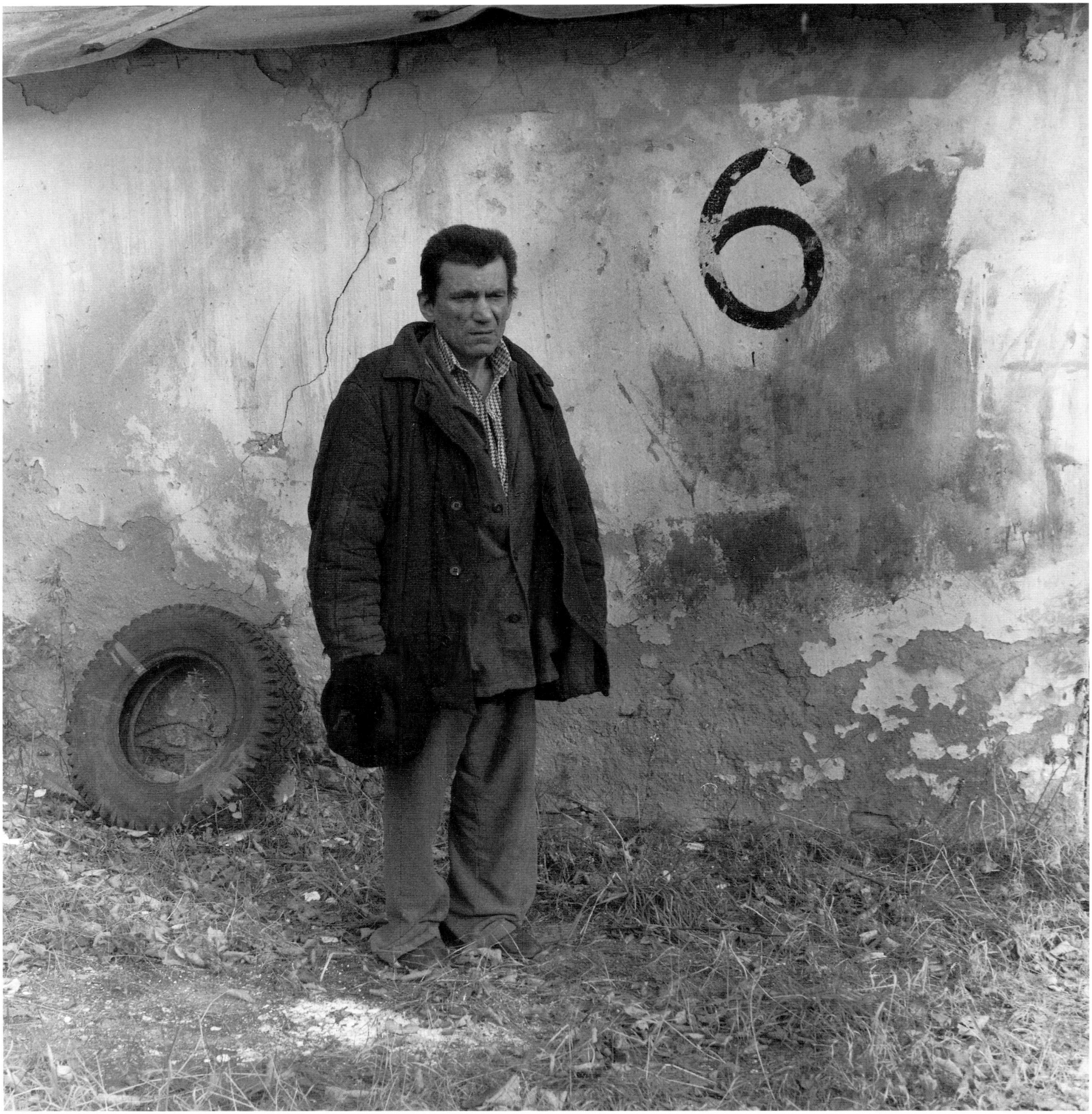
6

Wladimir Jakowlew

Wladimir Jakowlew, geb. 1934, lebt in einer psychiatrischen Klinik bei Moskau. Er malt nicht mehr. Er leidet an offener Tuberkulose und ist fast erblindet.
An «Wolodja» Jakowlew erinnert sich sein Freund Nikolai Kotreljow:

Es war im Juni oder Juli 1959, als ich zum erstenmal eine Arbeit von Jakowlew sah. Mein Freund Ledik Murawjow nahm mich zur Geburtstagsfeier von Saschka Wassiljew mit, um mich mit ihm bekanntzumachen.

Über Saschka hat noch keiner geschrieben. Für Jakowlew und viele andere Moskauer Künstler spielte er eine wichtige Rolle. Anderen half er, sich zugrunde zu richten, Jakowlew verhalf er zum Leben. Er stärkte sein Selbstvertrauen und gab ihm den Glauben, ein Künstler zu sein.

Wolodja Jakowlew lebte damals an der Lessnaja-Straße in einer «komunalka», einer Gemeinschaftswohnung, in einem im stalinistischen Stil der Vorkriegszeit erbauten Holzhaus. Was eine «komunalka» ist, wird ein Ausländer nie verstehen. In dieser «komunalka» hatten die Jakowlews, wenn ich mich recht erinnere, zwei Zimmer. Wenn Wolodja arbeiten wollte, schickte ihn seine Mutter in die Küche. Dort sprühte er im Dampf und Dunst der nachbarlichen Kochtöpfe Farben aus dem Zerstäuber. Damals, 1960 oder 1961, begeisterte er sich für spontane Techniken. Mit dem Pinsel malen durfte er manchmal in einer Zimmerecke.

Auf dem Hintergrund des schmuddeligen Alltags der Jakowlews war Wolodjas Vater eine merkwürdige Erscheinung von «ausländischer» Eleganz. In Frankreich oder Belgien erzogen, versuchte er, die äußeren Formen seiner Herkunft zu bewahren. Aber der kulturelle Verfall der Familie war längst eingetreten. Den Sohn konnten und wollten die Eltern nicht verstehen und unterstützen. Wahrscheinlich sind alle seine Krankheiten genetischer Natur. In der düsteren, von Mißtrauen, mentaler Minderwertigkeit und seelischen Gebresten geprägten Atmosphäre dieser Familie war alles angelegt.

Wolodja liebte seine Eltern.

Jakowlews Großvater war ein bekannter russischer Künstler des frühen 20. Jahrhunderts. Seine Bilder hängen in der Tretjakow-Galerie. Wolodja nahm mich zu seiner Großmutter mit, die den Nachlaß hütete, vorzügliche Landschaften im Stil der Salonmalerei.

Es war wohl Saschka Wassiljew, der Wolodja den «Künstler der drei Punkte» nannte. Tatsächlich hat Jakowlew seine frühen Arbeiten auch so signiert: drei Punkte nebeneinander und dazu seinen Namen. Angeblich – ich kann's nicht beschwören, denn es war vor meiner Zeit – hat Jakowlew behauptet, die Struktur jedes seiner Bilder würde von drei Punkten bestimmt.

Wolodja arbeitete sehr viel. Er kannte eigentlich nichts neben seiner Arbeit. Er trank nicht. Für Frauen interessierte er sich bis an die Schmerzgrenze. Aber der arme Teufel hatte keine Liebschaften, keine Freundinnen. Es ergab sich einfach nicht. Manchmal sagte er unvermutet: «Kolka, find' mir ein Weib!» Aber er sagte es nicht so fordernd, wie er andere Bitten vorbrachte, die ich ihm erfüllte. Das also hielt ihn auch nicht von der Arbeit ab.

Er las, glaube ich, nie. Er bat auch nie, ihm vorzulesen. Ich sah ihn jedenfalls nie mit einem Buch, wir sprachen nie über Literatur. Und trotzdem wußte er sehr viel. Er war kein Wilder. Er hatte eine Kultur verinnerlicht, er hatte sich eine Ordnung geschaffen, so, wie man in seiner Stimme eine Klangordnung vernahm, die Diktion der russischen Bildungssprache, die im verwilderten Moskau verlorengeht. Woher er sie hatte? Vom Vater? Von den Großeltern? Vom Blut?

Er ging selten zu Besuch, obwohl er gern plauderte und den Umgang mit Menschen liebte.

Wolodja sah schlecht. Daß sein Sehvermögen schwach war, erkannte man, wenn man in seine Augen schaute, deren Glaskörper in einem weißlichen Schleier schwammen. Bei der Arbeit beugte er sich so tief über das Bild, daß er seinen Haarschopf mit Farbe beschmierte, und manchmal vergaß er, sich das Haar zu waschen, ehe er das Haus verließ. Daß er seine Bilder mit zusammengekniffenen Augen betrachtete, wie es Künstler oft tun, war bei ihm zwingende Notwendigkeit. Unter den Augenlidern hervor, den Kopf in den Nakken geworfen, erkannte er auch Menschen wieder: «Ah, Kotreljow, alter Knabe, ich freu' mich, dich zu sehen!»

Ich vermute, daß er Formen von Raum und Gegenstän-

Wladimir Jakowlew

den nicht so sah wie wir. Also war er wohl auch nicht fähig, sich des Schatzes der Formen und ihrer Grammatik zu bedienen, die wir den Kanon der europäischen Renaissance nennen. Und er wäre sicher auch nicht fähig gewesen, einen anderen Kanon seinem Sehfehler anzupassen.

Wolodja ist schwer, wie man sagt, hoffnungslos krank.

Besucher finden keinen Zugang zu ihm. Er ist irgendwo weit weg, und wir sind alle beschäftigt. Er arbeitet schon lange nicht mehr. Ich habe alles Mitgefühl für den alten Freund.

Dieser Rückblick auf eine längst vergangene Zeit ist für mich nicht nur eine Erinnerung an Jakowlew, sondern auch an mich selbst.

Wladimir Jakowlew 19

Weiblicher Kopf, 1975. Gouache auf Papier. 60 × 80 cm.

Mädchen in Rosa, 1974. Gouache auf Papier. 100 × 74 cm.

20 *Wladimir Jakowlew*

Kopf, 1974. Gouache auf Papier. 93 × 60 cm. *Vermutlich Pablo Picasso.*

Porträt Boris Pasternak, 1974–1977. Gouache auf Papier. 80 × 60 cm.

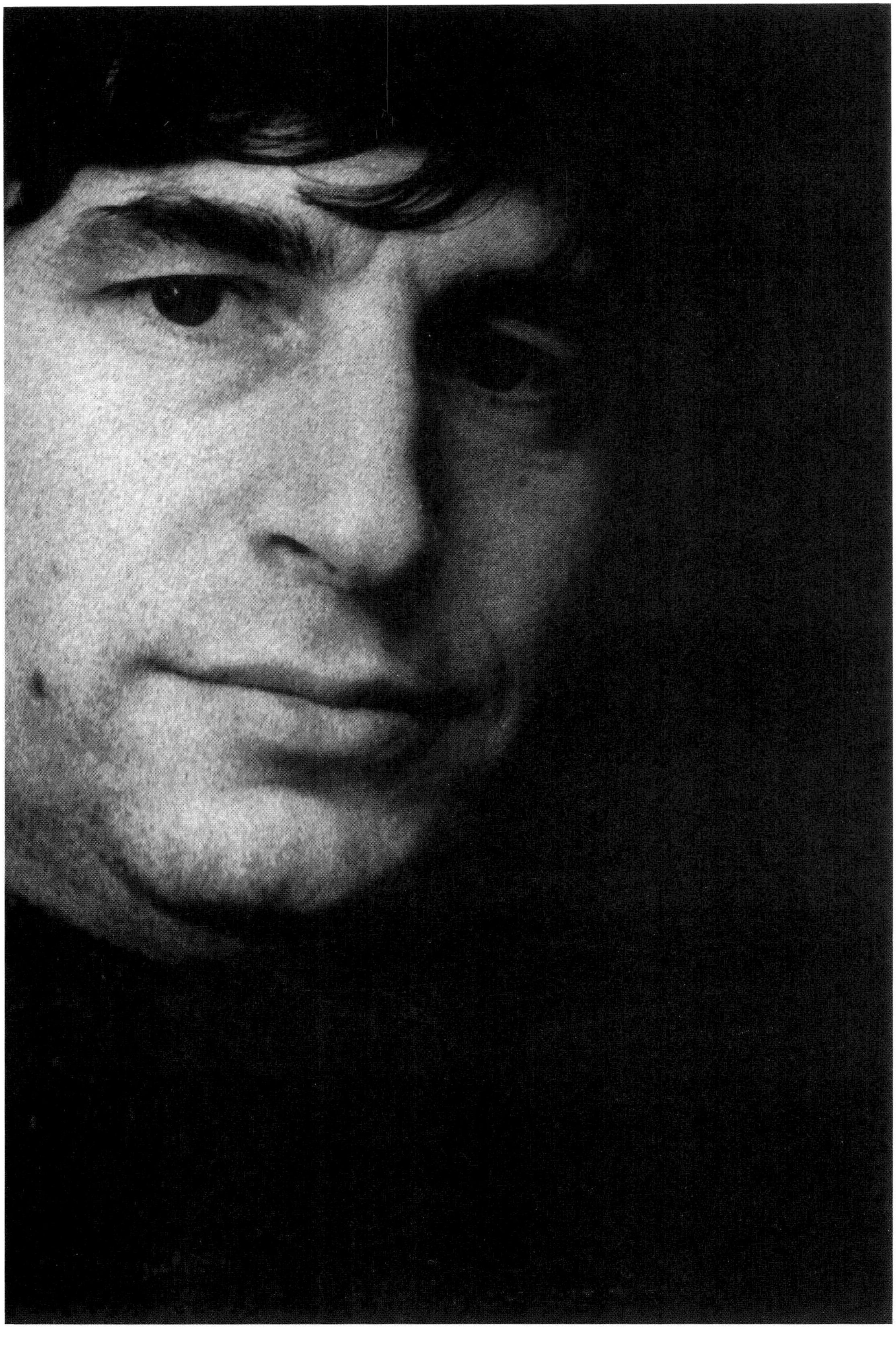

Wladimir Jankilewskij

Geboren bin ich am 15. Februar 1938 in der Spassoglinischtschewskij-Gasse Nr. 10 in Moskau, direkt neben der Synagoge, an der mein Großvater mütterlicherseits, Mendel Wolossow, als Kantor verpflichtet war. Er soll ein sehr begabter Musiker gewesen sein. Mein anderer Großvater, Isaak Jankilewskij, war Lehrer in Mariupol in der Ukraine. Beide Familien waren kinderreich. Der ältere Bruder meines Vaters, Ilja, konnte als Kind dank einem reichen Mäzen nach Palästina gehen und da eine Kunstschule besuchen. Von dort fuhr er nach Amerika und setzte sich als Graphiker unter dem Pseudonym Eli Jacob in den 30er Jahren eindrucksvoll in Szene.

Mein Vater, Boris Isaakowitsch Jankilewskij, kam als Kind nach Moskau und mußte, ohne Dach überm Kopf und ohne Barschaft, als Tagelöhner sein Brot verdienen und daneben lernen. Er war in vielen Berufen tätig und absolvierte die «Arbeiter-Fakultät». Die Kunst faszinierte ihn, er war außergewöhnlich begabt. Aber der Krieg und die schweren Nachkriegsjahre hinderten ihn, seine Begabung zu verwirklichen. Er wurde Werbefachmann.

Im Krieg evakuierte man meine Mutter Rosa Mendelejewna mit meiner Schwester und mir in das tschuwaschische Dorf Koslowka, wo Mama in der Luftfahrtindustrie arbeitete. Als der Krieg vorüber war, fuhren wir zu meinem Vater nach Deutschland, der dort bei den Besatzungstruppen diente. Ein Jahr lang lebten wir in Thüringen. Ich kann mich noch heute an das vom Krieg gezeichnete mittelalterliche Eisenach erinnern, an Landschaften, Gerüche, an ein Hotel am Bahnhof in Berlin...

1949 wurde ich im zweiten Anlauf an der Moskauer Kunstmittelschule beim Surikow-Institut der Kunstakademie aufgenommen. Es war ein akademischer Lehrbetrieb mit mir fremden und unverständlichen Forderungen. Ich war nahe daran, wegen «schlechter» Malerei und Komposition relegiert zu werden. Ich bemühte mich ehrlich, die Natur nach den Kriterien des «Realismus», wie ihn meine Lehrer verstanden, «abzuzeichnen». Aber die Resultate waren «unschön» und stümperhaft.

1956 beendete ich die Schule und trat ins Moskauer Polygraphische Institut ein, was mir auch erst beim zweiten Versuch gelang. Dort wollte es das Glück, daß den ersten Kursus in Malerei, Zeichnen und Komposition der hervorragende Pädagoge Eli Michailowitsch Belutin unterrichtete. Er systematisierte meine intuitiven Versuche, zeigte mir die Grundprinzipien der Kunst und initiierte meine selbständige Entwicklung als Künstler.

1961 erarbeitete ich mir die Grundlagen meiner Sprache, in der ich bis heute «spreche». Damals entstanden erste wichtige Arbeiten wie das Triptychon Nr. I «Klassisch», die Serie «Struktur der Aphrodite», das Pentaptychon «Atomkraftwerk» und die Bildreihe «Thema und Improvisation». Einige dieser Arbeiten zeigte ich 1962 in jener Ausstellung in der Moskauer Manege, die durch den Skandal, den die akademischen Maler und Nikita Chruschtschow entfachten, traurige Berühmtheit erlangte.

Als Folge des Skandals in der Manege durfte ich lange Zeit meine Arbeiten nicht mehr ausstellen. Die Presse schürte die Hetze gegen die «Modernisten». Ich arbeitete ohne jede Hoffnung, meine Bilder zeigen zu können. Mitte der 60er Jahre konnte ich dann viel im Ausland veröffentlichen, in der Tschechoslowakei, in Polen und schließlich in der Bundesrepublik und in Italien. Aber keine der Ausstellungen im Westen, die aus privaten Sammlungen gespeist wurden, bot einen repräsentativen Einblick in meine Arbeit, weil meine wichtigsten Werke sich in meinem Moskauer Atelier befanden. Diese konnte ich erst Ende der 70er Jahre erstmals in meiner Heimat ausstellen.

Beim Versuch einer künstlerischen Autobiographie ist mir wichtig, folgendes hervorzuheben: die Wahl der Tonalität, der Harmonie und der rhythmischen Wechselbeziehungen im Bild erscheint als ein Selbstporträt des Künstlers. Wenn ich zwei Farben nebeneinander auf die Leinwand bringe, erkenne ich mich wieder wie im Spiegel. Ich weiß nicht, welch ein Wunder das ist, aber mir ist klar, daß das «meine» Tonleiter ist, ein Akkord meines Seelenlebens in seiner gültigsten, «universalen» Form.

Wenn ich Papier oder Leinwand berühre, ist es, als ob ich in meiner Phantasie meine Seele berührte. Ich zeichne mit geschlossenen Augen, d. h., ich bilde «die innere Sicht» mit einem «nach innen» gekehrten Blick ab. Bleistift oder Pinsel, das sind die Sonden, die in meine Phantasie führen. Ohne die innere Sicht kann der Künstler nur imitieren, die äußere Wirklichkeit «abzeichnen».

Die «Seele» des Künstlers – das ist die Fähigkeit mitzufühlen (nicht nur mit anderen Wesen, auch mit Prozessen, zum Beispiel mit dem Wachsen der Bäume, dem Flug der Vögel, dem Sonnenschein), die Fähigkeit, sich mit dem Objekt des Erlebens zu identifizieren, es menschlichen Gefühlen, Vorstellungen begreifbar zu machen.

Ich will vom Kriterium der «Beendigung» der Arbeit an einem Bild sprechen. Das Kriterium ist für mich die «Stille» des Bildes. Alles im Bild muß zu einem Zustand des Gleichgewichts aller Konflikte gebracht werden, der die Beziehungen zwischen diesen nicht absolut macht, sondern je nach

24 Wladimir Jankilewskij

Blickwinkel und Lesart in ständigem Wechsel erscheinen läßt. In diesem Sinne ist ein Bild dann fertig, wenn es gewissermaßen zu einer Darstellung der Unendlichkeit und Ewigkeit geworden ist, aber im lustvollen, unerwarteten Ausdruck durch die echte Lebensempfindung. Die erreichte Harmonie «schweigt». Ihr Schweigen ist stumm wie ein Himmel voller Sterne oder wie die Ferne. Sie verlangt auch das Schweigen des Betrachters. Eine «schweigende» Arbeit braucht keinen Kommentar.

Die Fähigkeit, ein plastisches System herzustellen, das geeignet ist, das Selbsterlebnis des Künstlers zu verschlüsseln, bringt Modelle des Nervensystems des Künstlers hervor. So erscheinen alle Werke als Modelle der Nervensysteme ihrer Schöpfer. Die «Defekte» des Nervensystems des Künstlers kann man an den «Defekten» seiner Werke diagnostizieren.

Mein Ideal in der Kunst ist die Fähigkeit, stumm zu «schreien», und nicht die Nachahmung des Schreis.

Die Funktionen der Dinge stimmen nicht mit ihren Namen überein, das Leben besteht aus Reihen von Namen, die keinen Bezug zu «ihren» Dingen haben. Eigentlich ist es bereits ein krankhaftes Symptom, wenn Wünschbares für Wirkliches ausgegeben wird. Die «Mutanten» sind sozusagen die «Dämonen», und ihre Sprache ist das «Neu-Russisch». Dieser furchtbaren, ihrer Folgen wegen vielleicht schrecklichsten Epidemie in der Geschiche der Menschheit kann nur die Kultur als das Gedächtnis der Menschheit widerstehen.

Die «Massenkultur» hat kein Gedächtnis und kann keines haben. Den Ausbruch dieser Epidemie diagnostizierte bereits vor 100 Jahren Fjodor Dostojewskij, der offenbar voraussah, welch ungeheuerliche Rolle das Dämonentum in der Geschichte des 20. Jahrhunderts spielen sollte. Aus diesem Blickwinkel betrachte ich auch die Tendenz der Soz-Art, die in den 70er und 80er Jahren in der Moskauer Kunst aufkam und Verbreitung fand.

Triptychon Nr. 14, 1987. Gemischte Technik. 195 × 360 cm. *Dieses jüngste Werk in einer 1974 begonnenen Reihe von Objekten ist ein Selbstporträt und dem Andenken an den Vater des Künstlers gewidmet.*

26 *Wladimir Jankilewskij*

Raum der Gefühle, 1986. Buntstiftzeichnung aus der gleichnamigen Serie. 50 × 65 cm.

Raum der Gefühle, 1986. Buntstiftzeichnung aus der gleichnamigen Serie. 50 × 65 cm. *In seinem 1962 begonnenen Zyklus, zu dem er immer wieder und jedes Mal auf einer anderen Ebene zurückkehrt, untersucht Jankilewskij den Lebensraum der menschlichen Existenz.*

Frau am Meer, 1982. Öl auf Leinwand. 130 × 90 cm. *Das Bild ist Bestandteil einer gleichnamigen großen Serie, die als Ganzes betrachtet und verstanden werden will.*

Wladimir Jankilewskij **27**

Fragment aus dem Triptychon Nr. 7, 1967–1968. Hartfaserplatte, Holz, Öl.

28 *Wladimir Jankilewskij*

Wladimir Jankilewskij

oben:

Triptychon Nr. 4, 1964. Hartfaserplatte, Holz, Öl. 117 × 422 cm. *Das Werk trägt den Titel «Das Wesen im Universum» und ist dem 1975 verstorbenen Komponisten Dmitrij Schostakowitsch gewidmet.*

unten:

Triptychon Nr. 7, 1967–1968. Hartfaserplatte, Holz, Öl. 117 × 422 cm. *Die drangvolle Enge in Jankilewskijs Atelier, das aus einer kleinräumigen Erdgeschoßwohnung besteht, erlaubt keine getrennte Plazierung der beiden Triptychen 4 und 7. So stehen sie übereinander an einer Wand seines Arbeitsraumes.*

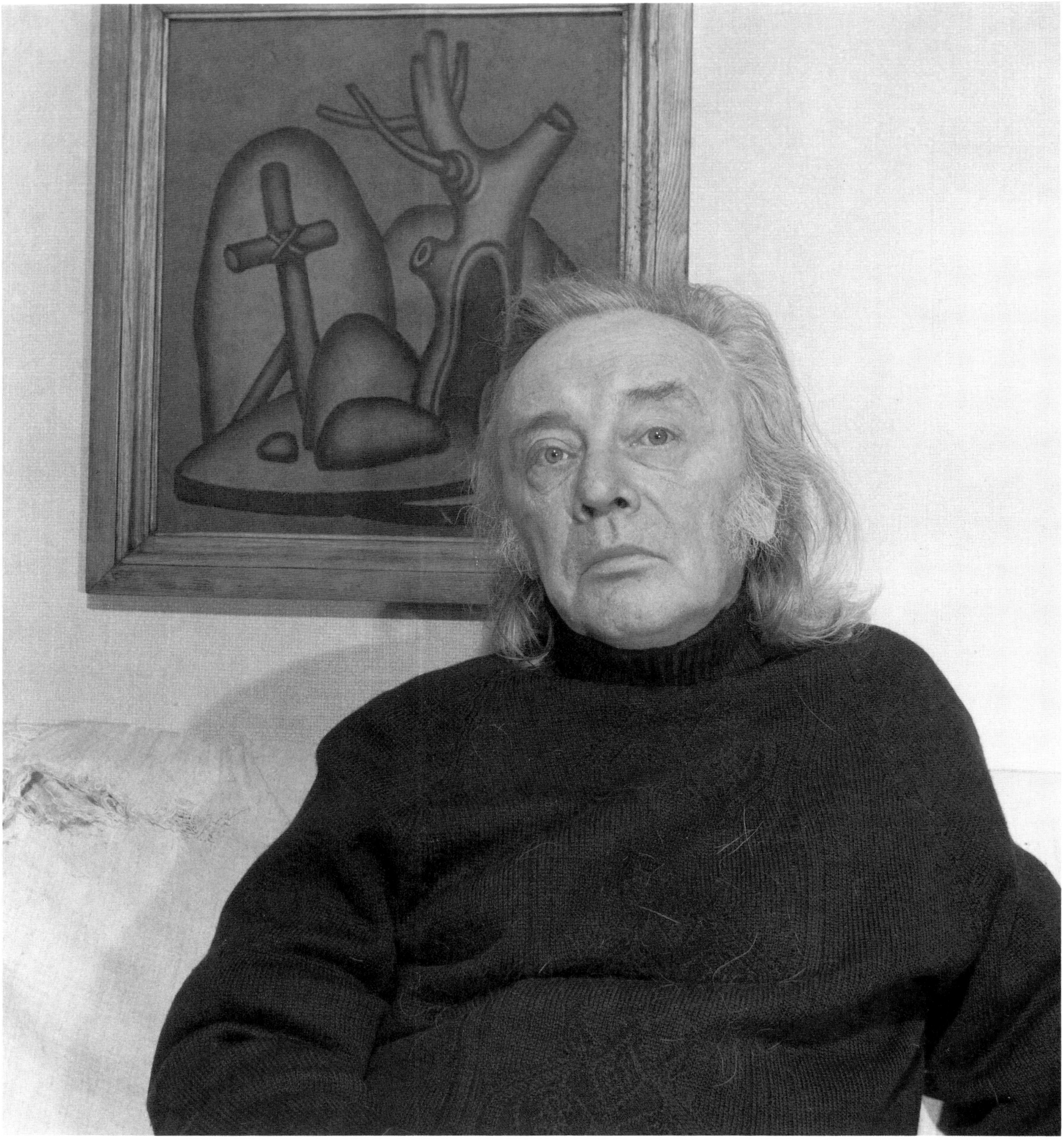

Dmitrij Krasnopewzew

Ich bin am 8. Juni 1925 in Moskau geboren. Im Alter von vier Jahren begann ich zu zeichnen und zu lesen. Zu Hause gab es viele Bücher aus allen Bereichen und unzählige alte Gegenstände, Reste der Sammlungen von Steinen, Muscheln, Münzen und Orden, die irgendwann mein Großvater angelegt hatte, der Lehrer war. Damals erwachte wohl meine Liebe zum Gegenstand.

Mit acht Jahren ging ich zur Schule, und bald darauf besuchte ich das Kunststudio unseres Stadtbezirkes. Ich aquarellierte Landschaften und Stilleben, sonntags lernte ich im Schulzirkel mit Ölfarben umzugehen.

Weil wir in der Nähe wohnten, besuchte ich oft das Museum für Neue Westliche Kunst, die reichste Sammlung von Impressionisten und Postimpressionisten, und das Puschkin-Museum. Später lernte ich die Tretjakow-Galerie kennen.

In den Sommerferien malte ich täglich Studien nach der Natur. Ich las viel.

Der Sommer 1941 brachte den Krieg. Zum Ende des gleichen Jahres begann ich mit dem zweiten Kurs an der Moskauer Bezirkskunstschule in der Klasse von A. N. Tschirkow, einem großartigen Menschen und hervorragenden Künstler und Lehrer. In dieser harten, von Kälte und Hunger geprägten Zeit brachte er uns nicht nur das Malen, Zeichnen und die Komposition bei, er lehrte uns auch die wichtigsten Gesetze der Kunst, die Aufrichtigkeit, die Hingabe und die Liebe zur Kunst. Ich glaube, daß meine Begegnung mit ihm mein weiteres Leben wesentlich bestimmt hat.

Anfang 1942 wurde ich zur Armee eingezogen und auf die Militärschule nach Irkutsk geschickt. Ich diente in der Luftwaffe und wurde 1946 demobilisiert. Gleich danach nahm ich den Schulbesuch wieder auf. Nach dem frühen tragischen Tod meines Lehrers Tschirkow trat ich 1949 in das Moskauer Surikow-Kunstinstitut ein. Sechs Jahre später beendete ich meine Ausbildung und versuchte mich in den verschiedensten Genres. Ich begeisterte mich für die Radierung, aber meine Vorliebe für die Nature morte, für das Stilleben, verdrängte alles andere.

Die Gegenstände, aus denen ich meine Stilleben komponiere, entbehren in der Regel aller geographischen und zeitlichen Merkmale. Ich male nicht nach der Natur, aber manchmal wende ich mich an sie um Auskünfte.

Allerlei Gefäße aus Ton, Glas und Metall, Steine, Muscheln, Seesterne, Zweige und Äste, Blätter und Bücher, Erhaltenes und Zerstörtes, Splitter und Scherben – das ist meine Natur, das sind meine Modelle.

Meine Arbeiten wurden in zahlreichen Ausstellungen in Moskau und im Ausland gezeigt. Aber ich sehe ihren Platz nicht in Galerien und Museen, sondern in den Wohnungen von Menschen, denen sie zu Herzen gehen.
Seit 1982 bin ich Mitglied des Moskauer Künstlerverbandes.

Leben und Kunst sind Gegensätze.

Wenn sich die Kunst einen Gegenstand aus dem Leben greift, dann verändert sie ihn, dann entzieht sie ihm seinen Bezug zum Leben und verwandelt ihn, nach den Gesetzen der Harmonie, in einen Kunstgegenstand. Eine Verwandlung findet statt. Das Leben ist Bewegung, stets mit Veränderung, mit Verwandlung beschäftigt. Die Kunst dagegen ist statisch, im Gegensatz zum Leben leblos. Sie existiert nur in ihrer eigenen idealen Welt.

Bildet man einen Gegenstand ab, so entfernt man ihn aus dem Leben und verwandelt ihn in einen Gegenstand der Kunst. Er erfüllt dann keine Lebensfunktionen mehr, sondern nur noch die Funktion der Kunst.

Das Leben ist real, die Kunst ist ideal und erweckt also in uns Gefühle, die es im Leben nicht gibt. Kunst, das ist eine andere Welt, ein anderes Universum mit eigenen Gesetzen.

Die wahre Kunst ist immer irreal. Sie ist kein Spiegel von Natur und Leben, vielmehr ein höchst kompliziertes System von Prismen und Spiegeln. Real ist sie nur insofern, als sie existiert, und wie alles Existierende geht sie in das Leben ein, aber mit dem Recht auf volle Autonomie. Das Leben liefert den Rohstoff für die Kunst.

Statik, Stetigkeit, Stabilität.

Die Unmöglichkeit, etwas zu verändern, ohne das Ganze zu beeinträchtigen. Das ist die einzige Entscheidung, eine andere ist nicht denkbar.

Die inneren Konflikte im Ganzen ins Gleichgewicht gebracht und eingeschlossen in den gemeinsamen «Rahmen» führt zu absoluter Stille und Unwandelbarkeit, zum Eindruck von Unzerstörbarkeit, Beständigkeit, Ordnung und Frieden.

Die alles verändernde Zeit ist nicht mehr. Sie ist stehengeblieben.

Pyramide und Tempel sind der Kontrast zum Leben. Das Leben ist andauernder Wechsel, Geburt und Tod, Aufbauen und Zerstören ohne Ende.

Das Bild ist eine Insel, ein unabhängiges Land, das nach seinen eigenen Gesetzen lebt, unter seiner eigenen Fahne.

Verhüllte Gegenstände, 1963. Öl auf Hartfaserplatte. 44 × 64 cm.

In die Erde gewachsene Krüge, 1969. Öl auf Hartfaserplatte. 61 × 49 cm.

34 *Dmitrij Krasnopewzew*

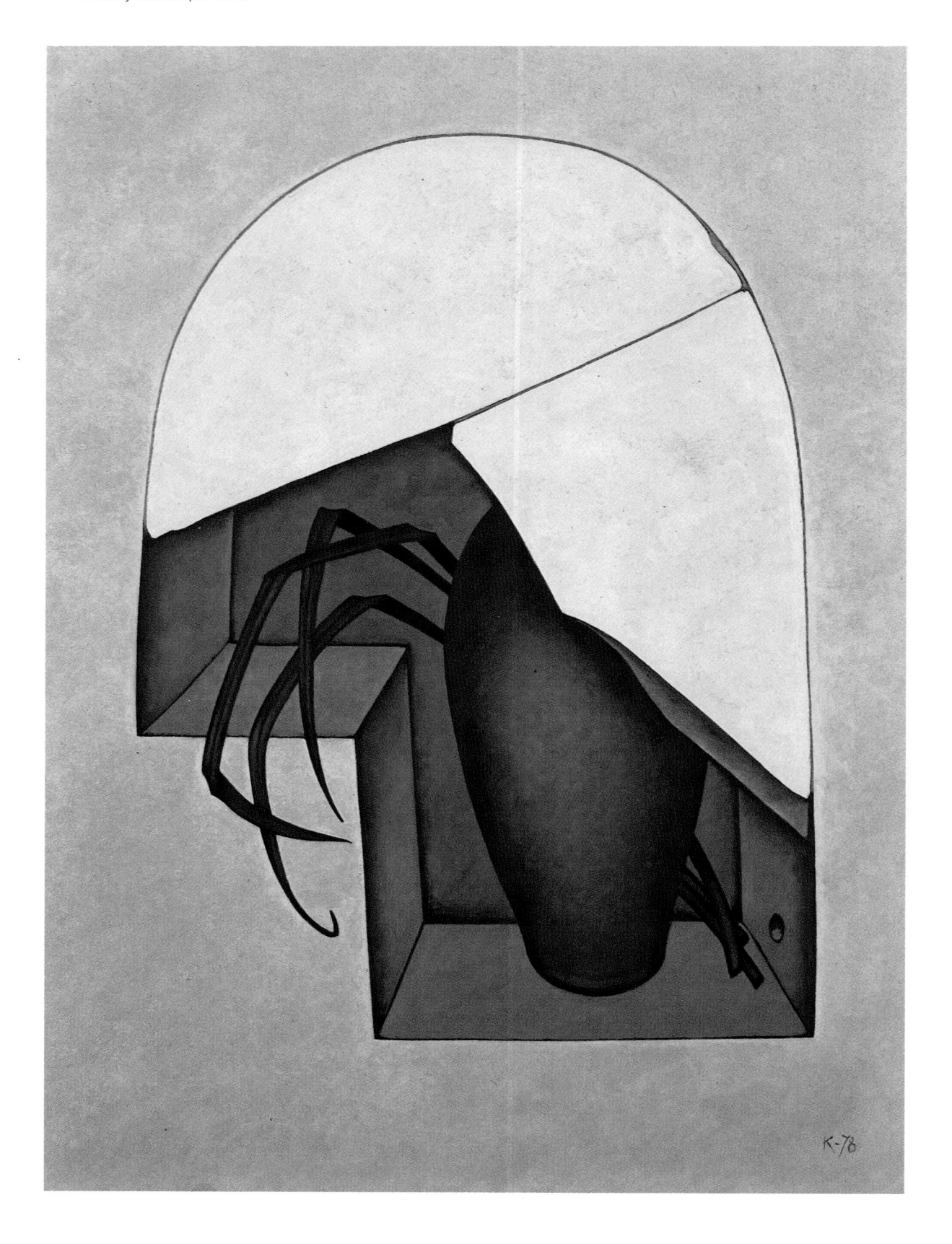

Zerstörte Nische mit Urne, 1978. Öl auf Hartfaserplatte, 72 × 53,5 cm.

Flaschen vis-à-vis, 1978. Öl auf Hartfaserplatte. 35,5 × 50 cm.

36 *Dmitrij Krasnopewzew*

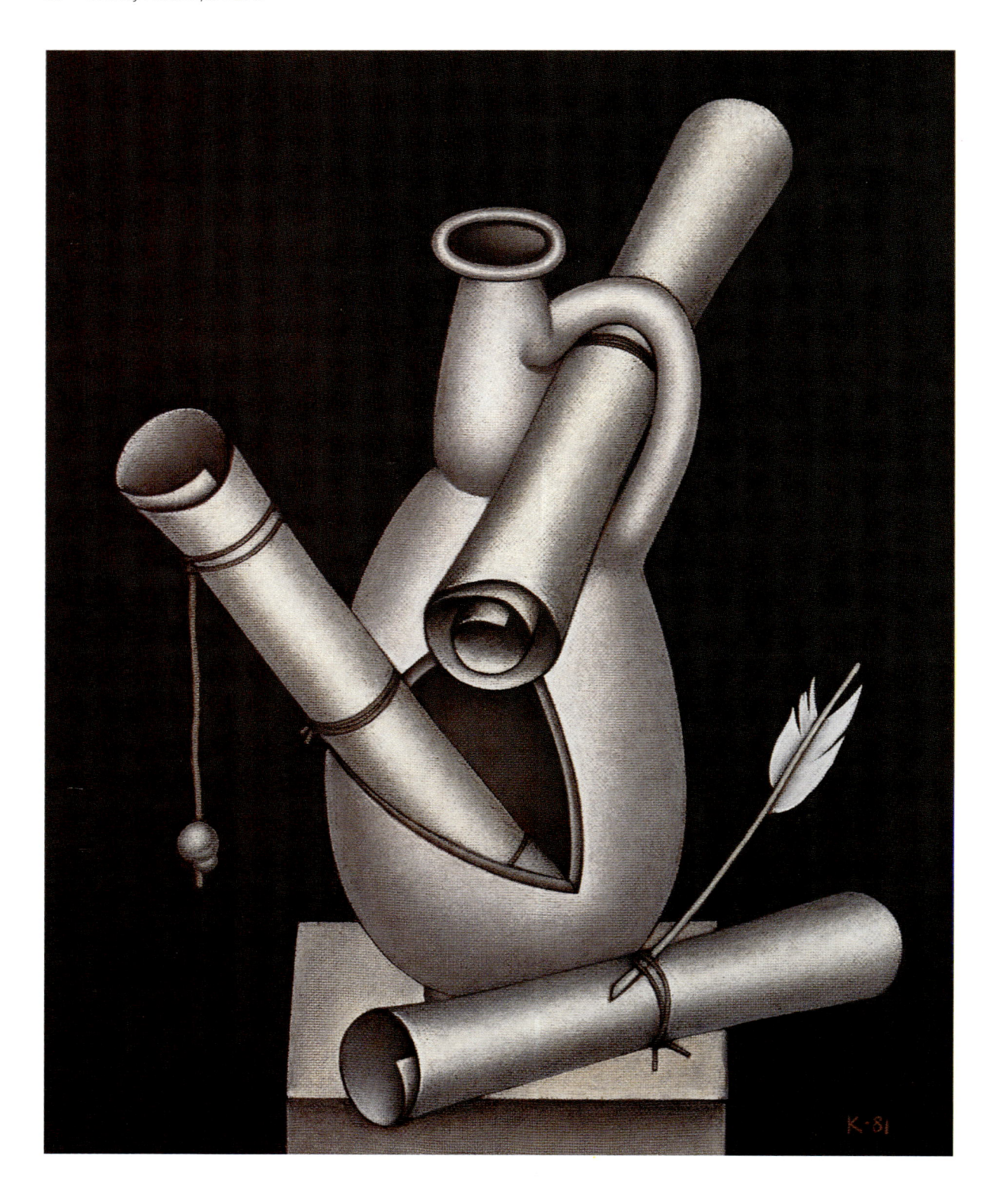

Krug und Papierrollen, 1981. Öl auf Hartfaserplatte. 65,7 × 53 cm.

Scherben und Papier, 1974. Öl auf Hartfaserplatte. 54 × 60 cm.

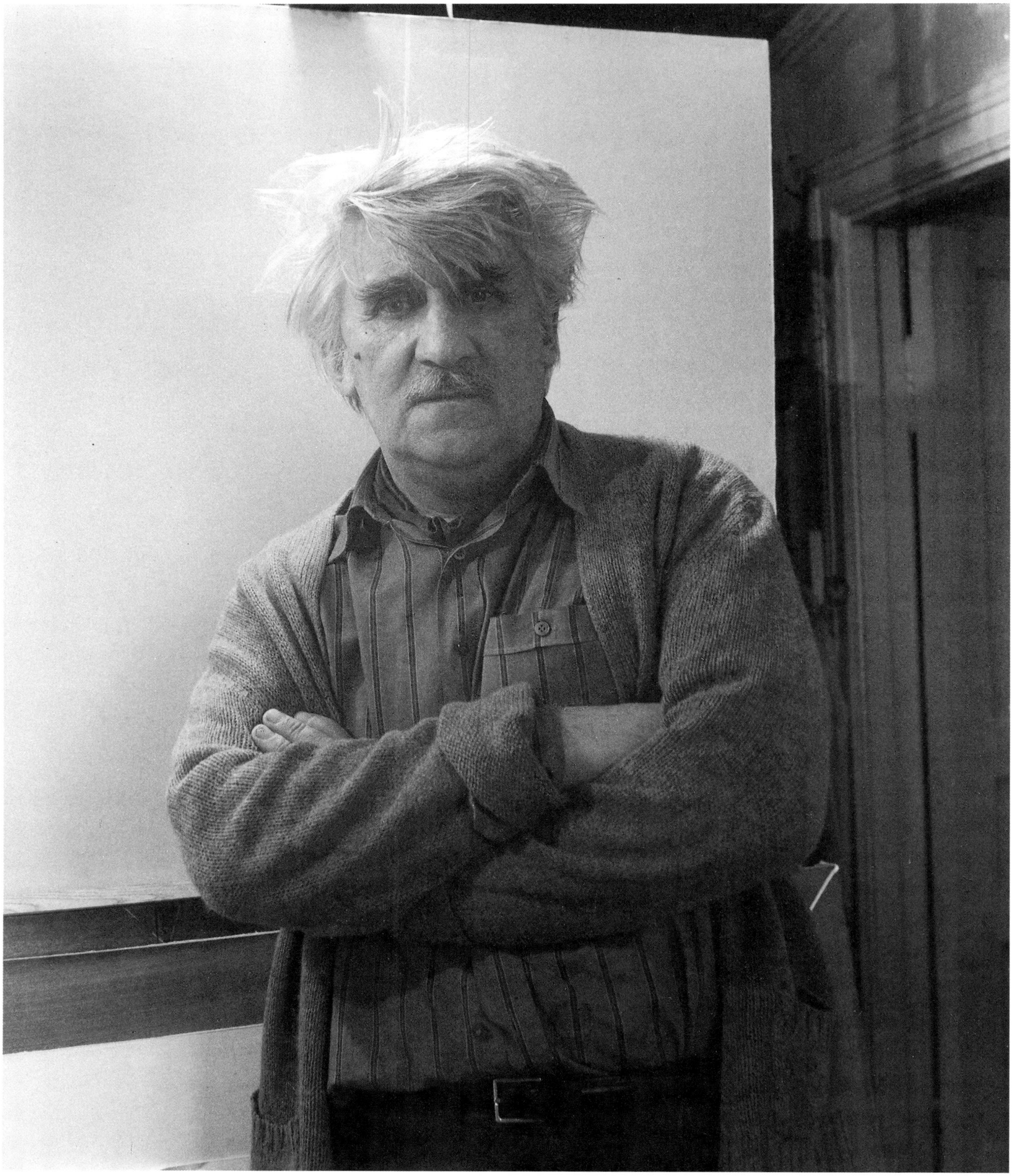

Wladimir Njemuchin

Sich selbst sehen.

Credo.

Der Himmel – eine Vision in zwanzig Farbtönen

Blau – eine geistige, eine seelische Vision

Der Schnee – eine Vision in zwanzig Farbtönen

Weiß – geistige Vision

Weiß und schwarz, rot und grün, gelb und blau sehen – *geistige Vision* – Malerei

Fläche ist Vision vom Raum

Der Horizont – Ebene des geistigen Sehens, aber die Erde die Ebene all dessen, was auf ihr gedeiht und sich bewegt

Der Mond und die Sonne – geistiges Licht

Der Mensch – Sujet der Vision

Geistige Vision – Phantasie

Das Geistliche sehen – Kirche

Man hat eine Autobiographie von mir verlangt. Ich begann zu schreiben und bemerkte, daß ich nicht von mir erzählte, sondern von anderen. Besonders lebendig sind für mich jene, die nicht mehr unter den Lebenden weilen. Ich kam zur Überzeugung, daß meine eigene Biographie zu schreiben nicht meine Sache ist, sondern die Sache eines langen Lebens und – vor allem – des Todes, der alles über uns weiß. Deshalb werde ich mich auf einige wenige Daten meines Lebens beschränken. Sie sind frei vom Anspruch auf Selbstdarstellung und von der Suche nach dem eigenen Platz in der Epoche.

40 *Wladimir Njemuchin*

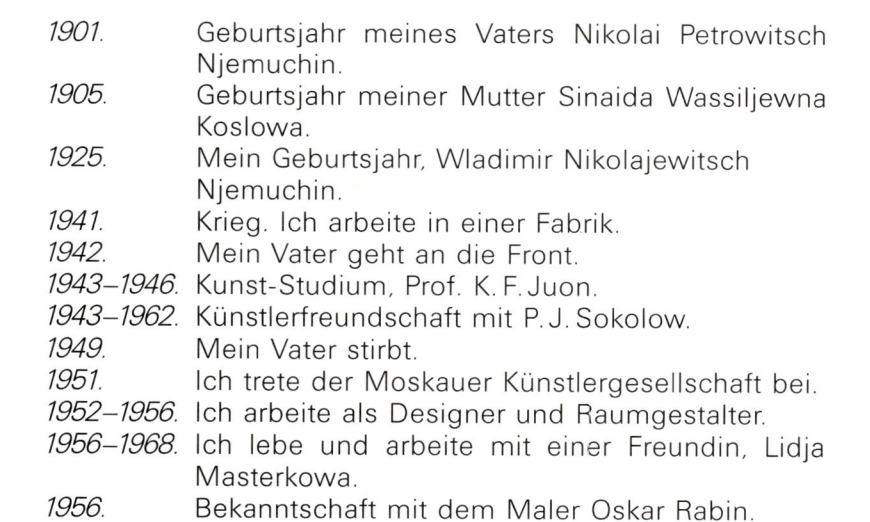

1901.	Geburtsjahr meines Vaters Nikolai Petrowitsch Njemuchin.
1905.	Geburtsjahr meiner Mutter Sinaida Wassiljewna Koslowa.
1925.	Mein Geburtsjahr, Wladimir Nikolajewitsch Njemuchin.
1941.	Krieg. Ich arbeite in einer Fabrik.
1942.	Mein Vater geht an die Front.
1943–1946.	Kunst-Studium, Prof. K. F. Juon.
1943–1962.	Künstlerfreundschaft mit P. J. Sokolow.
1949.	Mein Vater stirbt.
1951.	Ich trete der Moskauer Künstlergesellschaft bei.
1952–1956.	Ich arbeite als Designer und Raumgestalter.
1956–1968.	Ich lebe und arbeite mit einer Freundin, Lidja Masterkowa.
1956.	Bekanntschaft mit dem Maler Oskar Rabin.
1959.	Ich trete dem Stadtkomitee der Moskauer Graphiker bei.
1970.	Ich heirate Galina Aleksejewa.
1971.	Geburt meiner Tochter Alewtina.
1973.	Ich nehme an der sogenannten «Bulldozer-Ausstellung» teil.
1985.	Meine Mutter stirbt.
1948–1987.	Etwa 1000 Bilder und 2000 Zeichnungen sind entstanden.

Karo-Bube, 1983. Tempera auf Leinwand, Collage. 100 × 80 cm.

Weißer Kartentisch, 1982. Tempera auf Leinwand, Collage. 100 × 100 cm.

42 *Wladimir Njemuchin*

Grüner Kartentisch, 1982. Tempera auf Leinwand, Collage. 100 × 100 cm.

Wladimir Njemuchin **43**

Am Ufer, 1983. Tempera auf Leinwand, Collage. 72 × 80 cm.

44 *Wladimir Njemuchin*

Erstes Grün, 1983. Tempera auf Papier, Collage. 72 × 80 cm.

Schwarzer Kartentisch, 1986. Tempera auf Leinwand, Collage. 100 × 100 cm. *Dem Künstlerfreund Anatolij Zwerew gewidmet.*

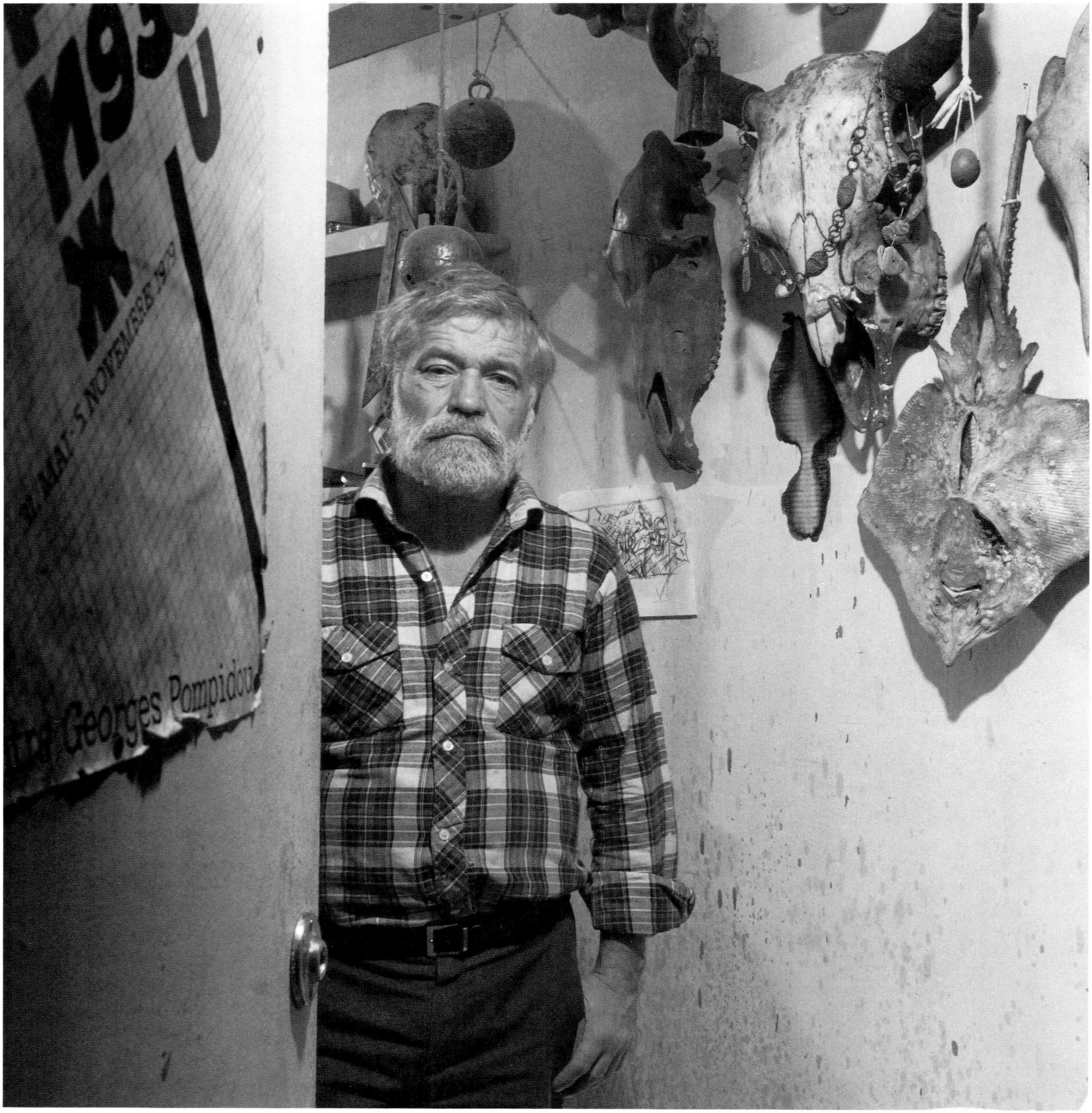
Georges Pompidou

Dmitrij Plawinskij

Meine Heimat sind die Gassen des Arbat in Moskau. Dort bin ich 1937 geboren. Im gleichen Jahr wurde meine Mutter verhaftet, die ich erst elf Jahre später kennenlernte.

Zu zeichnen begann ich mit zehn Jahren, ich lernte es nach der dreibändigen Kunstgeschichte von Gneditsch, die ich in der Bibliothek meines Vaters zufällig entdeckte.

Von 1951 bis 1956 studierte ich an der Theaterklasse der Kunsthochschule, die den Namen der Revolution von 1905 trägt. Zu verschiedenen Zeiten studierten dort auch meine späteren Freunde Krasnopewzew, Sweschnikow, Jessajan, Zwerew. Die Klasse leitete der frühere erste Bühnenbildner des Wssewolod Mejerchold-Theaters, W. A. Schestakow. Ein anderer Lehrer, Leonid Fjodorow, weihte mich in die Geheimnisse der Maltechniken ein.

1957, während der Internationalen Weltjugendfestspiele in Moskau, lernten russische Künstler die zeitgenössische Kunst Europas und Amerikas kennen. Das war ein gewaltiger Impuls für das Entstehen einer neuen Kunst in Rußland und für mich eine Zeit qualvoller Suche nach eigenen Wegen. «Stilleben mit Schere» und «Mädchen am Fenster» waren erste Arbeiten in einer Kombination verschiedener Techniken.

1958 unternahm ich meine erste Reise nach Mittelasien. Das war das Jahr, als ich die geniale Dichtung Chlebnikows entdeckte, der Beginn der abstrakt-sachlichen Periode in meinem Schaffen und meines Interesses für die Faktur.

1960 eröffnete «Der schreiende Fisch» (Sammlung Kostakis) den Themenkreis Fische, Schildkröten, Eidechsen, Käfer, Schmetterlinge.

1962 entstand die Komposition «Stimmen des Schweigens» (Museum of Modern Art, New York), eine Arbeit, in der die Schicksalslinien verschiedener Menschheitskulturen einen chiromantischen Abdruck der Ewigkeit ergeben.

1963 zeichnete ich «Das Buch der Gräser».

1965 beendete ich den «Celokant» (Museum of Modern Art, New York), die Darstellung eines Ur-Fisches, der unter Qualen einen Menschen gebiert.

Zu dieser Zeit bereiste ich Nordrußland, Nowgorod, Pskow, das Ferapontow-Kloster, Kostroma. Themen der altrussischen Kultur beschäftigten mich. Ich begeisterte mich für Paleographie. Wichtigste Arbeiten, die damals entstanden: «Alte Evangelien» (1966) und «Das Wort» (1967).

Von 1969 an lebte ich längere Zeit auf dem Lande und befaßte mich viel mit der Radierung. Die Dorfthematik beendete ich mit dem Bild «Der Hund». Die Ideen dieses Jahrzehnts summiert die komplizierte architektonische Konstruktion «Das Kreuz» (1976).

Das Jahr 1977 brachte eine einschneidende Abwendung von der gegenständlichen Stofflichkeit meiner bisherigen Arbeiten. Die mehrschichtig strukturierte Fläche dematerialisierte den Gegenstand. Raum und Fläche wurden zum Objekt des Bildes: «Der alte Sessel» (1977/78), «Der fliegende Fisch» (1978), «Der Rochen» (1981), «Schildkröte» (1982).

Nach Reisen in Kirgisien und Dagestan schuf ich die Serie «Schädel und Koran» und das Objekt «Die Totenstadt». Davon getrennt entwickelten sich ein Thema nach Dürer, die Radierung «Der Ritter» (1975), und eine Serie von Ölbildern, «Nashorn» (1986).

Zur Zeit arbeite ich an Darstellungen des rhythmischen Aufbaus in den Notenschriften von Bach, Mozart und Strawinskij.

Die Künstler der 60er Jahre waren vom Schicksal auserwählte Menschen. Sie besaßen nicht nur Talent, sondern auch eine grenzenlose Liebe und einen unerschütterlichen Glauben an die Kunst, die ihnen halfen, Hunger zu ertragen, mit den unerträglichen Lebensbedingungen fertig zu werden und die Angst vor dem System zu überwinden, das ihnen jede Hoffnung auf Anerkennung zu Lebzeiten nahm.

In den 80er Jahren hat sich die Kunst zu einem allgemeinen Gaudium verwandelt, zu einem jedermann zugänglichen Erwerbszweig für Ruhm und Geld. Der sogenannte «Konzeptualismus», der geistigen Inhalt durch eine fade soziale Anekdote ersetzt und die Negierung der Form zum Prinzip erhebt, hat sehr viel Ähnlichkeit mit der Bewegung der Peredwischniki, der «Wandermaler» Ende des 19. Jahrhunderts. Die gleichen armseligen Themen und die gleiche Armut der Form! Mit einem Unterschied: Die Peredwischniki wandten sich mit ihrer Kunst an das Volk und nicht an die Geschäftemacher des westlichen Kunsthandels. Das ganz allgemein trostlose Bild, das die zeitgenössische Kunst heute bietet, soll indessen nicht darüber hinwegtäuschen, daß auch in den 80er Jahren Künstler aufgetreten sind, die der Zeit auf den Puls fühlen.

Die Kultur hat keine Vergangenheit. Sie existiert und wird in der Gegenwart rezipiert. Die Orchon-Inschriften auf steinernen Götzenbildern, Schlagzeilen aus der «Prawda» und die Buchstaben des Ostromir-Evangeliums sind gleichbedeutsame Fakten in einer zeitbedingten Schicht der Wahrnehmung. Die Gleichzeitigkeit des Ungleichzeitigen habe ich in der Struktur der Dichtung Chlebnikows entdeckt. Die Darstellung der Zeit ist der Hauptinhalt meiner Arbeiten.

Meine Arbeit am Bild teilt sich in zwei eigenständige Zeitabschnitte. Zuerst wächst Schicht für Schicht der «Leib» des Bildes. Er muß eine bestimmte Masse und seine Zeit haben. Was entsteht, ist etwas wie eine materialisierte Idee, durch die das Bild erst erraten werden kann.

Dann versteckt sich das Bild, es wird vergessen. Innerlich sammle ich meine Wut, ich bereite mich auf den Angriff vor, um zu zerstören, was bereits entstanden ist und ungesetzlich existiert. Dem «Leib» muß unbedingt das Leben eingehaucht werden.

Der Angriff erfolgt beim Lasieren, beim dünnen Auftragen der Farbe, blitzschnell und in einem Zug. Ein Fehler ist nicht mehr korrigierbar.

Meine Themen sind immer die gleichen: Asien, Fische, Schildkröten, Schmetterlinge, die Zeichnung des Pythagoras-Theorems, Tierschädel, Paleographie, Architektur, Pflanzen. Das sind die Zeichen meiner Welt, die von Zeit zu Zeit Bedeutung, wechselseitige Zusammenhänge und die Form verändern.

Der Rochen, 1981. Öl auf Leinwand.
150 × 100 cm.

50 *Dmitrij Plawinskij*

Mozart und Salieri, 1987. Öl auf Leinwand, Mischtechnik. 85 × 140 cm.

Dmitrij Plawinskij

Fliegender Fisch, 1978. Öl auf Leinwand. 100 × 150 cm.

Landschaft einer Fuge von Bach, 1987. Öl auf Leinwand, Mischtechnik. 146 × 85 cm.

Dmitrij Plawinskij

Das Wort, 1967. Öl auf Leinwand. Mischtechnik. 200 × 150 cm. *Bildinhalt ist ein Kryptogramm, das sich als der erste Satz im Johannes-Evangelium entziffern läßt: «Im Anfang war das Wort, und das Wort war bei Gott.»*

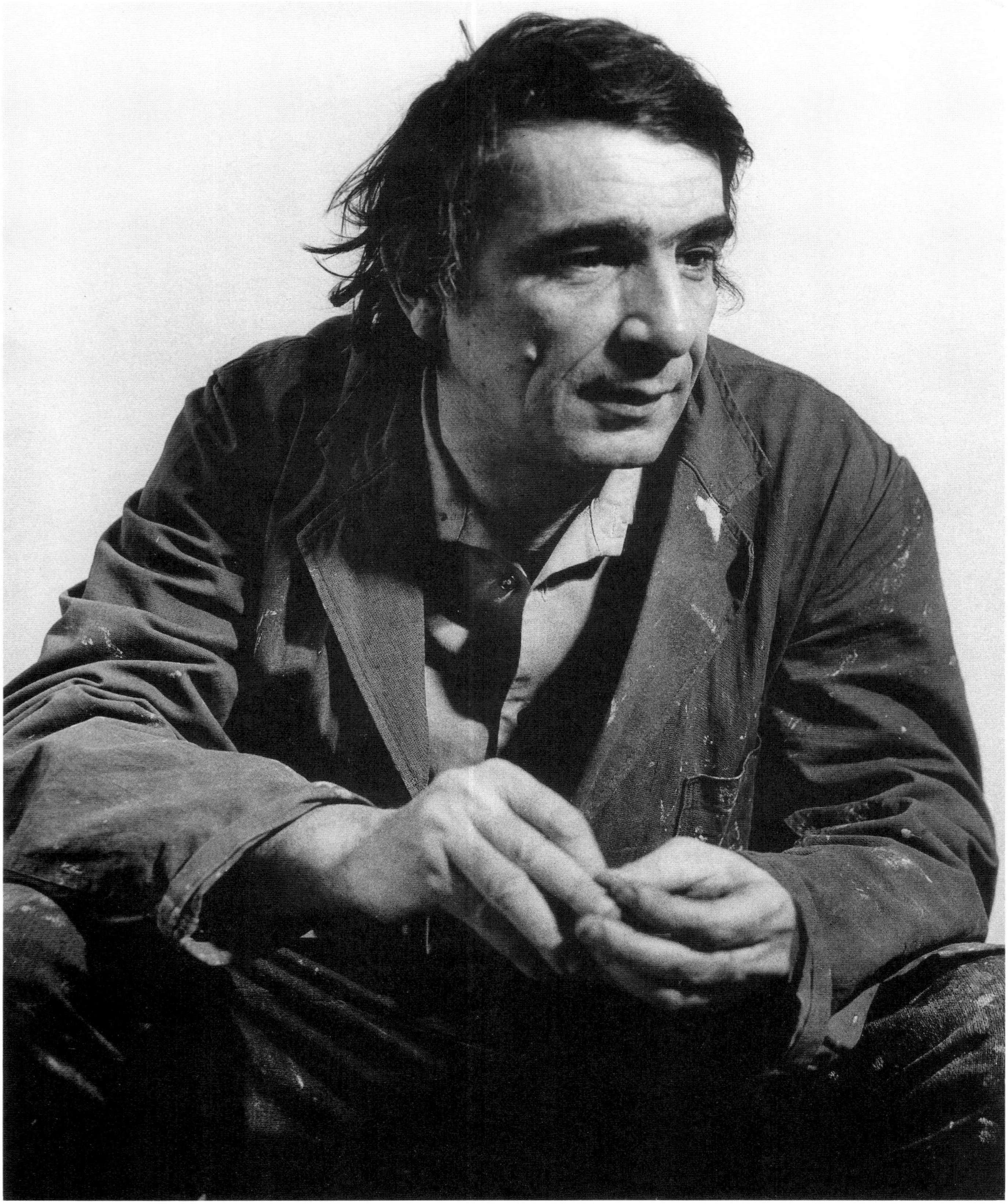

Eduard Schtejnberg

Ich, Schtejnberg Eduard Arkadijewitsch, bin in Moskau am 3. März 1937 geboren. Mein Vater, Schtejnberg Arkadij Akimowitsch (1907–1984), war Lyriker, Übersetzer und Maler, meine Mutter, Alonitschewa Walentina Georgijewna (1915–1976), Volkswirtschaftlerin.

Im Jahr meiner Geburt wurde mein Vater verhaftet. Als er aus dem Lager zurückkehrte, begann der Krieg, an den ich mich dunkel erinnere. In meinem Gedächtnis blieben die kriegsgefangenen Deutschen, der Auszug meines Vaters an die Front und sein neuerliches Verschwinden im Gulag nach Kriegsende.

Dann die Schule. Ein Jahr lang Zeichenunterricht im Kunstzirkel des Kulturhauses. Nach sieben Klassen ging ich in die Fabrik. Ich war Erdarbeiter, Nachtwächter und Fischer.

1954 kehrte mein Vater aus der Haft zurück und ließ sich in dem kleinen Städtchen Tarussa an der Oka nieder, einer Art russischem Barbizon, wo viele bekannte Künstler und Dichter lebten, unter ihnen auch W. Borissow-Mussatow, dem ich bis heute meine Sympathie bewahre.

Tarussa, wo ich von 1957 bis 1961 bei meinem Vater lebte, prägt meine Erinnerungen. Hier begann meine künstlerische Biographie. Vater und Mutter förderten meine Leidenschaft fürs Zeichnen. Die Welt des Aleksandr Blok, Pasternaks «Doktor Schiwago», der Woronesch-Zyklus von Mandelschtam, das war die Musik, die meinen Raum erfüllte. Und, natürlich, gilt mir das Leben Van Goghs als einzigartiges Axiom.

Die Jahre 1957–1962 waren eine Periode des selbständigen Lernens. Dem Rat meines Vaters folgend, der WChUTEMAS, die berühmte einstige Moskauer Kunstakademie, absolviert hatte, kopierte ich die Klassiker, Zeichnungen von Rembrandt und Callot. Ich malte Landschaften, Blumenstilleben und Porträts der Freunde. Ich produzierte eine Unmenge von Zeichnungen, Aquarellen und Gouachen, die in der Lethe untergingen.

Nach 1962 hörte ich auf, nach der Natur zu malen. Tiefe Bedeutung für mein Leben und Schaffen hatte damals der Tod eines mir sehr nahestehenden Menschen, der Witwe des Priesters von Tarussa, der Ende der 20er Jahre von früheren Mitgliedern seiner Kirchgemeinde zu Tode gequält worden war. Meine Bilder aus dieser Zeit, in denen der Einfluß Michail Wrubels deutlich ist, beschäftigten sich mit dem Thema des Todes, mit Begräbnissen und Hochzeiten. Einige sind noch in meinem Atelier, andere bei Freunden und in Privatsammlungen in Frankreich und Italien verstreut.

Ab 1965 wurde meine Palette heller und leuchtender. Organische Formen, Steine, Muscheln, Tierschädel und die einzigartige Gliederung des Raumes in Himmel und Erde beschäftigten mich. Das lichte Stilleben mündete schließlich zu Anfang der 70er Jahre in die räumlich-geometrische Komposition. An die Stelle organischer Formen traten das Kreuz, der Kreis, das Dreieck, das Rechteck, das Prisma, die Kugel. So formulierte ich meine innere Konzeption, die mystischen Ideen des russischen Symbolismus der Jahre um 1910 und die plastischen Ideen des russischen Suprematismus, genauer: die Ideen von Malewitsch, nicht auseinanderzunehmen, zu zerlegen, sondern zu synthetisieren. (Die Klassiker der russischen Avantgarde lernte ich Anfang der 60er Jahre im Hause von George Kostakis kennen.)

Seit den 70er Jahren schuf ich über 300 Ölbilder. Etwa 50 Arbeiten der metageometrischen Periode konnte ich 1978 in einer ersten Einzelausstellung in Moskau zeigen. Etliche davon befinden sich heute in Sammlungen in der Bundesrepublik, in Schweden und in den USA.

In den 80er Jahren beschäftigte ich mich neben der Ölmalerei mit Collagen und Gouachen auf Karton.

Fünfzehn Jahre lang habe ich immer nur nach oben geschaut. In den letzten zwei Jahren schaue ich hinab. Figuratives und ein dunkles Kolorit zeugen davon.

Wie bisher arbeite ich viel. Meine Sympathie gilt nach wie vor Wladimir Solowjow und Kasimir Malewitsch. Ich liebe die Kunst, aber nicht die heutige. Wie früher verbringe ich den Sommer auf dem Land mit Angeln. Der Fluß ist jetzt die Wjetluga. Und das Dorf heißt nun Pogorelka. Aber es ist wie einst in Tarussa an der Oka.

In Pogorelka ist in den Jahren 1985–1987 ein neuer Bilderzyklus entstanden, die Bilderreihe vom sterbenden Dorf, von dem nur noch wenige Häuser stehen, seit die Menschen weggezogen oder weggestorben sind. Das Thema des Todes hat mich zwei Jahre lang beschäftigt, zwei Jahre lang konnte ich mich von ihm nicht befreien. Ich glaube, jeder Fünfzigjährige stellt sich die Frage nach dem Tod, nicht nur der Künstler.

1987 habe ich den Dorfzyklus beendet. Er ist abgeschlossen. Ich habe ihn geschaffen und mich wieder von ihm befreit. Das Thema weiter auszubeuten erschiene mir als Profanierung. Ich bin zu meiner abstrakten Periode zurückgekehrt.

Ich vermag nicht zu sagen, was das ist, die Kunst. Die Kunst des ausgehenden 20. Jahrhunderts ist bei uns durch die Ideologie beschädigt worden. Im Westen wohl ebenso. Die Kunst hat die Menschen provoziert und Unfreiheit her-

56 *Eduard Schtejnberg*

vorgebracht. Ich bemühe mich mit meinen Bildern, mit meinem Schaffen, dem Betrachter die Freiheit zu vermitteln, die ihm noch geblieben ist. Meine Bilder haben keine Bezüge. Wenn der Betrachter das Bild nicht befragt, wird dieses keine Antwort geben. Das ist nicht neu, das war immer so.

Das ist das eine. Das andere ist die sogenannte revolutionäre Tradition der 20er Jahre, ich meine Malewitsch, Kandinskij. In den Kriegsjahren, in der ganzen Stalinzeit waren wir von unseren Wurzeln abgeschnitten. Wir haben dadurch sehr viel verloren.

Ich versuche die russische Tradition wiederzuerwecken, wiederzufinden, was für unsere Kultur charakteristisch ist: den Idealismus des ausgehenden 19. Jahrhunderts.

Ich bin ein Mensch des 19. Jahrhunderts, kein Zeitgenosse.

Meine Sympathie gehört, ich sagte es, dem Philosophen Solowjow, dem Lyriker Iwanow. Ich habe Malewitsch entziffert, und ich glaube, ich habe mich nicht geirrt. Das Rechteck, das ist der Tod, der Verlust, die Sehnsucht nach Gott.

Diese Probleme, diese ureigenen russischen Probleme, versuche ich zu lösen.

Komposition Wiktor Piwowarow gewidmet, 1976. Öl auf Leinwand, 110 × 120 cm.

Eduard Schtejnberg **57**

Komposition, 1975. Öl auf Leinwand. 140 × 100 cm.

Erde und Himmel, Komposition 1986. Öl auf Leinwand. 120 × 110 cm. *Das Bild gehört zur sogenannten Dorf-Serie und zeigt das Symbol der Dreifaltigkeit, das Dreieck, ein Kreuz und oben die Schrift «Erde», unten «Himmel».*

Sommer 1985, Komposition 1986. Öl auf Leinwand. 150 × 120 cm. *Ein Tagebuch-Blatt vom Sommerende. Es zeigt Schtejnbergs Sommerhaus im Dorf Pogorelka an der Wolga, ein Stück vom Friedhof und die Zeitangabe 1936–1983.*

Eduard Schtejnberg 59

Komposition, 1986. Öl auf Leinwand. 150 × 120 cm. *Ein anderes Tagebuch-Blatt aus der Dorf-Serie, einem aus dreißig Bildern bestehenden Zyklus, trägt die Grabinschriften «Geboren» – «Gestorben».*

60 *Eduard Schtejnberg*

Komposition, 1979. Öl auf Leinwand. 123 × 152 cm.

Eduard Schtejnberg **61**

Komposition, 1973. Öl auf Leinwand. 150 × 120 cm.

Landschaft, 1975. Öl auf Leinwand. 150 × 100 cm.

Komposition, 1979. Öl auf Leinwand. 88 × 124.

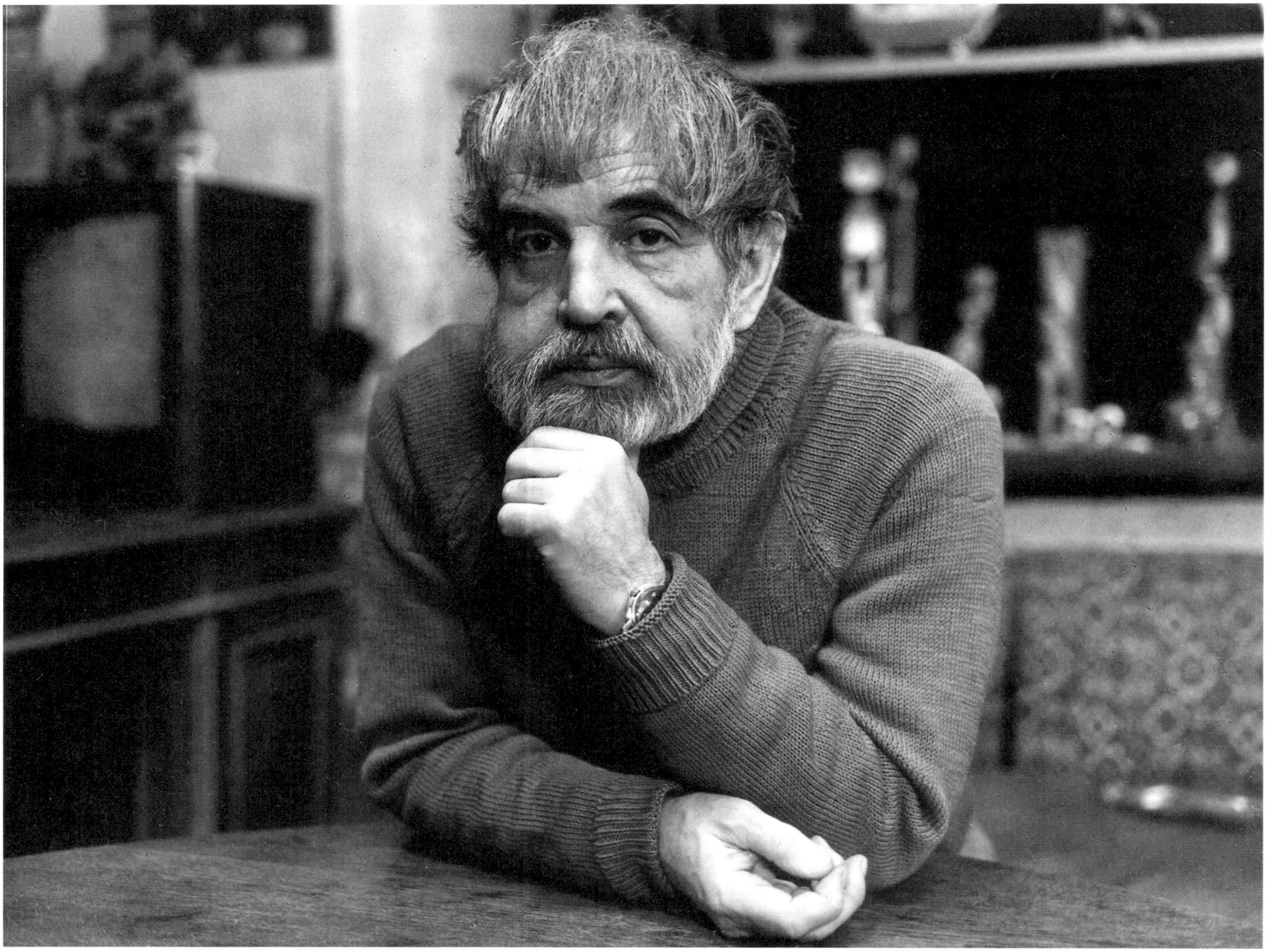

Wadim Sidur

Wadim Sidur starb 1986 in Moskau. Öffentliche Anerkennung fand sein Werk mit einer ersten Ausstellung im eigenen Land erst nach seinem Tod.
Seine Biographie hat sein langjähriger Freund Karl Eimermacher geschrieben, Direktor des Instituts für Slawistik an der Ruhr-Universität in Bochum, der auch das Gespräch mit Wadim Sidur führte, aus dem wir den Künstler nachfolgend zitieren.

Wadim Sidur wurde am 28. Juni 1924 in Dnjepropetrowsk (Ukraine) geboren. 1941 schloß er dort die Mittelschule ab. 1941/42 arbeitete er zunächst auf einem Kolchos im Kuban-Gebiet, dann als Dreher in Stalinabad, dem heutigen Duschanbe.

Als MG-Schütze nahm Sidur an Kämpfen an der Dritten Ukrainischen Front teil, wo ihn eine Kieferverwundung zu einem dreivierteljährigen Lazarettaufenthalt verurteilte (die Skulptur «Der Verwundete»). Ende 1944 wurde er aus der Roten Armee entlassen.

Ursprünglich wollte Sidur Medizin studieren und Arzt werden. Emotional fühlte er sich jedoch den pathologischen Untersuchungen nicht gewachsen. So verließ Sidur Stalinabad, begab sich zur Weiterbehandlung seiner Kieferverletzung nach Moskau und nutzte dort die Gelegenheit, sich an der Höheren Moskauer Schule für Angewandte Kunst, der ehemaligen Stroganow-Schule, zu immatrikulieren. Mit dieser, im Zuge der Oktoberrevolution geschlossenen, nach dem Zweiten Weltkrieg jedoch wiederbelebten Kunsthochschule verband Stalin die Aufgabe, Moskau in großem Maßstab künstlerisch monumental auszubauen. 1946 erhielt Sidur an dieser Hochschule einen Ausbildungsplatz als Bildhauer an der Fakultät für Monumentalplastik im Bereich der Architektur. Sein Examen legte er 1953 ab. 1957 wurde Sidur Mitglied des Sowjetischen Künstlerverbandes.

Seit Mitte der 50er Jahre erregten auf Ausstellungen junger Bildhauer die Werke Sidurs die Aufmerksamkeit der Kunstkritik. Angesichts des damals öffentlich vorherrschenden Kunstkanons bescheinigte man ihm Frische und Phantasie bei der ästhetischen Lösung seiner Plastiken und sagte ihm eine große Zukunft als Bildhauer voraus.

Sidur, dessen Plastiken seit Ende der 50er Jahre immer weniger dem Kunstgeschmack von Kunstfunktionären, Zeitschriftenredakteuren und Verlagsleitern entsprach, verschwand seit den 60er Jahren fast völlig aus der sowjetischen Öffentlichkeit. Im Unterschied dazu wuchs seine Popularität in den osteuropäischen Ländern, wo viele seiner Werke in Zeitungen und Zeitschriften publiziert wurden.

Spätestens seit den 70er Jahren erhielt Sidur Aufträge, für namhafte sowjetische Akademiemitglieder Grabdenkmäler zu gestalten und zwei abstrakte Monumentalplastiken vor Instituten der Akademie der Wissenschaften zu errichten. Gleichzeitig wuchs das Interesse an Sidur im Westen, wo zahlreiche Ausstellungen seiner Werke veranstaltet und seine wichtigsten Denkmäler aufgestellt wurden.

Öffentliche Anerkennung erhielt Sidurs Werk in der Sowjetunion erstmals durch zwei Einzelausstellungen im Mai und im September/November 1987 in Moskau.

«Es ist so, daß manche Künstler, wenn sie einen sogenannten eigenen Stil gefunden haben, diesen für den Rest ihres Lebens beibehalten. Ein solcher Zugang zur eigenen Arbeit ist völlig legitim, um so mehr, als ein Betrachter, der den eigenen Stil eines Künstlers erkannt hat, jedesmal, wenn er auf in diesem Stil gehaltene Werke trifft, die Freude des Wiedererkennens empfindet, was zweifellos nicht unterbewertet werden darf. Ich verfahre in meiner Arbeit leider – oder zum Glück – nach einem völlig anderen Prinzip: Ich will, daß ein Betrachter nicht ‹meinen Stil› erkennt, sondern meine Welt. Und nicht einmal das will ich, weil ich im Moment des Schaffens am allerwenigsten an den Betrachter denke, sondern ganz von dem Bestreben in Anspruch genommen bin, mich selbst so vollkommen und prägnant wie möglich zum Ausdruck zu bringen. Dies bedeutet keine Mißachtung des Betrachters; ich bin sogar davon überzeugt, daß es für einen Betrachter so besser ist. Besser sowohl für den Betrachter als auch für das Werk. Denn was extra für einen Betrachter gemacht worden ist, ist immer schlechter.

Nahezu alle meine Arbeiten sind nicht solitär, fast immer verwandeln sie sich in größere oder kleinere Zyklen. Ich nenne ‹Köpfe von Zeitgenossen›, ‹Präparate›, ‹Das weibliche Prinzip› und schließlich ‹Särge›. Diese Zyklen umfassen jeweils fünf bis zehn Skulpturen, und einige Zyklen, insbesondere die graphischen, umfassen bis zu hundert Blatt, beispielsweise solche wie die Linolschnitte ‹101›.

Wie entsteht ein Zyklus? Wie ist er begrenzt? Was kann man einen Zyklus nennen? Ehrlich gesagt habe ich eigentlich nie über die genauen Kriterien nachgedacht, die auf diese Fragen als Antwort dienen könnten. In meiner Arbeit verlasse ich mich in dieser Hinsicht fast immer auf das Gefühl. Drei Skulpturen, Zeichnungen oder Linolschnitte, die auf Grund ihrer formalen und thematischen Konzeption eine

Einheit darstellen, sind für mich bereits ein Zyklus, während zwei Werke mit den gleichen Merkmalen für mich lediglich zwei ähnliche Zeichnungen oder Skulpturen sind. Möglicherweise drückt sich in der Zyklizität die Spezifik meines Denkens aus. Wenn ich über ein Problem oder ein einzelnes Werk, das in meinem Atelier entstanden ist, nachdenke, komme ich fast immer zu dem Schluß, daß ein einzelnes Werk nicht alle Möglichkeiten ausschöpft, die aus der Auseinandersetzung mit der Form hervorgingen, und daß ein einzelnes Werk ein Thema fast nie vollständig behandeln oder eine erschöpfende Antwort auf ein Problem geben kann. Nochmals möchte ich betonen, daß all das sehr subjektiv ist.

Als ich den Zyklus ‹Särge› konzipierte, stellte ich mir das folgende, mir phantastisch erscheinende Bild vor: in einem riesigen Saal eine große Ausstellung von horizontal angeordneten Sarg-Skulpturen, ‹Sarg-Mann›, ‹Sarg-Frau›, ‹Sarg-Kind› – ein ganzes Volk von Särgen. Ich halte die ‹Sarg-Art› für die Kunst der Epoche, in der die großen wie auch die kleinen Staaten wegen der über alles natürliche Maß hinausgehenden zerstörerischen Kraft der Waffen einen Gipfel gegenseitiger Verängstigung erreicht haben. Ich war und bin noch heute gezwungen, viel über die Probleme des Bösen und der Gewalt (die ich für den Grundbestandteil des Bösen halte) nachzudenken. Und so kam ich allmählich zu der Überzeugung, daß das Böse entsteht und sich ausbreitet, weil die Menschen die Endlichkeit ihrer Existenz nicht begreifen, weil die Menschen nicht an ihre Sterblichkeit glauben. Die ‹Sarg-Art› soll der Menschheit helfen, sich der Unausweichlichkeit des Endes bewußt zu werden. Nicht jeder von uns muß geboren werden, aber jeder muß sterben, und dies kann durch die Zerstörung des überaus labilen Gleichgewichts des Schreckens zu jeder Minute geschehen; die Furcht jedoch ist nicht gerade der beste Mentor der Vernunft. Obwohl die Spezies Mensch sich eigenmächtig Homo sapiens benannt hat, ist diese Bezeichnung, betrachtet man die Geschichte, bisher durch nichts gerechtfertigt.

Schließlich muß ich mir wohl selbst die Frage nach dem Religiösen beantworten, sagen, was den eigentlichen Gehalt meiner Arbeit ausmacht. Unter religiös verstehe ich im vorliegenden Fall die christlichen Gebote, denn bisher haben die Menschen nicht vermocht, etwas dem Menschen Angemesseneres zu formulieren. Ich glaube nicht, daß mit dem irdischen Leben alles zu Ende ist. Ich weiß, daß alle sterben und niemand auferstehen wird, und hierin sehe ich die größte demokratische Gerechtigkeit des wahrhaft Göttlichen.»

Der Verwundete, Selbstporträt 1963. Aluminium. 42 × 25 × 18 cm.

Wadim Sidur

Beim Entkleiden, 1977. Bronze. 22 × 14 × 7 cm.

Herzoperation, 1966. Aluminium. 37 × 40 × 9 cm.

Feiertag, Dreifigurige Komposition 1965. Aluminium. 34 × 28 × 18 cm.

Verzweiflung, 1963. Aluminium. 28 × 13 × 16 cm.

68 *Wadim Sidur*

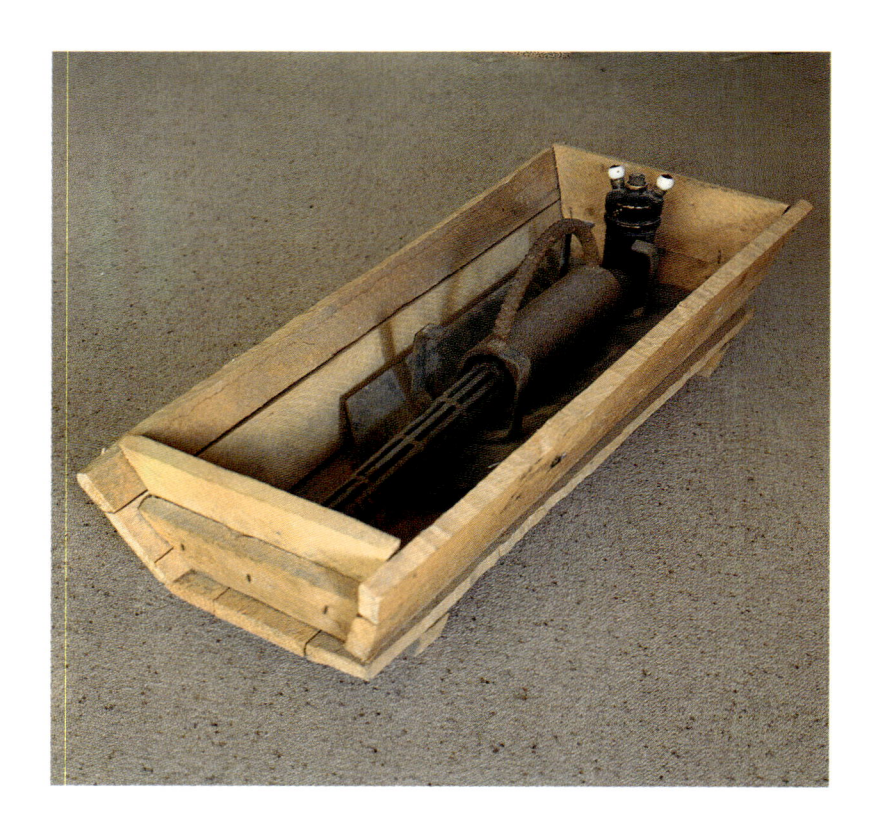

Sarg-Kind aus dem Zyklus «Sarg-Art», 1975. Metall, Holz. 27 × 85 × 34 cm.

Auf der Treppe Sitzende, 1977. Bronze. 21,5 × 8 × 11 cm.

Die enthaupteten Monarchen, 1982. Metall, Isolierband. 185 × 45 × 55 cm und 176 × 60 × 42 cm. *200 Jahre Französische Revolution.*

Die Kehle, 1982. Metall, Holz. 51 × 37 × 37 cm.

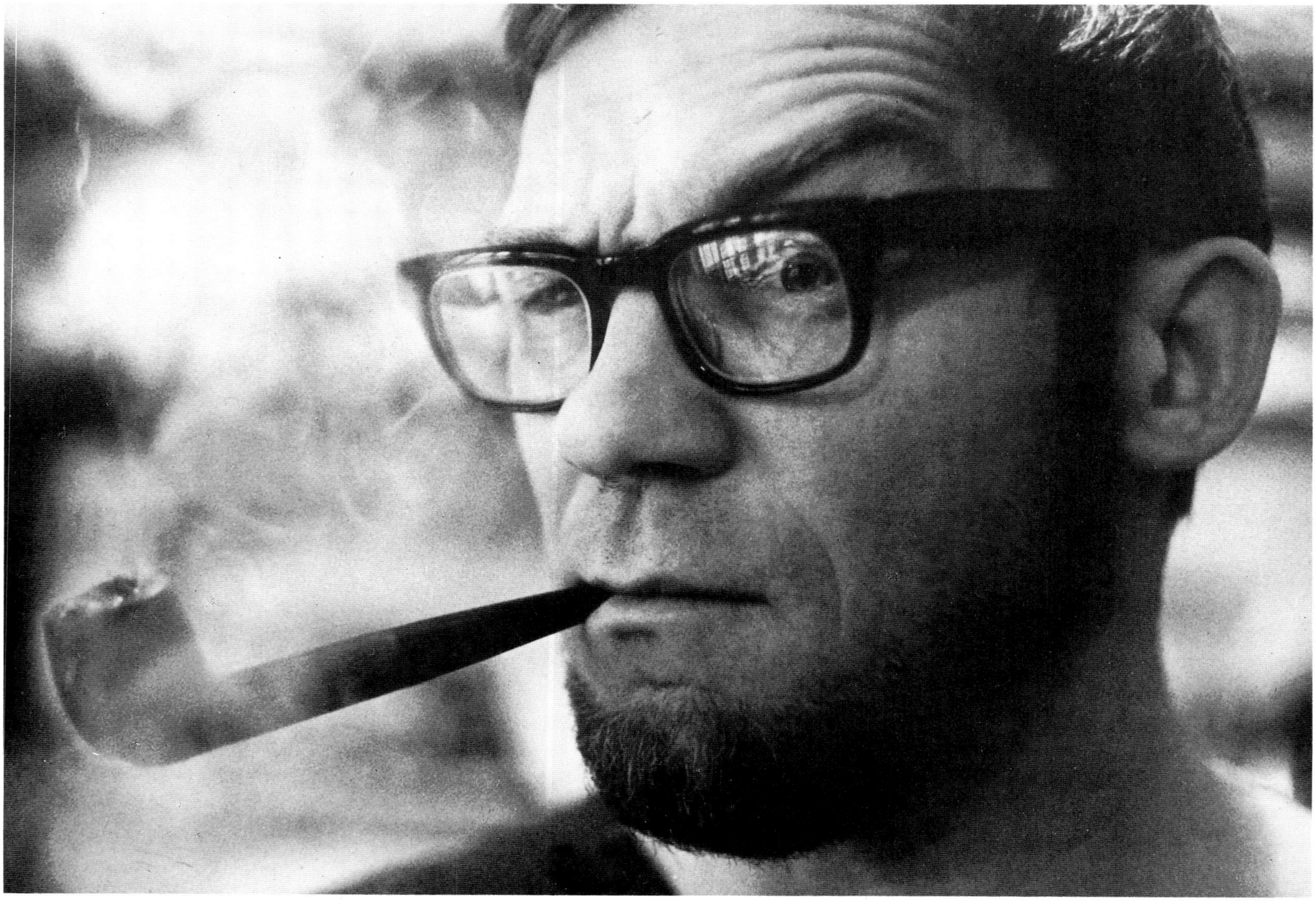

Üllo Sooster

Üllo Sooster, der 1970 starb, gehörte als gebürtiger Este zu den herausragenden Repräsentanten der Moskauer Kunstszene der 60er Jahre. Erst ein Jahrzehnt nach seinem Tod wurde ihm offizielle Anerkennung zuteil. Seine Biographie haben seine Freunde Ilja Kabakow und Juri Soboljew geschrieben.

Üllo Sooster wurde am 17. Oktober 1924 in einer Bauernfamilie auf der Insel Hiiumaa in Estland geboren. 1949 absolvierte er das Kunstinstitut in Tallin. 1950 wurde er unter einer falschen Anklage verhaftet und in ein Lager nach Karaganda gebracht, von wo er erst sechs Jahre später zurückkehrte. Nach seiner Rehabilitierung ließ er sich in Moskau nieder.

Sooster verdiente seinen Unterhalt, indem er für verschiedene Moskauer Verlage Bücher illustrierte. Von 1968–1970 arbeitete er auch als Zeichner und Realisator im Trickfilmstudio «Sojuzmultfilm» sowie als Bühnenbildner an Moskauer Theatern. In derselben Zeit entwickelte sich sein Schaffen im Bereich von Malerei und Wandgraphik.

Seine schöpferische Arbeit begann unter den unmenschlichen Bedingungen der Lagerhaft in Karaganda. In sechs Jahren schuf er mehr als tausend Zeichnungen, Bildnisse seiner Haftgenossen, Landschaften und Szenen aus dem Lagerleben, realistische Dokumente von starker Ausdruckskraft. Daneben entstanden zur gleichen Zeit Werke, die eine ganze Welt poetischer Visionen und surrealistischer Phantasien erschließen.

In den dreizehn Jahren seiner Moskauer Lebensperiode, die mit seinem Tod am 25. Oktober 1970 endete, formulierte Sooster seine künstlerische und philosophische Konzeption, ein System seiner eigenen Mythologie und Kosmogonie. In den malerischen und graphischen Arbeiten dieser Zeit eröffnet sich uns das integrale Bild eines lebendigen und sich stets verändernden Universums, das angefüllt ist mit subjektiven mythischen Zeichen und gleichwohl die Überzeugungskraft einer objektiven Zeugenschaft besitzt. Archetypen in einer chaotischen Urwelt wie dem Ei, dem Stein, dem Wacholderbaum, dem Fisch oder dem Weib wohnt eine eigene Dynamik inne, die Fähigkeit zur gegenseitigen Durchdringung. Sie entstehen, sie verwandeln sich, sie lösen sich auf, sterben, um erneut zu zeugen und zu gebären. Das System solcher Transmutationen integriert Sooster in eine originelle Logik kausaler Beziehungen, welche mitunter die Qualität streng wissenschaftlicher Theorien besitzt.

Seinen ganzen Kosmos stellte Sooster in gleichzeitig und parallel entstehenden Zyklen graphischer und malerischer Werke dar, in abstrakten Strukturen von Ei, Fisch, Wacholder, in seinen Bildern «Frau und Maschine» oder «Anthropomorphe Landschaften».

Üllo Sooster war eine der wichtigsten Persönlichkeiten des Kulturlebens der 60er Jahre. Sein Schaffen und seine Kunsttheorien beeinflußten nachhaltig die Formierung und Entwicklung der künstlerischen Avantgarde sowohl in Moskau wie in Tallin.

1962 nahm Üllo Sooster an jener Ausstellung in der Moskauer Manege teil, die bekanntlich eine neue Periode kulturpolitischer Repression einleitete. Nach 1964 beteiligte er sich an verschiedenen Ausstellungen der inoffiziellen russischen Kunst im Ausland. Arbeiten von ihm befinden sich in den Museen von Tallin und Tartu sowie in zahlreichen Privatsammlungen in der Sowjetunion und im Ausland.

72 *Üllo Sooster*

Das Ei, 1961. Öl auf Leinwand. 80 × 50 cm. *Das Ei ist bei Sooster einer der Archetypen, ein allgemeines Symbol seines Universums, seiner selbstgeschaffenen Mythologie. Sooster hat viel an diesem Thema gearbeitet. Sogar sein Grabstein hat die Form eines Eis.*

Üllo Sooster

Großes Ei, 1965. Öl auf Leinwand. 60 × 85 cm.

Wacholder, 1960. Öl auf Leinwand. 38 × 60 cm.

74 *Üllo Sooster*

Fisch, 1959. Öl auf Papier. 40 × 70 cm. *Der Fisch ist ein anderes häufig wiederkehrendes Symbol in Soosters Universum, eine Form, die im Chaos schwimmt und zugleich das Chaos in sich trägt.*

Landschaft, 1986. Öl auf Papier. 50 × 80 cm. *Im Jahr vor seinem Tod hat Sooster zu einem synkretischen Stil gefunden und sich mit Formen anthropomorpher Landschaften befaßt.*

Üllo Sooster 75

Wacholder, 1966. Öl auf Leinwand.
50 × 80 cm.

Wacholder, 1966. Öl auf Leinwand.
50 × 80 cm.

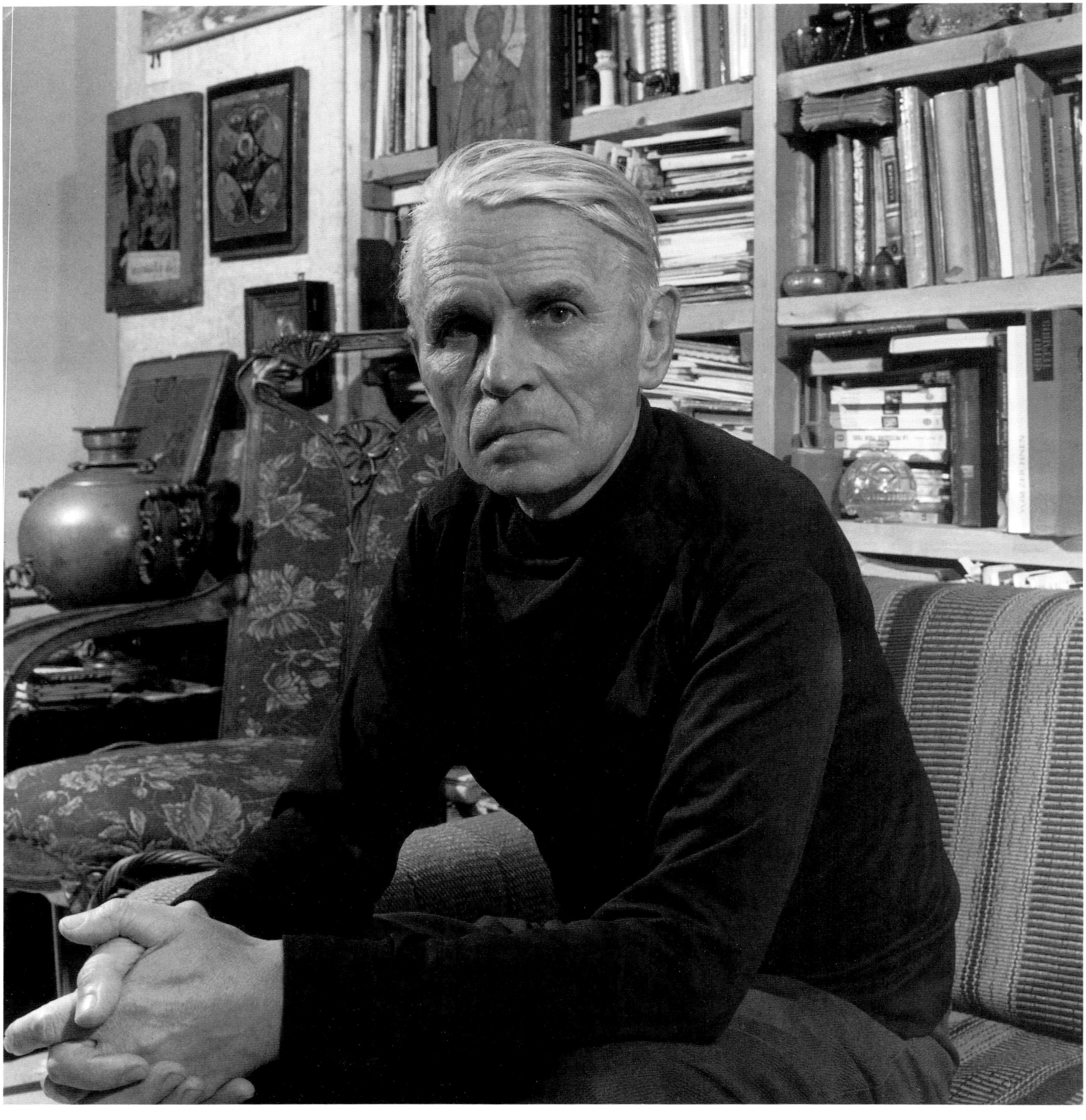

Boris Sweschnikow

*I*ch bin am 1. Februar 1927 in Moskau geboren. Von 1944 bis 1946 lernte ich am Institut für dekorative und angewandte Kunst.
1946 wurde ich verhaftet und bis 1954 in ein Arbeitslager in der nordrussischen Teilrepublik Komi gesperrt.
In der Ära Chruschtschow wurde ich rehabilitiert. Seit meiner Freilassung lebe ich ohne Unterbrechung in Moskau. Ich reise fast nie.
Auch unter den unvorstellbaren Bedingungen des Lagerlebens habe ich nie aufgehört zu arbeiten. Ich kann bezeugen, daß widrige Umstände die Leidenschaft für die Kunst viel mehr zu fördern vermögen als günstige.
Die nachhaltigste Wirkung hat auf mich wohl die europäische Kunst des Mittelalters geübt, die Gotik, sowohl als Skulptur wie als Weltempfindung.
Hin und wieder beteilige ich mich an Gruppenausstellungen mit meinen alten Freunden.
Eine Einzelausstellung habe ich nie gehabt.

Soweit ich mich erinnern kann, war das Zeichnen für mich immer ein zwingendes Bedürfnis. Zeichnen, das ist für mich Sehen und Fühlen.
Nur wenn ich an einem Bild oder einer Zeichnung sitze, vermag ich das Vorhandensein einer Realität zu empfinden, die anders ist als die alltägliche Wirklichkeit, das trübe Rinnsal ohne Konturen und Sinn, das beinahe versickert.
Weil Kunst für mich keine praktische, anwendbare Bedeutung hat, kann sie als Betätigung auch keine erreichbaren Ergebnisse vorweisen. Kunst brauche ich, um zu existieren und zur Selbsterkenntnis zu gelangen. Was gestern war, wird sich heute nicht wiederholen. Ich kann mich nicht heute im gestrigen Ich erkennen.
Die Kunst und das Leben sind Wege, die zu unbekanntem Ziel führen.
In meiner täglichen Arbeit bestimme und fixiere ich die jeweilige Temperatur meines Weltempfindens.

78 *Boris Sweschnikow*

Begegnung, 1949. Öl auf Leinwand. 50 × 80 cm. *Das Bild entstand in einem stalinistischen Zwangsarbeitslager im hohen Norden der Sowjetunion, aus dem der Künstler nach achtjähriger Haft 1954 entlassen wurde.*

Boris Sweschnikow 79

Mitternacht, 1987. Öl auf Leinwand. 60 × 80 cm.

Feuchter Abend, 1985. Öl auf Leinwand. 70 × 80 cm.

80 *Boris Sweschnikow*

Abreise, 1987. Öl auf Leinwand. 100 × 50 cm.

Boris Sweschnikow **81**

Abend nach dem Tod, 1987. Öl auf Leinwand. 50 × 100 cm.

Spaziergang, 1986. Öl auf Leinwand. 60 × 80 cm.

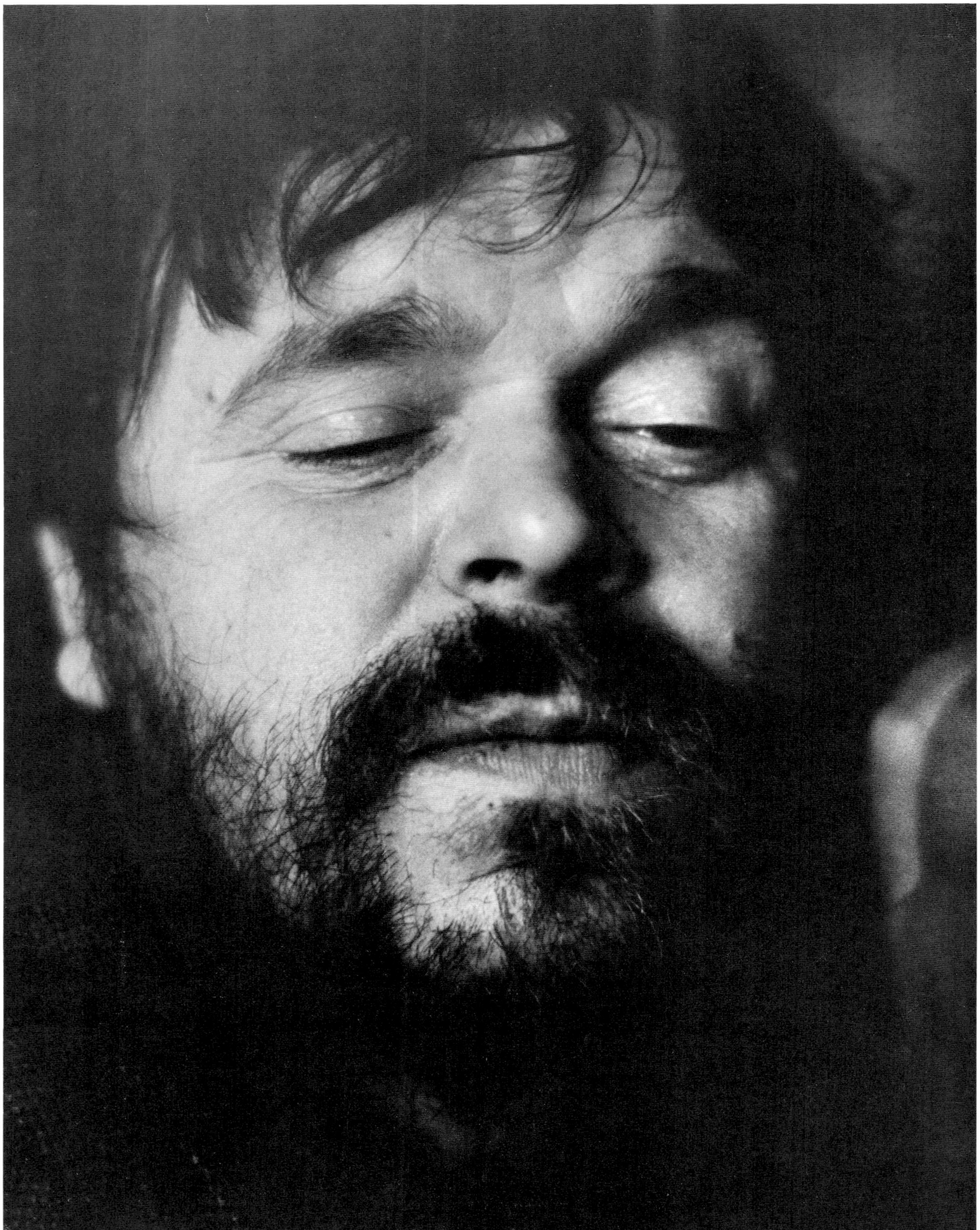

Anatolij Zwerew

«*Jeder Pinselstrich ist eine Kostbarkeit. Maler seines Kalibers werden nur einmal in hundert Jahren geboren*», sagte Robert Falk, als er Zwerews Bilder sah. Picasso nannte Zwerew einen «*großen russischen Zeichner*» und wünschte ihm noch viele Lebensjahre schöpferischer Arbeit. Als Anatolij Zwerew 1986, kaum fünfundfünfzigjährig, starb, hinterließ er seinem Freund Wladimir Njemuchin neben vielen Arbeiten auch einige Manuskripte, unter denen sich der folgende autobiographische Text fand, den wir in leicht gekürzter Fassung hier erstmals veröffentlichen.

Dir gewidmet, TIBET

Geburtsjahr: 1931. Geburtstag: 3. November. Vater: Bürgerkriegsinvalide. Mutter: Arbeiterin. Schwestern: Hab' ich fast nicht gekannt. Ich erinnere mich, mag sein (von den toten), nur an zwei, nämlich an Sina, die erste, und Werotschka. Zwei Schwestern, mir ist so, leben noch: Eine von ihnen ist vier Jahre älter als ich. Die andere um ebensoviel jünger.

Ich wurde zufällig (oder auch nicht zufällig) Künstler. Zum Lehrer erkor ich mir Leonardo da Vinci. Als ich ihn las, fand ich in ihm vieles, was mir nah war (wenn man den gedruckten Übersetzungen dieses wahren Genius glauben darf).

Als ich «zufällig» seine Traktate las – inzwischen war er schon mein Freund –, verblüffte mich die Gleichartigkeit des Ausdrucks unserer Gedanken. Als Unglücklicher und in der Gesellschaft insgesamt «Nicht-ganz-Dichter» hatte ich das große Glück, mit Hilfe seines, Leonardo da Vincis, Traktates über die Malerei meinen Eindruck vom Leben der Kunst von mir zu geben. Immer wieder...

Ich lernte ungleichmäßig und hatte unterschiedliche Noten. Schließlich gelang es mir doch, irgendwie die Siebenklassenschule zu beenden und die sogenannte «eingeschränkte» Mittlere Reife zu bekommen.

Die Kindheit verlief im wesentlichen «wild», irgendwie chaotisch; deshalb ist es auch so schwierig, überhaupt etwas Vernünftiges «hervorzuheben»...

Wünsche hatte ich, scheint es, fast keine... Was die Kunst des Zeichnens im allgemeinen angeht, so ließe sich hier lediglich folgendes anmerken: Ich träumte nicht davon, Künstler zu sein..., aber sehr oft wollte ich – und «träumte» davon –, daß mir ein Vetter zweiten Grades, jedesmal wenn er es einrichten konnte – das war noch vor dem Krieg –, bei uns vorbeizukommen, ein Pferd malte.

Bei uns in der Stube hing ein Bild an der Wand, ein Lubok, an dem ich mich nicht sattsehen konnte und von dem ich sogar auf meine Weise eine «Kopie» anfertigen, d.h. irgendwie das gleiche zeichnen wollte. Natürlich hatte ich Stifte, wahrscheinlich Buntstifte. Es gab, scheint es, auch das Damespiel, das ich immer so gerne spielen lernen wollte (in der Folgezeit sollte Spiel mit Damen meine – bäuerlich ausgedrückt – «nicht ganz dichte» Existenz sozusagen zusammenhalten).

Sehr oft bat ich auch meinen Vater, irgend etwas für mich zu zeichnen – worauf dieser auch gern einging, obwohl ihm trotz des mit Sicherheit «lyrischen Charakters» seiner Persönlichkeit das Zeichnen mißlang. Und einzig und allein aus dem Wunsch heraus, mir einen Gefallen zu tun, zeichnete er. Und es wurde daraus immer nur ein und dasselbe: der Kopf irgendeines mythischen Greises im Profil...

Wie dem auch sei, das Zeichnen gelang mir offenbar und wurde in der Folge für mich irgendwie zur «Eigenart»... Im zarten Alter von fünf Jahren wurde ich preisgekrönt... für ein Porträt Stalins.
Dann, als ich im Pionierlager war, «schuf ich» zum Erstaunen des Leiters unseres Malklubs (nicht des Nachtklubs) «Teerose» (oder war es «Hagebutte»?) – ich habe keine Hemmungen, dies (wenn auch erst im nachhinein) zu sagen –, «ein Meisterwerk» meiner Kunst. Als ich jedoch fünf Jahre alt war (das war noch vor dem oben erwähnten Preis), gestaltete ich – nach dem Gedächtnis – in unserer Kunstgruppe, wo damals – noch vor dem Krieg – den Kindern Buntstifte und Papier zur Verfügung gestellt wurden, das Thema «Straßenverkehr». Übrigens gab es damals in Moskau wenig – relativ wenig – Menschen, und Moskau war noch nicht so ausgedehnt – nicht so wie heutzutage. Und zu den Wahlen strömten, als wäre es ein Feiertag, Eltern und Kinder unter den Klängen der Ziehharmonika durch die Straßen (man sang Lieder und tanzte), um abzustimmen usw.

Was die spätere Entwicklung meiner Kunst betraf, so begann nun der Vaterländische Krieg, oder wie man ihn auch nennt – der «Große»... Damals begann man «alle» zu evakuieren, «jeden» in eine andere Richtung...

Mich verschlug es mit zwei meiner Schwestern, meinem Vater und meiner Mutter ins Tambower-Gebiet.

Ich will mich hier nicht darüber auslassen, wie «gut» oder «schlecht» und wie langwierig oder schnell wir mit dem Güterzug bis zu unserem Bestimmungsort brauchten: Ich erwähne nur, was hier tatsächlich mit der Frage zusammenhängt, wie sich mein «Zeichnen» weiterentwickelt hat... Natürlich konnte da von Zeichnen gar keine Rede sein, und hätte wohl auch nicht sein können: Es war ein «Gehetze», ein «Gehetze», sozusagen jede denkbare Art von «Gehetze»...

Mein Vater unterrichtete mich lang und breit über alles: daß der «Deckel auf den Topf paßt», wie man «Spreu vom Weizen sondert», wo einen «der Hafer sticht», usw., usf. – alles haarklein und fein. Dann erkältete er sich, erfror seine Füße gräßlich, wurde krank und schied im dreiundvierzigsten Jahr stehend aus seinem traurigen Leben, zu Neujahr, ... Januar, morgens um fünf Uhr.
Natürlich, sehr traurig war das alles...

Und dann? Ich wurde «blind wie ein Huhn», nämlich «nachtblind», und dazu kam mir rein zufällig Kalk und Kreide von der Decke einer Bauernhütte in die Augen – und auch das, so scheint es, war wieder Pech für mich...

Was, sagen wir, das «Malerische» der heimatlichen Gefilde meiner Eltern angeht, so ist es – wie sollte es anders sein – einfach überwältigend: Wiesen... Überschwemmungen... Im Frühling das Getöse der von den Feldern mit Gepolter und Lärm abgehenden, tauenden Schneemassen, die wie Meereswellen am frühen Morgen brüllen..., und dann auch all das andere: der Sommer, der Winter. Die Schneeverwehungen. Da waren Wächten bis an die Leitungen der Telegraphenmasten, wenn die Menschen aus ihren Hütten mit Mühe herausgekrochen kamen, um den Schnee vom Schornstein, vom Ausgang, von den Fenstern und sonst überall wegzuschaufeln.

Na ja, im allgemeinen ist das natürlich alles sehr interessant... Und im Sommer: die Hitze, die Schwüle und die furchtbaren Unwetter, gelegentlich. Der Fluß und die Bäche. Und die Seen... und alles andere auch.
Die Zeit verging; und der Krieg ging noch weiter...
Als wir nach dem Kriege nach Moskau kamen, lebten die Menschen noch mit Lebensmittelkarten – mit Abschnitten, Rationen, in Armut, wie man sagt, und so weiter... die Erinnerung an «Lebensmittelrationen» und an diese Karten, lohnt die sich denn?

Und das Zeichnen ging eher zufällig weiter und brachte paradoxes Zeug wie dieses hervor: eine Zeichnung aus der Zeitung «Sowjetsport» – «Höhepunkt am Eingang des Moskauer Spartak-Stadions». In meinem kleinen Skizzenblock tauchten schwarze Tuschfederzeichnungen auf, erstmals wieder nach einer so langen Pause während des Krieges, also nach fünfjähriger Unterbrechung – 1945/1946...
Dann Zeichnen, Malen, Modellieren, Linolschneiden und Holzschnitte in zwei Parks, in Sokolniki und Ismajlow, auf den Kinderspielplätzen dort. Später in zwei Pionierpalästen... Und dann, auch zufällig, begann ich eine Ausbildung (zwei Jahre) in der Kunsthandwerkschule und schloß sie ab. Na und dann, wenn auch nur «vorübergehend», nur immer «bröckchenweise» – wie man sagt –, besuchte ich manchmal diesen oder jenen Kurs für «Erwachsene»; und es gelang mir, mich in der richtigen Kunstschule einzunisten, einer von denen, die es auf der Sretenka gab (ich glaube, sie war nach dem Jahr «1905» benannt). Auf dieser Schule war ich nur sehr kurz. Wegen meiner «äußeren Erscheinung» warf man mich aus dem ersten Kurs heraus. Meine schlechte mate-

rielle Lage gab den Ausschlag und bedeutete das Ende meines dortigen Verbleibs.

Danach arbeitete ich als Künstler im Sokolniki-Park. (Übrigens, nach Beendigung der ChRU, der Schule für Kunsthandwerk, war ich gezwungen, im wesentlichen als Anstreicher zu arbeiten.)

Was «all das übrige Wesentliche» betrifft, so ist es im Prinzip so gut wie uninteressant und überflüssig...

Überall hatte ich «Pech». Aber mein Zeichnen und Malen blieben davon unberührt, fast bis auf den heutigen Tag...

Den zeitgenössischen echten Künstlern, die ich kenne, begegne ich mit Achtung – so meine ich doch –, weil sie miteinander auskommen..., obwohl ich sie, nach Lage der Dinge, nicht alle für glücklich halten kann. Wenn auch manchmal aus irgendwelchen Gründen «Außenstehende» es für «Glück» halten, wenn einer Künstler genannt wird, kann ich mich bis jetzt nicht «glücklich» nennen, besonders dann nicht, wenn ich mit der Grobheit meines eigenen Schicksals zusammenstoße: wenn ich irgendwie «Pech» habe, besonders, wenn mir bei schlechtem Wetter etwas weh tut.

Künstlern sollte man meiner Meinung nach überhaupt mit Achtung begegnen, allerdings unter der Bedingung, daß letztere nicht irgendwie zu gierig, neidisch, hinterhältig, böse usw. sind. Es gibt solche, die schlecht sind, mir persönlich irgendwie nicht gefallen und so weiter...

Die interessantesten Maler sind, versteht sich, diejenigen, die mehr als andere in der Lage sind, die Aufmerksamkeit des Betrachters auf ihre Leinwand zu ziehen und nicht durch die Belanglosigkeit ihrer Einfälle ermüden: Van Gogh, Rembrandt, Rubens, mein Lehrer Leonardo da Vinci, Velázquez, Goya, Van Dyck, Raffael, Sawrasow, Wrubel, Rubljew, Wasiljew, Kiprenskij, Iwanow, Malewitsch, Kandinskij, Botticelli, Daubigny, Serow, Brjullow, Gauguin, Constable und viele andere, die ich namentlich nicht kenne oder an die ich mich einfach nicht erinnern kann...

Was die Künstler «meiner Generation» betrifft, so sind von den zeitgenössischen, den jetzt lebenden, die sogenannten «Avantgardisten» darum die besten, weil sie alle eine Zukunft, eine Gegenwart oder wenigstens eine «Vergangenheit» haben und so weiter und so fort.

Allen Künstlern wünsche ich glückliche Fahrt und guten Wind in ihrem Schaffen. «Schwimm, mein Nachen, auf den Wellen...»

Ich wünsche Gesundheit, sofern sie vorkommt.

Amen.

86 *Anatolij Zwerew*

Geburtstag, 1957. Aquarell. 58,5 × 41 cm. *Die Jahre 1957–1959, in denen er im Geiste des Tachismus arbeitete, gelten in der Rückschau als die fruchtbarste Periode des Künstlers.*

Anatolij Zwerew 87

Selbstporträt, 1958. Aquarell. 58,5 × 41 cm. *Zwerew war ein besessener Autoporträtist. Er soll mehr als tausend Selbstbildnisse hinterlassen haben.*

Selbstporträt, 1958. Aquarell. 58,5 × 41 cm.

88 *Anatolij Zwerew*

Bildnis des Künstlers W. N. Njemuchin, 1968. Öl auf Leinwand. 80 × 60 cm.

Anatolij Zwerew 89

Stilleben mit Hummer, 1980. Öl auf Leinwand. 52,5 × 62,5 cm.

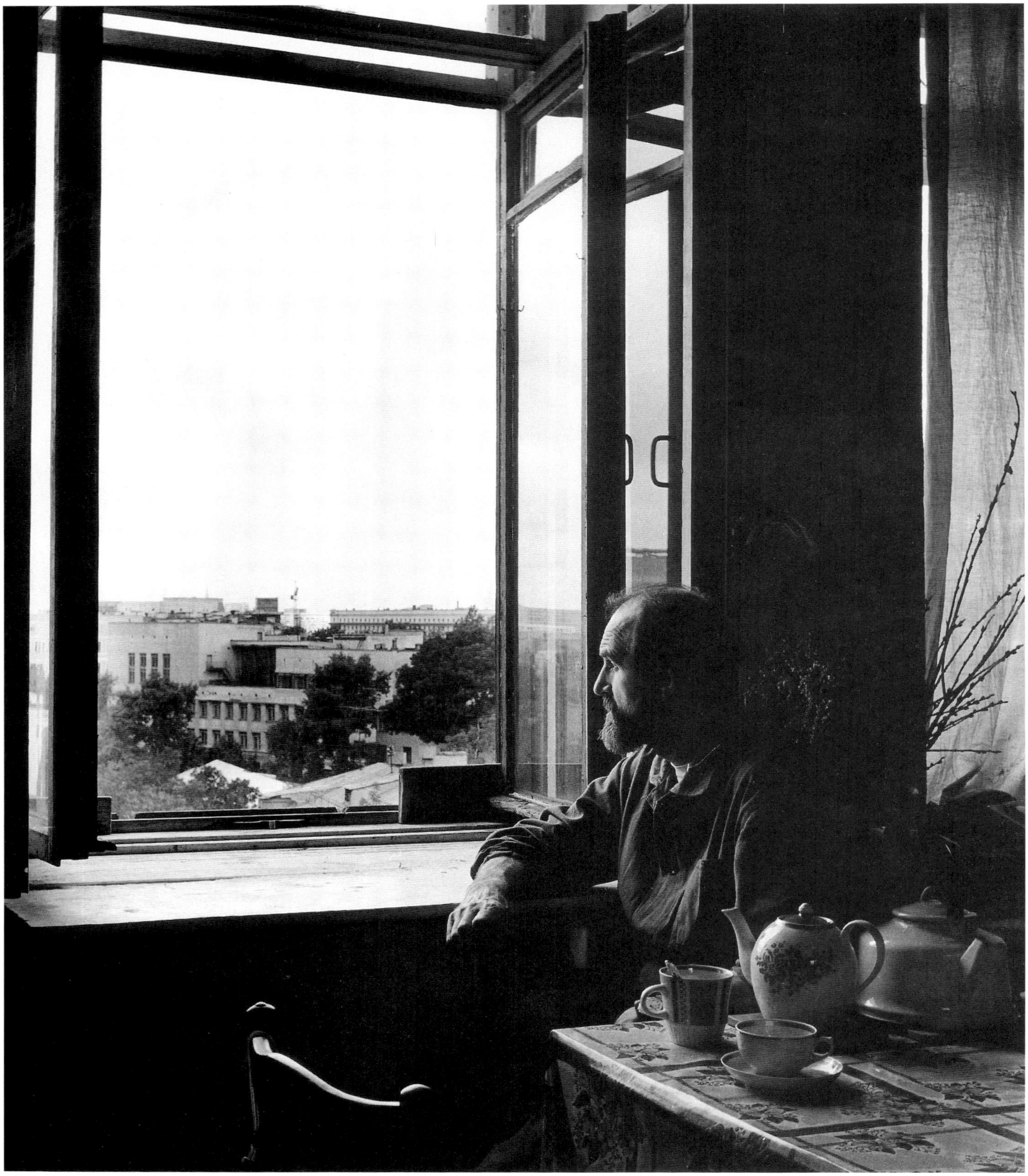

Erik Bulatow

Mein Vater, Jahrgang 1907, stammt aus Saratow an der Wolga. 1918, gleich nach dem Gymnasium, zog er in den Bürgerkrieg. Er trat der Partei bei und wurde Funktionär. Meine Mutter, 1907 geboren, kam aus Bialystok, das nach dem Ersten Weltkrieg wieder an Polen fiel. Sie war eine romantische Natur und hatte mit einem kleinbürgerlichen Leben nichts im Sinn. Sie bewunderte die russische Revolution und floh, fünfzehnjährig, über die Grenze nach Rußland.

Meine Eltern begegneten sich in Moskau, wo mein Vater im Apparat des Zentralkomitees arbeitete.

1933 schickte man meinen Vater dienstlich in den Ural. Meine Mutter begleitete ihn. So kam es, daß ich im gleichen Jahr in Swerdlowsk geboren wurde, einer Stadt, mit der mich außer dieser Tatsache und einem kurzen Aufenthalt dort während des Krieges nichts verbindet. Nach Moskau kehrte meine Familie zurück, als ich drei Jahre alt war.

1937, in der Zeit der größten Repressionen, wurde mein Vater aus der Partei ausgeschlossen. Er verlor seine Arbeit, aber er wurde nicht verhaftet. Ein Jahr später nahm ihn die Partei wieder auf, und er wurde wissenschaftlicher Sekretär in der Redaktion der Großen Sowjetenzyklopädie.

1941, gleich zu Kriegsbeginn, ging er an die Front und fiel 1944 bei Pskow.

Der Vater lehrte mich die Liebe zur Poesie und war so fest davon überzeugt, daß ich Künstler werden würde, daß er mir diesen Glauben zu vermitteln vermochte.

Meine ersten Schritte, ja mein ganzer Bildungsweg waren typisch für die Zeit: zuerst ein Zeichenzirkel im «Haus der Pioniere», dann die Moskauer Kunstmittelschule, mit der ich meine schönsten Erinnerungen verbinde und der ich sehr verpflichtet bin, und schließlich die Fakultät für Malerei am Surikow-Kunstinstitut (1952–1958).

Die Zeit, in der ich die Schule beendete und zu studieren begann, war sehr schwierig für unsere gesamte Kultur. Nicht nur die russische Avantgarde der 20er Jahre war uns unbekannt. Die ganze europäische Kunst unseres Jahrhunderts von den Impressionisten aufwärts war aus unseren Museen verbannt. Sogar die russischen Klassiker Wrubel und Korowin waren verboten.

Nach dem Tode Stalins begann sich das zu ändern, aber am Institut unterrichteten uns noch immer die gleichen stalinistischen Lehrer in der gleichen Manier. So wurde uns immer bewußter, daß wir nicht die wahre Kunst erlernten und alles, was man uns beigebracht hatte, untauglich war. Und wir ahnten auch, daß es echte Künstler gab, die die Geheimnisse der uns verborgenen wahren Kunst kannten. Die unterrichteten nicht an den Hochschulen, aber es gab sie, und es galt, sie zu finden.

So kam es, daß Robert Falk und Wladimir Faworskij zu meinen wahren Lehrern wurden und entscheidenden Einfluß auf mein künstlerisches wie mein menschliches Bewußtsein nahmen.

Ich war ein sehr guter Student. Schon 1956 nahm ich erstmals an einer Ausstellung teil. Mein Bild «An der Quelle» wurde 1957 im sowjetischen Pavillon an den internationalen Weltjugendfestspielen in Moskau ausgestellt. Dennoch wurde mir nach Abschluß des Studiums klar, daß ich umlernen mußte. Um unabhängig zu bleiben, suchte ich mir einen Verdienst. Ilja Kabakow unterwies mich in der Illustration von Kinderbüchern. Auf diesem Gebiet arbeite ich seither mit meinem Freund Oleg Wasiljew zusammen.

Der Prozeß des Umlernens dauerte bei mir bis etwa 1963. Obwohl sich auch danach noch der Charakter meiner Bilder stets änderte, und zwar wesentlich, bin ich sicher, daß meine Arbeit seit 1963 nicht mehr nur in der bloßen Auswertung fremder Erfahrungen besteht und daß ich schließlich ein selbständiger Künstler geworden bin.

In meiner Eigenschaft als Buchillustrator wurde ich 1967 in den sowjetischen Künstlerverband aufgenommen.

Den Titel meines Bildes «Ich lebe – ich sehe» habe ich einem Vers von Wssewolod Nekrassow entlehnt, den ich für unseren besten lebenden Lyriker halte. Der Vers lautet

Ich will nichts und suche nichts
Ich lebe bloß und sehe

Diesen Vers begreife ich als eine Formel für den Künstler, der in seiner Umwelt nicht etwa nach Erscheinungen sucht, die er verherrlichen oder verurteilen kann, sondern an seinem Ort und in seiner Zeit lebt und zusieht, wie das Leben sich ihm zeigt.

Es spielt keine Rolle, wie der Künstler sich zu seiner Gegenwart verhält, denn sie selbst kommt ja zu Wort, sie äußert sich durch ihn. Und in dieser Äußerung ist nicht das einzigartig und ungewöhnlich Scheinende von Bedeutung, sondern das Gewohnte, das Übliche, das keine Rechtfertigung braucht, das jeder Zeitgenosse als selbstverständlich empfindet.

Jede Epoche hat ihre Sammlung von Gemeinplätzen, die für sie charakteristisch sind und an denen wir ablesen,

Erik Bulatow

woran ihre Menschen glaubten, was sie liebten und was sie haßten. Wir fühlen uns ihnen überlegen, weil sie für wichtig hielten, was uns heute unwichtig erscheint. Aber in Wirklichkeit sind wir weder besser noch klüger als die Menschen früherer Generationen. Was uns heute wesentlich und wichtig erscheint, wird mit der Zeit ebenso unwesentlich werden, ja vielleicht sogar primitiv und barbarisch.

Wir sind ganz mit unserer Gegenwart beschäftigt: sie drängt, quält und zerrt uns. Sie zwingt uns zu reagieren, zu handeln. Wir können uns nicht von außen betrachten. Dazu fehlt uns die Distanz. Diese schafft einzig die Kunst, für mich die Malerei, das Bild. Der Begriff «Bild» ist für mich mehr als der Begriff «Malerei». Die Arbeit mit Farbstruktur oder die Harmonisierung von Farbflächen interessiert mich nicht. Mich interessiert das Bild. Genaugenommen ist das Bild die einzige Realität, der ich vertraue.

Die Welt, die uns mit ihrer Aktivität umgibt, ist zu unsicher, als daß man ihr ernsthaft vertrauen könnte. Alles ist im Fluß, flimmert und wandelt sich vor unserem Auge. Nur das Bild ist unveränderlich.

Die Position des Bildes ist in dieser Welt einmalig. Einerseits ist es ein Gegenstand wie ein Tisch, ein Stuhl oder ein Teller. Wie alle Gegenstände hat auch das Bild eine Oberfläche, einen Rand und bestimmte Maße. Man kann es an die Wand hängen. Aber auf der anderen Seite ist es auch ein Raum, ein anderer Raum als der, in dem ich lebe, aber durch seine Oberfläche mit diesem verbunden.

Erik Bulatow **93**

Will ich mich in meiner Umwelt orientieren, so muß ich mich an das Bild wenden und es befragen. Es wird antworten, wenn die Frage richtig gestellt wird. Die Arbeit mit dem Bild ist ein Dialog, in dem man auf nichts beharren, sich auf nichts versteifen darf. Man muß aufmerksam zuhören oder, besser gesagt, zusehen, was der Gesprächspartner antwortet. Dann wird das Bild mir zeigen, wie das aussieht, was ich erfahren möchte. Nur so werde ich wissen, was ich tausendmal im Leben gesehen und nicht erkannt habe. Jetzt bekommt es eine Gestalt und einen Namen.

Ich glaube, die Arbeit des Künstlers besteht gerade darin, daß er benennt.

Alles übrige: Zensuren erteilen, Urteile fällen – ist nicht seine Aufgabe.

Horizont (auch «Roter Horizont»), 1971–1972. Öl auf Leinwand. 150 × 180 cm.

94 *Erik Bulatow*

Krassikow-Straße, 1976. Öl auf Leinwand. 150 × 200 cm.

Gefährlich, 1972–1973. Öl auf Leinwand. 110 × 110 cm.

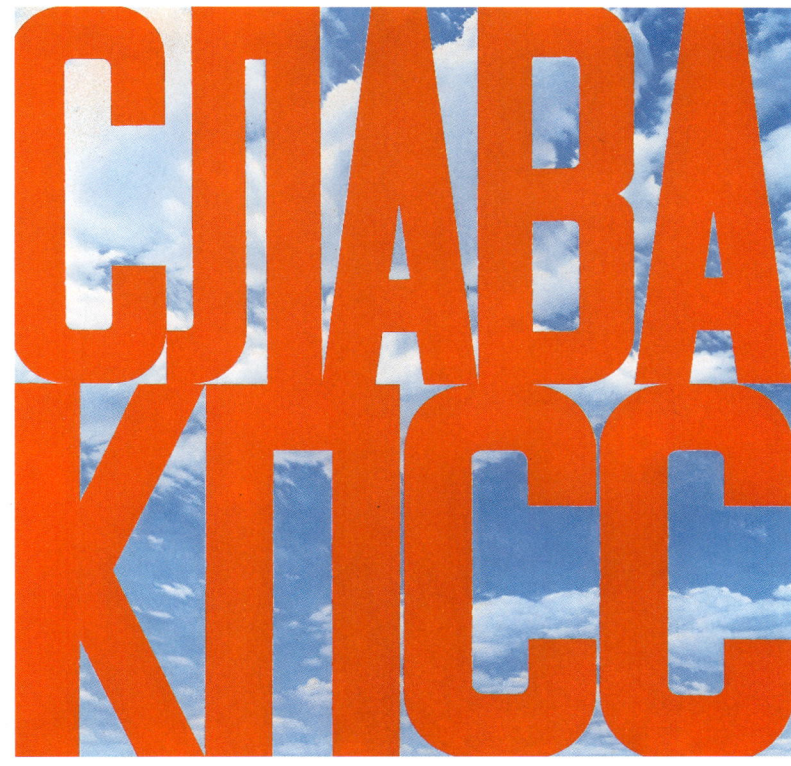

Es lebe die KPdSU, 1975. Öl auf Leinwand. 220 × 220 cm.

Erik Bulatow

Abziehende Wolken, 1982–1987. Öl auf Leinwand. 260 × 200 cm.

Das Qualitätszeichen, 1986. Öl auf Leinwand. 200 × 200 cm.
«Das Qualitätszeichen» zeigt das Symbol, mit dem die staatliche Qualitätskontrolle hochwertige Produkte der sowjetischen Wirtschaft auszeichnet.

Erik Bulatow **97**

Natascha, 1978–1979. Öl auf Leinwand. 260 × 200 cm. *Bildnis der Frau des Künstlers.*

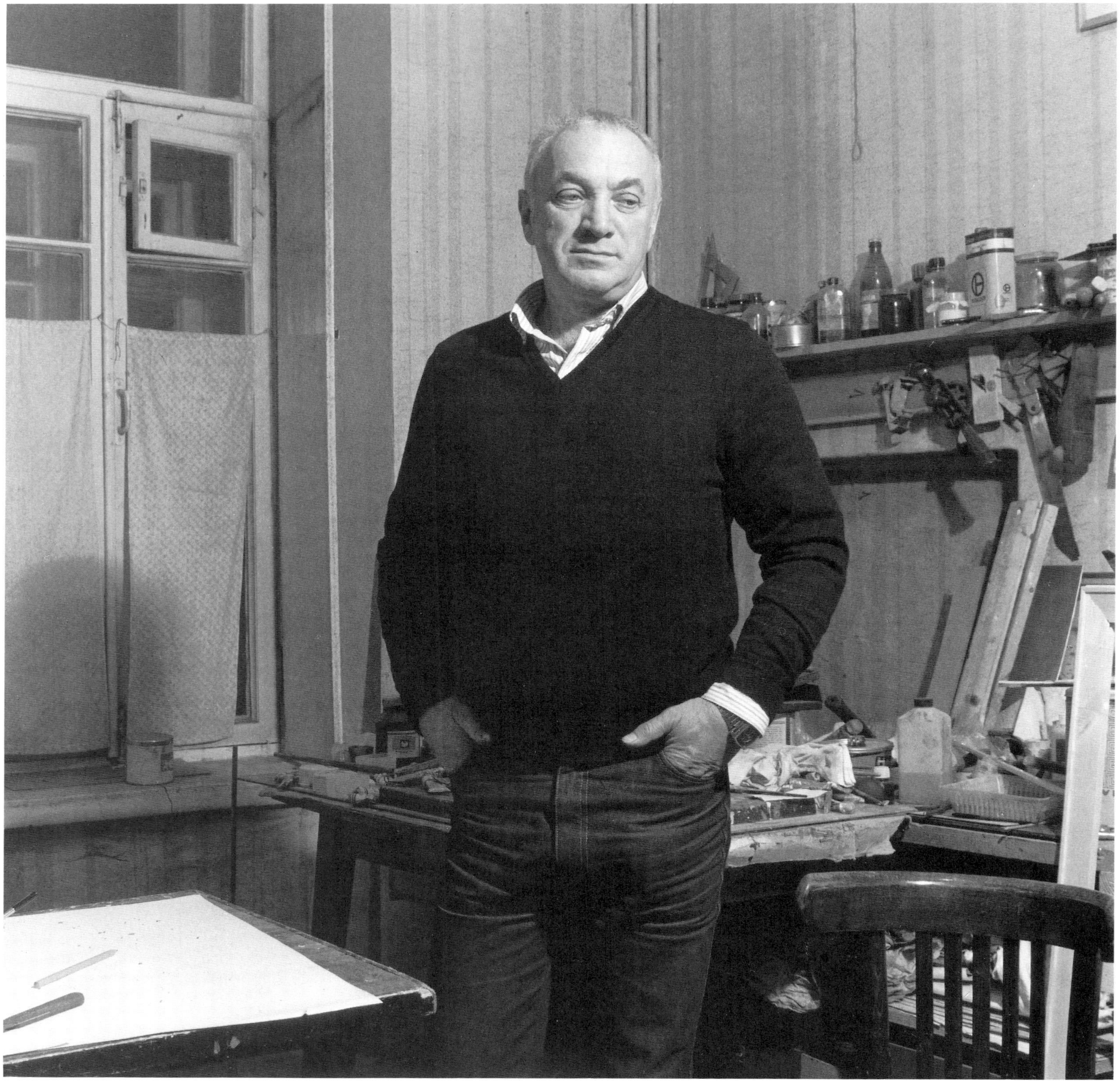

Eduard Gorochowskij

*I*ch bin 1929 in der kleinen ukrainischen Stadt Winniza geboren. Meine Begeisterung für das Zeichnen förderten meine Eltern so lange, bis es um meine Berufswahl ging. Der Beruf des Künstlers erschien ihnen nicht angesehen genug und auch ein wenig anrüchig. Ich fügte mich und trat in die Architekturklasse des Bauinstituts in Odessa ein. Das war 1948. Vorher war Krieg, Evakuierung in den Ural, Hunger. Die Schule habe ich hingeschludert und nebenher gearbeitet. Schon mit dreizehn, vierzehn Jahren verdiente ich mit Zeichnen Geld und war sogar angestellt. So hatte ich Anspruch auf 800 Gramm Brot. Wer nicht arbeitete, bekam nur 400. In jenen Tagen ernährten wir uns hauptsächlich von Brot.

Meine Mutter war in einer Bibliothek tätig, und darum konnte ich mich von morgens bis abends in Büchern vergraben. Am meisten interessierten mich solche, die mit der bildenden Kunst zu tun hatten.

Dann die Rückkehr aus der Evakuierung und sechs Jahre Studium am Institut. Architektur und alle technischen Fächer haßte ich vom ersten Tag an, weil sie mir alle Zeit stahlen, in der ich lieber gezeichnet hätte. Ich lernte trotzdem gut und erwarb sogar das «rote» Diplom. Zum Kummer meiner Eltern wurde ich dennoch kein Architekt.

Nach dem Studium schickte man mich nach Nowosibirsk mit der Verpflichtung, dort drei Jahre in meinem Fach zu arbeiten. Ich hielt es jedoch nur anderthalb Jahre aus, und damit war ich mit der Architektur ein für allemal fertig.

Später machte ich alles mögliche: ich illustrierte Bücher, befaßte mich mit der monumentalen Malerei, mit Tafelgraphik, Pastelltechnik und mit dem Theater. Damals gelang mir alles. Dazu trug neben dem Umstand, daß ich bis zum Umfallen schuftete, sicherlich auch die Anspruchslosigkeit meiner Auftraggeber bei. Schon damals vermutete ich, daß Auftragsarbeiten nicht das seien, wonach ich strebte. Mir dämmerte, daß Kunst frei sein müsse von Kommerz. Mit den Jahren begriff ich dann, daß auch die ungebundenste Kreativität sich nur in den Bahnen der Kultur entwickeln kann, was wiederum vom Künstler die Kenntnis von der Kultur seines Landes und der Weltkultur voraussetzt. Aber in meiner Jugend begann und endete unsere bildende Kunst mit den Peredwischniki, den «Wandermalern», und die Weltkultur bestand lediglich aus der Antike und der Renaissance. Die zeitgenössische westliche Kunst war als abscheulich verschrieen, und unsere einzige Information darüber waren vernichtende Kommentare.

So war es überall, da war Nowosibirsk keine Ausnahme. Ich kannte nur wenige Menschen, die sich trotz der bestehenden Verbote kulturelle Informationen beschafften, unter ihnen war der hervorragende Künstler N. Grizjuk, der 1976 auf tragische Weise ums Leben kam. Meine langjährige Freundschaft mit ihm hat meine Weltsicht wesentlich beeinflußt.

Dann war da die Bekanntschaft mit den Moskauer Künstlern, mit Piwowarow, Kabakow, Jankilewskij und anderen. Das ergab sich 1972. Zwei Jahre später übersiedelte ich nach Moskau. Dort begann für mich jenes Leben, von dem ich in der Jugend träumte. Ich lebe und arbeite im Kreis von Freunden und Gleichgesinnten.

Der Künstler ist wie der Clown im Zirkus, der sein einzigartiges Kunststück vorbereitet. Er erfindet seine eigene Methode, um den Betrachter zu zwingen, vor seinem Bild stehenzubleiben. Wenn dieser erst stehengeblieben ist, wird sich zeigen, ob das Bild mit Lebensenergie erfüllt ist, ob es jenes Irrationale ausstrahlt, das man als unerklärliche Unruhe empfindet. Nur wenn man im Wirkungsfeld des Bildes steht, läßt sich die Stärke dieses Feldes ermessen.

Ein Bild besteht bei mir meist aus zwei Elementen. Ein Element ist jeweils eine auf die oder jene Art wiedergegebene Photographie, das andere ist etwas, das in den photographischen Raum eindringt. Das kann eine geometrische Figur sein, eine Silhouette, ein Text oder auch eine zweite Photographie. Dieses zweite Element, das in die Raumtiefe des ersten eindringt, gibt dem Bild seine Fläche wieder. Irgendwie entwertet es den photographischen Raum und verwandelt ihn in ein flaches Photo-Etikett. Und indem es den Betrachter permanent stört, das photographische (räumliche) Sujet zu betrachten, zwingt es ihn, den Fokus zu wechseln. Sein Blick fällt in die Tiefe und kehrt dann wieder an die Oberfläche des Bildes zurück. Der Betrachter hat so die Wahl, entweder das störende Element zu ignorieren und sich

Eduard Gorochowskij

in die Betrachtung der Photographie zu vertiefen oder das Bild als Ganzes wie eine neue Gegebenheit wahrzunehmen. Das Bild ist also eindeutig nur für den Autor. Dem Betrachter hingegen gibt es die Möglichkeit der Wahl und damit die Freiheit nachzudenken, zu phantasieren, zu interpretieren.

Man kann meine Hinwendung zur Photographie als eine extreme Form der Mißachtung der Qualität des Ausgangsmaterials ansehen. Mir ist lediglich die Bequemlichkeit der Arbeit damit wichtig. Sogar die Photographie mit ihrer vulgären Allgemeinzugänglichkeit kann legitimer Anlaß für ein Bild sein.

Das reife Alter beschert das Vergnügen des Nachdenkens über das eigene Leben und die eigene Methode. Heute weiß ich, daß man ein Bild nicht mit den großen Ideen vom Guten und vom Bösen befrachten soll. Sie lasse ich vor der Tür meines Ateliers. Ich trenne, was das Leben betrifft, von dem, was mit meiner Arbeit zu tun hat.

Das Bild ist für mich ein plastisches Objekt. Meine Sorge ist die des Handwerkmeisters: mit Hilfe der eigenen Methode und in Übereinstimmung mit den eigenen ästhetischen Ansichten die gegebene plastische Aufgabe so virtuos wie möglich zu lösen.

Eduard Gorochowskij **101**

Katamareska, 1986. Öl auf Hartfaserplatte. 150,5 × 123 cm.

102 *Eduard Gorochowskij*

Aggression, Triptychon, 1985. Öl auf Leinwand und Siebdruck. Jede Tafel 130 × 96 cm.

Strahlung oder **Tschernobyl,** Triptychon, 1986. Öl auf Leinwand. Jede Tafel 120 × 97 cm.

Eduard Gorochowskij **103**

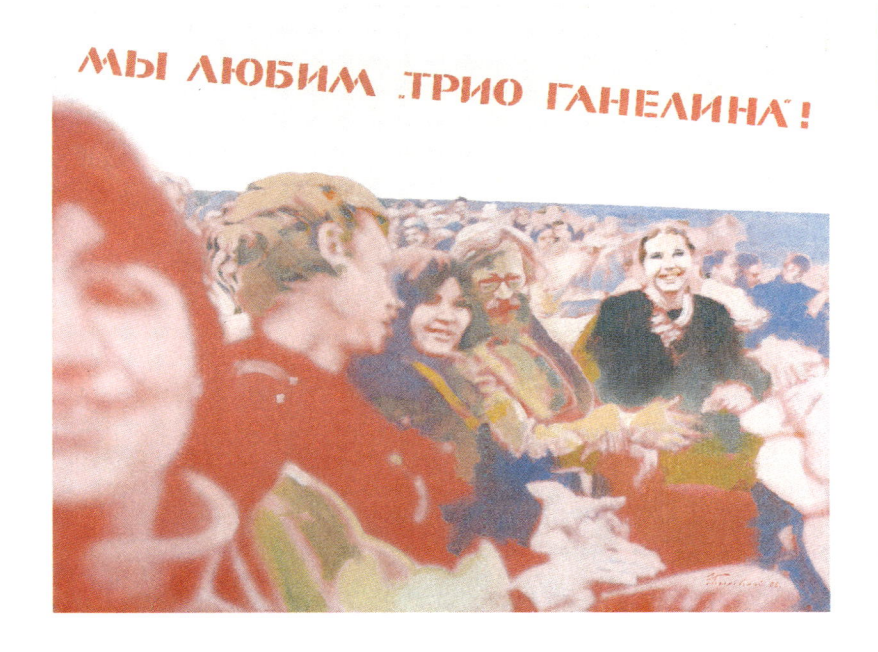

Wir lieben das Galenin-Trio, 1985. Öl auf Leinwand und Siebdruck. 120 × 96 cm.

Das Galenin-Trio liebt uns, 1985. Öl auf Leinwand und Siebdruck.

Klecks, 1986. Öl auf Leinwand. 92,5 × 120 cm. *Aus dem Boticelli-Gemälde hat Gorochowskij durch Verfremdung eines Gruppenphotos ein Vexierbild entstehen lassen, das von links nach rechts Ilja Kabakow, seine Frau Wiktoria, den Maler Iwan Tschuikow und den Moskauer Künstler und Poeten Dmitrij Prigow zeigt.*

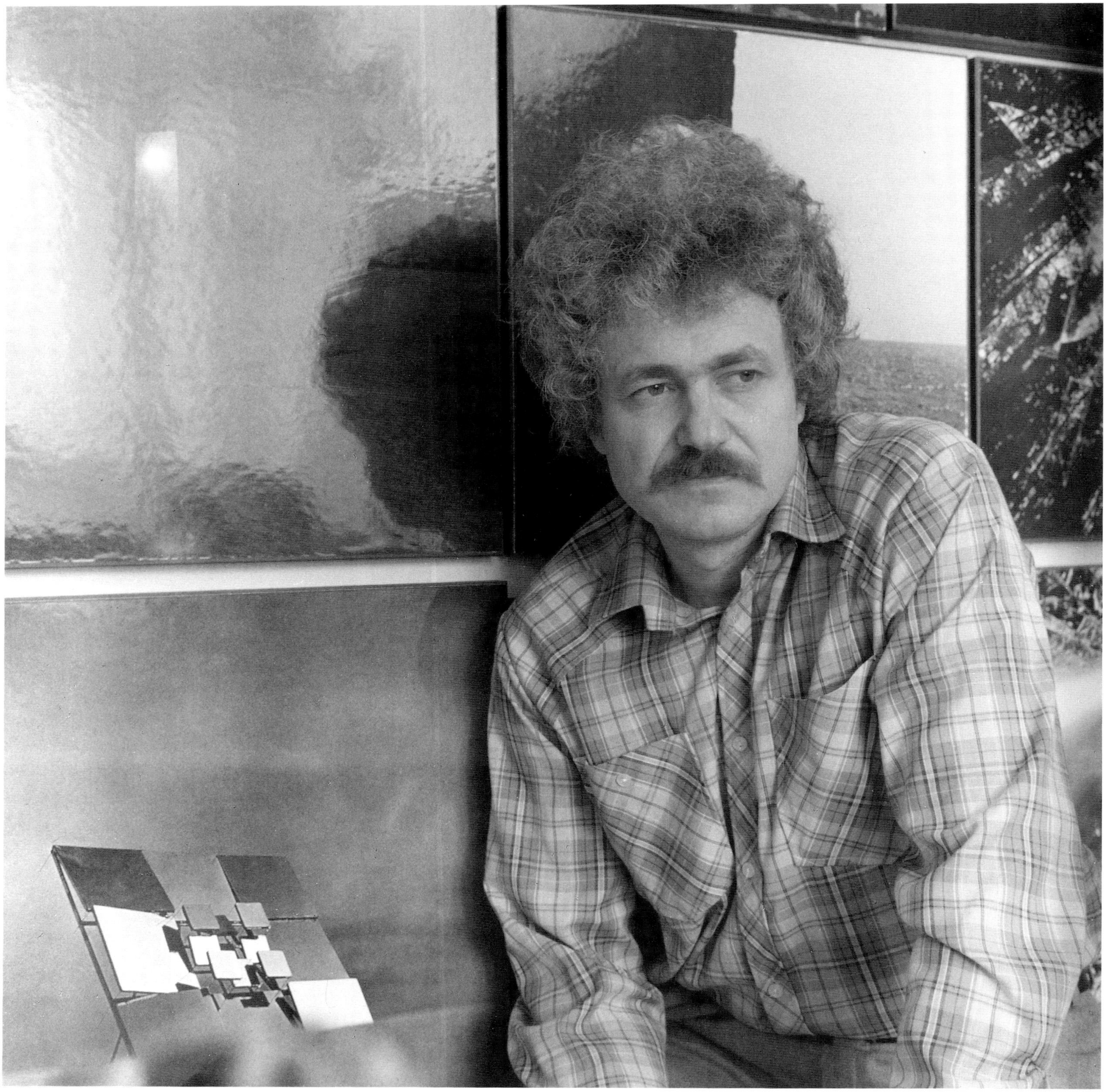

Francisco Infante

Offenbar Frucht einer romantischen Liebe, nämlich als Sohn einer russischen Mutter und eines spanischen Vaters, wurde ich 1943 im Dorf Wassiljewka im Gebiet Saratow unter den Wolga-Deutschen geboren. Meine romantische Ader ist wohl das Erbe meiner Eltern.
Wenn ich mein Gedächtnis bemühe, dann waren vielleicht die folgenden Fakten in meinem Leben von Belang:

Daß mein Vater starb, als ich eineinhalb Jahre alt war, und daß ich dann in einer russischen Umwelt aufwuchs, einige Jahre bei einer Tante meiner Mutter und deren Schwägerin, die an einer Dorfschule Biologie, Botanik und Chemie unterrichtete.

Daß ich als Kind gern zeichnete, schnitzte und bastelte. Das war in den Nachkriegsjahren.

Daß mich Mama 1957 in die Kunstmittelschule am Moskauer Surikow-Institut brachte und damit meine Berufswahl vorbestimmte.

Daß ich 1962 die Künstlerin Nonna Gorjunowa kennenlernte – meine spätere Frau – und im gleichen Jahr zusammen mit L. Nusberg, M. Dorochow, A. Kriwtschikow und W. Schtscherbakow die erste Gemeinschaft freier Künstler begründete, die 1964 den Namen «Bewegung» erhielt.

Daß ich in den Jahren 1963–1965, neben der gemeinschaftlichen Arbeit, die Unendlichkeit des Raumes analysierte und die Form der Spirale erarbeitete.

Daß 1967 in der «Bewegung» ein totalitäres Regime die Macht ergriff, sein Anführer Lew Nusberg sich zum Konformisten mauserte und die Gründungsmitglieder die Gruppe verließen.

Daß die Jahre 1966–1969 eine dunkle Zeit waren, nur erhellt vom schöpferischen Licht, das meine und Nonnas spontane Spiele in der Natur ausstrahlten. Vorboten der «Artefakte».

Daß ich in diesen Jahren äußerste Not litt, aber trotzdem unverdrossen von der Idee der Unendlichkeit inspirierte Projekte realisierte, mich an Aufführungen von Aktionskunst beteiligte und kinetische Konstruktionen schuf, deren eine ich 1967 ausstellen konnte. Es war das erste in der Sowjetunion verwirklichte kinetische Objekt.

Daß ich 1970 die Gruppe Argo gründete, eine Gemeinschaft von Künstlern und Ingenieuren, und daß ich damals damit begann, Projekte für die «Architektur» autonomer künstlicher Systeme im kosmischen Raum zu realisieren.

Daß ich 1971 heiratete und unser erstes Kind zur Welt kam, unser Sohn Paquito. Der zweite Sohn, Platoscha, wurde 1978 geboren.

Daß ich für viele Menschen aufrichtige Hochachtung und Sympathie empfinde, deren Umgang mit mir mein Bewußtsein bereichert hat. Nennen möchte ich vor allem den Kritiker und Kunstwissenschaftler John Bowld, den Kunstphilosophen Boris Groys und den Dichter Wssewolod Nekrassow.

Daß der Schuft Lowa Nusberg, ein ehemaliger Freund ebenso wie ein ehemaliger Künstler, mich jahrelang verleumdete.

Daß – ab 1979 – meine künstlerischen Interessen sich auf das Spiel zwischen den von mir geschaffenen Objekten, den Symbolen der technischen Welt, und der Natur konzentrieren. Eine neue Synthese: der «Artefakt».

Daß ich zwischen 1963 und 1987 an einunddreißig Ausstellungen teilnahm, die fast alle nichtoffiziell oder halboffiziell waren. Neun davon waren Einzelausstellungen. Im Ausland wurden meine Arbeiten in nicht weniger als fünfzig Ausstellungen gezeigt.

Daß ich weiter an der Vervollkommnung der künstlerischen Form des «Artefakts» arbeite.

Das Wort «Artefakt» kann verschieden transkribiert werden. Auf mein künstlerisches System bezogen bezeichnet es einen vom Menschen erzeugten Gegenstand, der darum in seinem Verhältnis zur Natur autonom ist. Diese Begriffsdefinition ist relevant für die Artikulation der neuen künstlerischen Beziehungen zwischen dem künstlichen Objekt und der Natur.

Ein anderes Verständnis des «Artefakts» hängt mit der Tradition, mit der Kultur zusammen. Hier erscheint er als eine immerwährende symbolische Gegebenheit, als etwas, das «es nicht geben kann».

Im Kontext des «Artefakts» als eines künstlerischen Systems treten die Natur und der «Artefakt» gleichberechtigt, sich gegenseitig ergänzend auf. Die Natur, das ist die Ewigkeit, die Unendlichkeit, das künstliche Objekt, der «Artefakt», das Symbol für die Technik, die unsere Welt kennzeichnet. Wo «Artefakt» und Natur zusammenwirken, entsteht sozusagen als organisierendes Element ein Spielfeld, in dem die Attribute der Natur: Sonnenschein, Wald, Gras, Schnee, Himmel, Erde usw., frei verfügbar sind.

In dem in Gang gesetzten Spiel zwischen dem künstlichen Objekt und der Natur bezeugt der «Artefakt», so scheint mir, sein Vorhandensein nicht nur durch die nominellen Merkmale eines konstruierten geometrischen Gegenstandes, sondern auch durch die Begrenzung des subtilen Zusammenspiels zwischen dem künstlichen Objekt und der Natur, welche die Aufgabe des Künstlers ist. In dieser Grenzziehung erweist sich seine Meisterschaft, sie legt Zeugnis davon ab, wie er das Geheimnis erlebt. Die schöpferischen Bemühungen, die dahin führen, bestehen aus fünf Arbeitsgängen: aus der Erarbeitung eines Programmes für das Zusammenwirken zwischen künstlichem Objekt und Natur, aus der Herstellung des Objektes, der Wahl des Naturschauplatzes, dem Aufstellen beziehungsweise der Montage des Objektes in der Natur und schließlich und endlich aus der photographischen Aufnahme dessen, was da entstanden ist.

Das Endprodukt allen künstlerischen Bemühens ist also die Photographie, die um so besser ist, je genauer sie über das Objekt informiert. Ist sie gelungen, dann dokumentiert sie ein künstlerisches Ereignis, das stattfand, wo ein künstliches Objekt nach der Inspiration des Künstlers mit der Natur zusammenwirkte und den Beweis erbrachte für die Gegenwart des «Artefakts». Im Spiegel der Photographie, die den Augenblick der Anwesenheit des «Artefakts» festhält, kann man den Reflex im Bewußtsein des Künstlers beobachten und seine Vorstellung von der Synthese, von neuen Verbindungen zwischen Technik, Mensch und Natur erkennen.

Francisco Infante **107**

Aus der Serie **Das Leben des Dreiecks,** 1977. Photo-Fragment aus der ersten Serie von Artefakten, aus einer zergliederten Konstruktion von Spiegeln bestehend, die ihre Position im Raum verändern können. Eine Komposition zum Thema «gegenseitige Durchdringung von Himmel und Erde».

Aus der Serie **Zentren des verkrümmten Raumes,** 1980. Photo-Fragment von einer spielerischen Aktion zwischen künstlichem Objekt und natürlicher Umgebung.

108 *Francisco Infante*

Aus der Serie **Geschlossene Räume mit Ausgang durch Licht,** 1984. *Photo-Fragment einer Komposition aus drei Komponenten: Sonnenlicht, Sand und Spiegel.*

Aus der Serie **Theater des Himmels,** 1986. *Photo-Fragment eines Artefaktes. Das Objekt in der Form einer Wolke widerspiegelt die Gegenseite des Himmels.*

Francisco Infante **109**

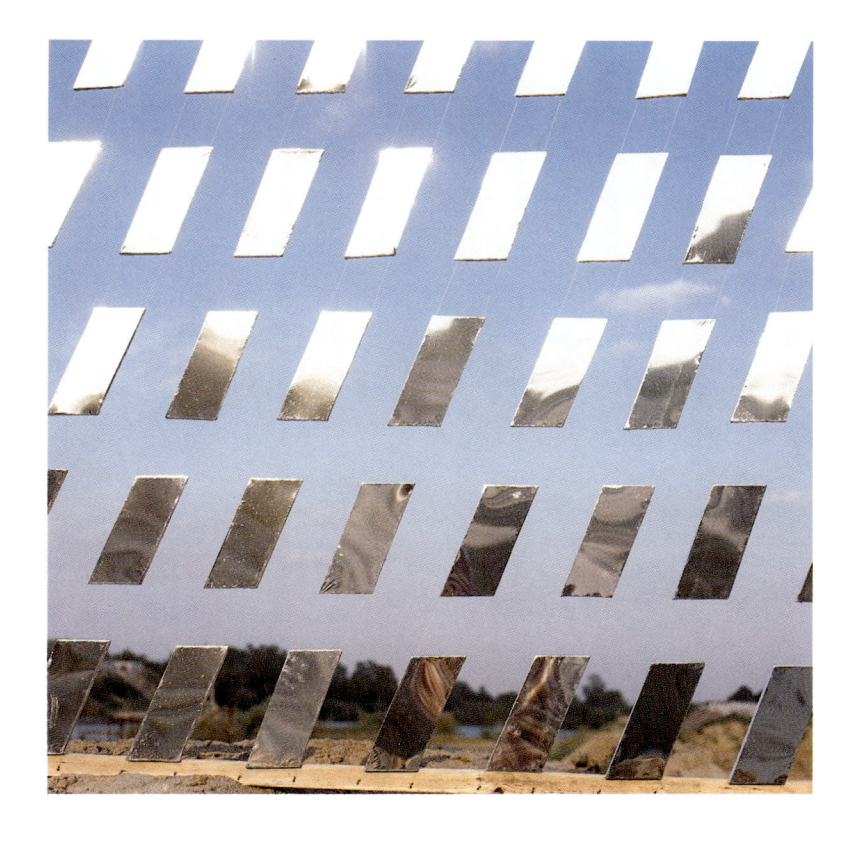

Aus der Serie **Theater des Himmels,** 1986. *Photo-Fragment einer Variante des Bildes aus der Serie «Theater des Himmels» (S. 108), in der ein Gitter von Spiegelflächen den Eindruck von Regen über der Landschaft entstehen läßt.*

Aus der Serie **Aufstellung des Zeichens,** 1984–1986. *Photo-Fragment eines Artefaktes. Das aufgestellte Objekt, hier ein Dreieck, verwandelt den Raum zur Fläche.*

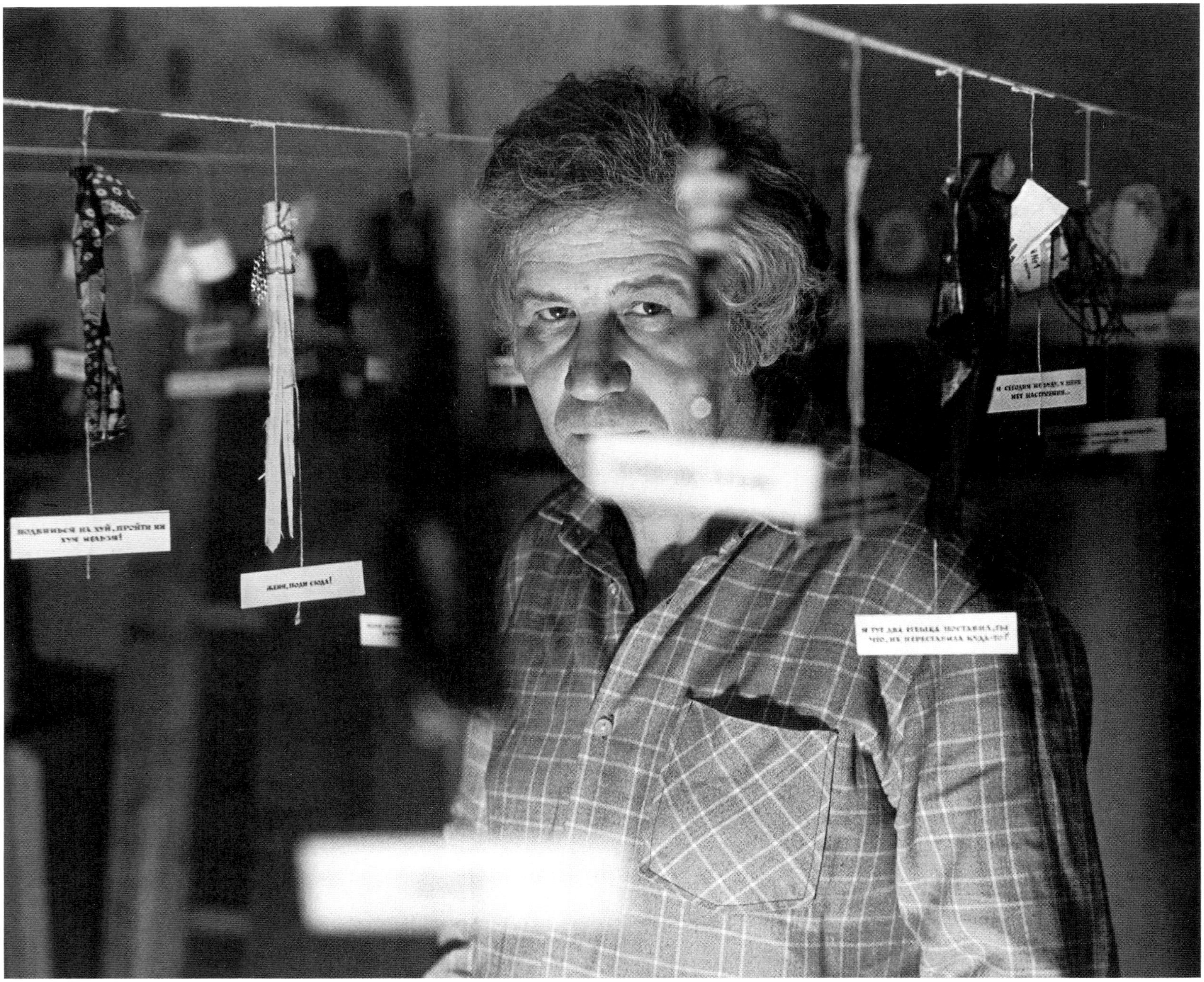
ЖЕНЯ, ПОДИ СЮДА!

Ilja Kabakow

Geboren wurde ich am 30. September 1933 im ukrainischen Dnjepropetrowsk. Mein Vater Iossif Benzinowitsch Kabakow war Schlosser, meine Mutter Bejlija Judelewna Soloduchina Buchhalterin.

1941 ging mein Vater an die Front, und meine Mutter und ich wurden nach Samarkand in Usbekistan evakuiert. 1943 trat ich in die Leningrader Künstlerschule der Kunstakademie ein, die während des Krieges dorthin verlegt worden war. Nach Kriegsende bezog ich die Moskauer Mittelschule für Kunst, die ich 1951 abschloß.

Seit 1945 lebe ich in Moskau. Die Abteilung für Graphik im Moskauer Surikow-Kunstinstitut, der ich 1951 beitrat, entließ mich 1957 als Illustrator mit einer Diplomarbeit, die aus Zeichnungen zum Roman «Wandernde Sterne» des jiddischen Klassikers Scholem Alejchem bestand.

Seit 1956 habe ich für die Moskauer Verlage «Detskaja Literatura» (Kinderliteratur) und «Malysch» (Knirps) sowie für verschiedene Zeitschriften als Illustrator gearbeitet. Bis heute habe ich über 100 Bücher illustriert.

Der Beginn meiner unabhängigen schöpferischen Arbeit fällt ins Jahr 1955. Dem abstrakten Expressionismus nahestehende Farbstiftzeichnungen entstanden, später absurde Zeichnungen und ab 1965 die ersten pseudohumoristischen Bilder im «vulgären» Stil. Seit damals, seit 1965 bin ich Mitglied des Künstlerverbandes der UdSSR.

Wie soll ich beschreiben, was mir das Wichtigste ist, was mich beunruhigt und was ich ausdrücken möchte? Mir scheint, hier geht es um das Bewußtsein und also um das fortwährende Gestalten eines unauflösbaren Widerspruches, einer Kluft zwischen zwei wesentlichen Seiten unserer Existenz, unserer Psyche und unseres Verhaltens, auf unsere Kultur bezogen: auch ihrer Spaltung.

Dieser Widerspruch scheint mir hauptsächlich in der mir zutiefst bewußten Diskrepanz zwischen Sprache und Inhalt zu bestehen, also dem, was die Sprache ausdrücken soll. So entsteht der Eindruck, daß die Sprache – reden, beschreiben, fragen, antworten – sich selbst genügt und sich eine eigene Sphäre schafft, während das Auszudrückende – Sinn, Wert, Wirklichkeit – ihr entrinnt wie Wasser einem zerbrochenen Gefäß und unausgedrückt bleibt. So entsteht das Gefühl, eines lebe neben dem anderen her und führe abgesondert eine selbständige Existenz.

Diesen grundsätzlichen Widerspruch – vom Sinn verlassene Sprache, von der Sprache nicht geformten Sinn – sehe ich in allem, was mich umgibt, vor allem aber in mir selbst. So zielt denn auch meine künstlerische Arbeit – Bilder, Alben, Installationen und anderes – darauf hin, diesen Widerspruch sichtbar zu machen, und zwar in aller Vielfalt seiner Erscheinungsformen. Zwei davon möchte ich hier behandeln: den Widerspruch zwischen Wort und Darstellung auf ein und demselben Bild sowie den Widerspruch zwischen statistischer Gesamtheit, ebenfalls auf einem einzigen Bild dargestellt, und den einzelnen Elementen darin.

Zu 1: Wort und Darstellung gehören in unserer, der russischen Kultur traditionell zu zwei völlig verschiedenen Bewußtseinstypen, dem gesprächsweisen, dem, der mit Beschreibung, Erzählung, generell mit «Literatur» zu tun hat, und dem mit Meditation, mit Stille verbundenen, dem ein Bild zur Besinnung und Selbstversenkung dient.

Was wir heute als «normales» Bild betrachten, läßt freilich längst vergessen, daß es einmal diese Rolle spielte. Die auf seiner Oberfläche dargestellten Felder, Wälder und Objekte, die den Betrachter noch immer anziehen und mit Illusionen nähren, sind zu blassen Zeichen geworden, «zurechenbar» fast spontan. Solche Zeichen nun lassen sich mühelos mit Text kombinieren, mit deskriptivem vor allem. Wort und Darstellung führen dann einen komplizierten, scheinbar wichtigen und interessanten Dialog miteinander, der freilich, wie sich zeigt, außerhalb des eigentlichen Sinnes stattfindet, welcher nichtsdestoweniger, wenn auch unsichtbar, stets gegenwärtig sein kann.

Zu 2: In meiner Installation «Schnüre» hängen an 16 Schnüren etwa 500 Abfallobjekte: Dosen, Tüten, Apfelsinenschalen u.a. So entsteht der Eindruck eines riesigen Müllhaufens, obwohl jedes einzelne seiner Elemente fein säuberlich an einem eigenen Faden hängt und mit einem speziellen Text versehen ist. Wenn wir eines nach dem anderen betrachten, den Text lesen, erfahren wir jeweils eine kleine Geschichte, die nur den jeweiligen Gegenstand betrifft. Werfen wir dann wieder einen Blick auf die ganze Installation, so sehen wir eine große Müllhalde. Die Arbeit handelt also von der Unvereinbarkeit zweier Betrachtungsweisen, die einander ausschließen: derjenigen, die das Gesamte im Blick hat, und der kanderen, die das einzelne Element sieht.

Man könnte meinen, die ständige Konfrontation mit Gespaltenheit und Widerspruch in allem rufe ein Gefühl der völligen Desintegration, der Auflösung, der Unvereinbarkeit wovon und womit auch immer hervor. Und trotzdem ist da etwas, was dies alles ganz merkwürdig zusammenfügt, nämlich die Überzeugung, daß es sich im Menschen vereint, ihn zerreißt und dennoch von ihm gehalten wird und daß er es nicht «überwindet», daß er vielmehr damit lebt. Nicht von «Helden» ist dabei die Rede, sondern von den «kleinen Leuten», wie man sie von Gogol, Tschechow und anderen russischen Schriftstellern kennt, nicht von literarischen Figuren also, sondern von lebendigen Menschen, von den Menschen des Alltags, «hier und jetzt».

Ilja Kabakow 113

Der Kringel, 1972. Öl auf Holz. 235 × 190 cm.

Museum und Gutshof Abramzewo, 1982. Email auf Hartfaserplatte. 260 × 380 cm. *Paraphrase einer Tafel, die die «teuren Genossen» zum Besuch des Museums in Abramzewo bei Moskau einlädt, einem ehemaligen Gutshof des Kunstmäzens Sawwa Mamontow. Dort lebten und arbeiteten am Ende des 19. Jahrhunderts viele russische Künstler. Der Text ist in der Diktion eines touristischen Führers verfaßt. Er zählt die Sehenswürdigkeiten des Ortes auf und informiert über das Leben der Künstler in Abramzewo. Für Kabakow ist das Bild «saft- und kraftlos, eine Standardreklame im Stil der sogenannten ‹Soz-Art›, einer in den 60er Jahren populären Richtung, als man Wert darauf legte, auch Werbung künstlerisch zu gestalten».*

Ilja Kabakow 115

Lux, 1981. Email auf Hartfaserplatte. 210 × 300 cm. *Der vollständige Bildtitel lautet «Salon im Lux-Appartement im Hotel ‹Perle› in Sotschi». Sotschi ist der begehrteste Urlaubsort am Schwarzen Meer, das Ausländer-Hotel ‹Perle› das vornehmste am Ort und ein Luxus-Appartement das eleganteste im Haus. Kurzum: der Traum vom Glück eines jeden Sowjetmenschen. Der Bildtext hat die gleiche Bedeutung und Funktion wie auf «Museum und Gutshof Abramzevo».*

Erster Schnee, 1983. Email auf Hartfaserplatte. 260 × 190 cm. *Das Bild trägt den Untertitel ‹Aus den Briefen von T. F. M.› und ist für den Künstler eine Komposition von zwei Banalitäten, der Tristesse einer grauen, eintönigen Landschaft und den belanglosen Briefen einer Frau an ihren Freund, der in eine ferne Stadt verzogen ist. Die weißen Buchstaben auf grauem Hintergrund sollen wie ein Filmvorspann wirken, können aber auch als Schneeflocken betrachtet werden.*

Allee, 1982. Email auf Hartfaserplatte. 260 × 190 cm. *In den 60er Jahren stellte man in öffentlichen Gartenanlagen und Parks Standtafeln auf, wie sie das Bild paraphrasiert. Sie enthielten gewöhnlich Texte sowjetischer Dichter, die beim Spaziergänger poetische Assoziationen zum Naturerlebnis hervorrufen sollten.*

116 *Ilja Kabakow*

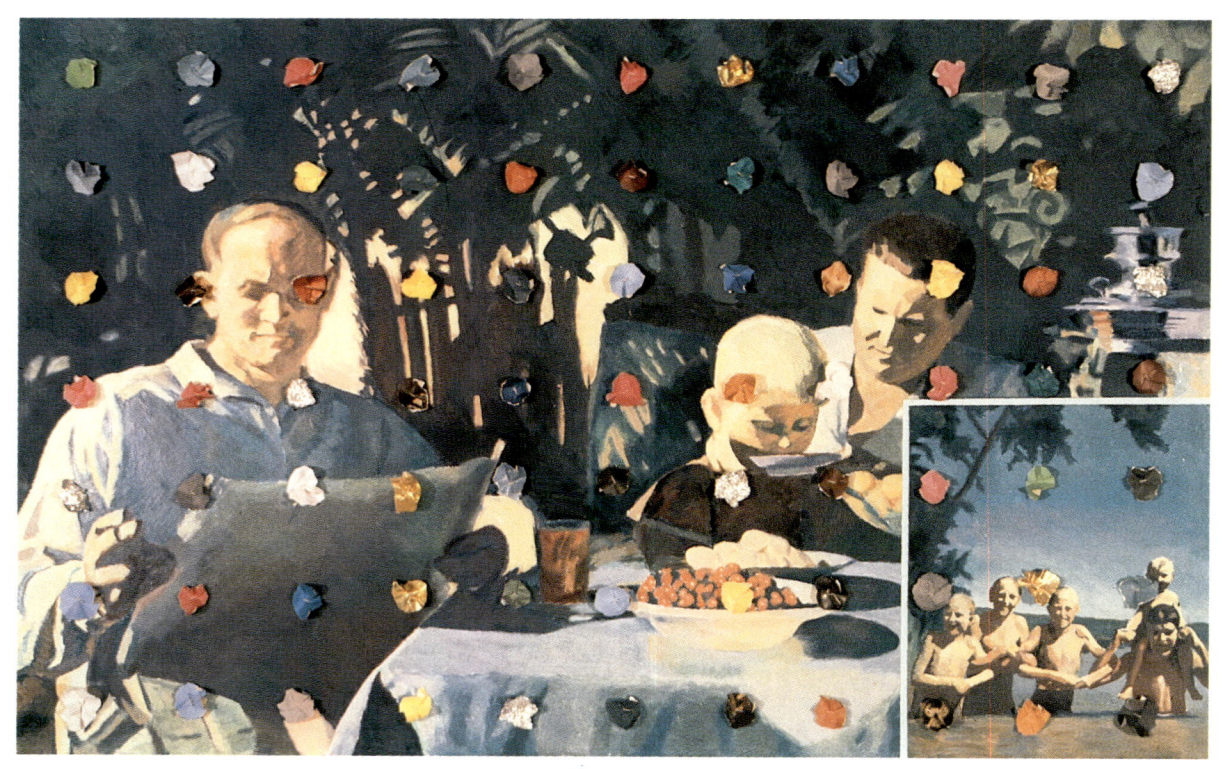

Feiertage, Nr. 3, 1987. Email auf Hartfaserplatte. 100 × 160 cm. *Ausgangspunkt der aus neun Tafeln bestehenden Serie bildet jeweils ein im Stil des Sozialistischen Realismus gestaltetes Gemälde, das offensichtlich langweilig geworden und passé ist. Um es wieder zu beleben und aufzuheitern, schmückt es Kabakow mit bunten Papierblümchen. So verhilft er den verschiedenen Sujets vom sowjetischen Festtag zu einer fröhlichen Stimmung.*

Feiertage Nr. 5, 1987. Email auf Hartfaserplatte. 100 × 160 cm.

Feiertage Nr. 6, 1987. Öl auf Hartfaserplatte. 100 × 160 cm.

Feiertage Nr. 8, 1987. Email auf Hartfaserplatte. 100 × 160 cm.

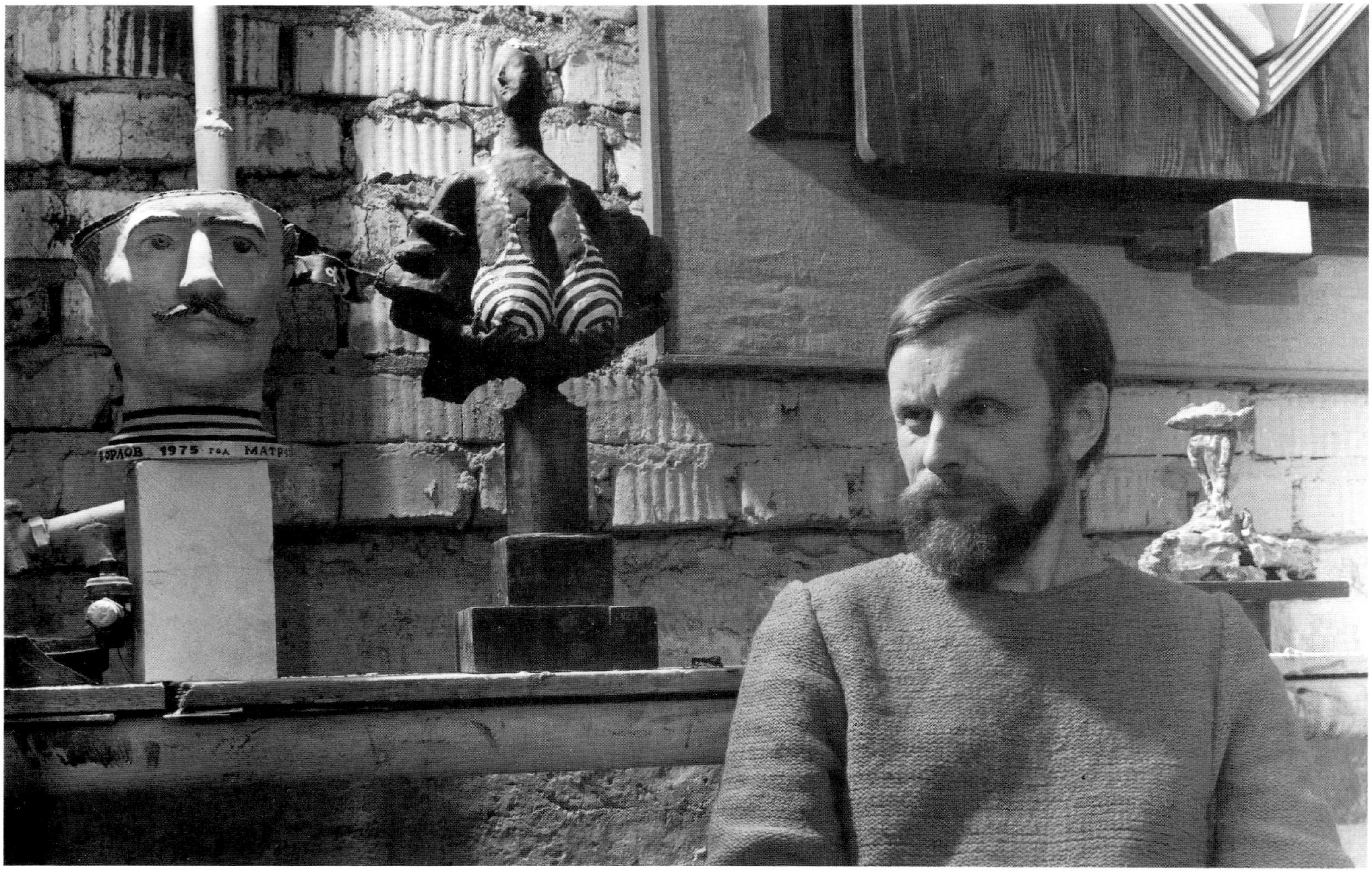
ОРЛОВ 1975 год

Boris Orlow

Als 1941 der Krieg begann, war ich eben drei Monate alt. Mein Geburtsort ist das Städtchen Chimki bei Moskau.

Ich kann nicht behaupten, die Stalin-Zeit hätte deutliche Spuren in meinem Gedächtnis hinterlassen. Aber gut erinnerlich ist mir das äußere Kolorit jener Jahre mit ihren zahlreichen Sport- und Militärparaden.

Die Mittelschule beendete ich 1958, so daß der Beginn der Formung meiner Persönlichkeit in die Tauwetterperiode der Chruschtschow-Ära fiel.

Nach der Schule arbeitete ich zwei Jahre lang als Schweißer in einer Fabrik, dann schrieb ich mich in die Bildhauer-Klasse der Stroganow-Schule ein. Bildhauer wollte ich seit meinem sechzehnten Lebensjahr werden, als ich in den Sommerferien am Ufer der Moskwa weißen Lehm entdeckte und weltvergessen wochenlang knetete und formte. Ich bemalte meine Modelle mit Aquarellfarben und überzog sie mit Lack. Die Resultate waren ungeheuer grell und glänzend. In jüngster Zeit verspüre ich immer mehr Lust, diesen Vollklang zurückzuholen.

Der Beginn meines Studiums an der Stroganow-Schule fiel zeitlich mit der Eröffnung einiger Ausstellungen in Moskau zuammen, die meine künstlerischen Vorlieben prägten. Neben französischer und amerikanischer Gegenwartskunst zeigte man anläßlich des 30. Jubiläums des Moskauer Künstlerverbandes erstmals Werke bis dahin verbotener Künstler. Diese Ausstellung sollte das letzte in einer Reihe bedeutsamer künstlerischer Ereignisse des kurzen Tauwetters sein, aber es hatte eine so starke und nachhaltige Wirkung, daß es uns und der zeitgenössischen Kunst half, die folgenden zwei Jahrzehnte ohne jede Hoffnung auf Glasnost zu überdauern.

In den 60er Jahren stand ich ganz unter dem Einfluß der russischen Philosophie der Jahrhundertwende, insbesondere Nikolai Berdjajews, und des Existenzialismus. Wie die Werke vieler Künstler jener Zeit hatten auch meine Arbeiten metaphysische Bezüge.

Wichtig für die nichtoffizielle Kunst wurden dann die Jahre 1974/75. Mit einem Schlag wurden alle Richtungen der 60er Jahre öffentlich und gerieten gleichzeitig in die Krise. Damit vollzog sich, in einigen Kreisen der Moskauer Künstler fast zeitgleich, die Hinwendung zur sozialen Kunst.

Anstoß zu dieser Wende gab in meinem Kreis, zu dem ich Prigow, Lebedew, Ssokow und Kossolanow zähle, die amerikanische Pop Art. Uns war klar, daß diese sich unter unseren Bedingungen nicht wiederholen ließe, aber eben diese Einsicht half uns, die Exklusivität unserer Position zu begreifen und Folgerungen daraus zu ziehen.

Im Herbst veranstalteten die Maler Komar und Melamid die symbolische Verbrennung von Andy Warhol und nannten ihre Kunst «Soz-Art». Dieser Terminus wurde später in der westlichen Presse auf die ganze Bewegung ausgedehnt.

Die Neuorientierung brachte uns vom Himmel auf die Erde zurück und lenkte unsere Aufmerksamkeit auf die soziale Sphäre und die Kunst der 30er, 40er und 50er Jahre, die wir in den 60er Jahren verurteilt hatten.

Meine Arbeiten, die nach 1975 entstanden, konnte ich nie ausstellen. Erst die Veränderungen, die in jüngster Zeit bei uns vorgehen, machten es mir – im Dezember 1986 und im Februar 1987 – möglich, ein breiteres Spektrum meines künstlerischen Werkes der Öffentlichkeit zu zeigen.

Der Künstler, so heißt es, sei das Sprachrohr seiner Zeit. Diese Definition hat mir schon immer gefallen und mich dazu angehalten, nicht in Oberflächlichkeit oder anspruchslosen Ästhetizismus zu verfallen.

Mein persönlicher Stil entwickelte sich als Reaktion auf die amerikanische Pop Art im aktiven Feld der entstehenden Moskauer Soz-Art. Frei heraus würde ich ihn «imperial» nennen, weil er gänzlich dem Geist der Breschnew-Ära entsprach, jener Zeit, in der alle Attribute der Stalin-Zeit fröhliche Urständ feierten.

Meine Büsten im Geiste des Barockbaumeisters Rastrelli (der in St. Petersburg unter anderem das Winter-Palais erbaute) sind Kombinationen herkömmlicher Gala-Porträts mit dem Dekor, wie man es heute an unseren Festtagen trägt, und alten Totem-Darstellungen. Sie tragen alle Merkmale heraldischer Hypertrophie und ihrer Devaluierung.

Boris Orlow

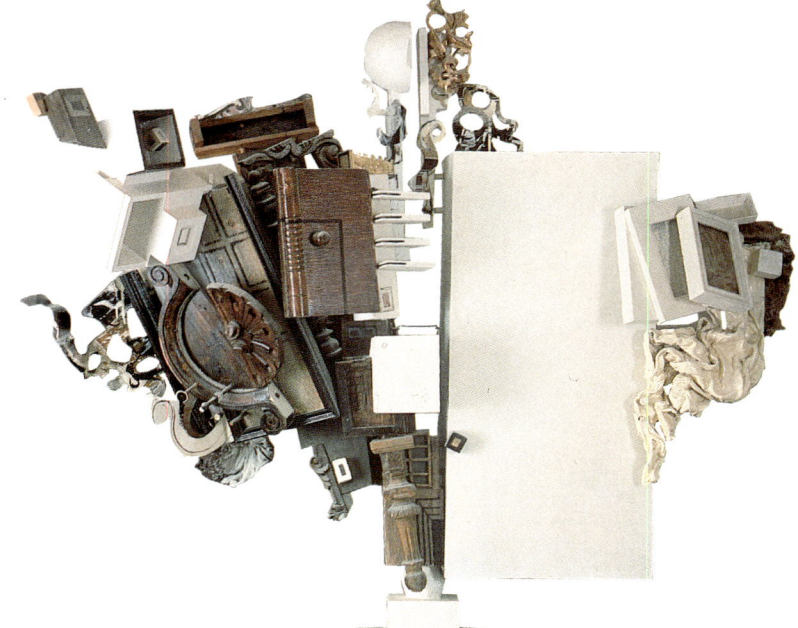

Was mich anzieht, sind die folkloristischen Archetypen, die Heroen im Bewußtsein der Massen wie etwa die Matrosen, die heute an Stelle der Kosaken die Ideale von Freiheit und Draufgängertum verkörpern, oder die Helden des Stadions, die Sportler, Ritter unserer Zeit und Idole der Menge. Ihre Medaillen glitzern wie Stammeszeichen.

Meine größte Leidenschaft ist das Balancieren mit dem Gleichgewicht. Die Illusion des Gleichgewichtes zwischen im gleichen Raum unvereinbaren Erscheinungen zu erzeugen, ist wohl das Hauptmotiv meiner plastischen Kombinationen. Offenbar darum bin ich bestrebt, die Farbe der Skulptur nicht einzuverleiben, also keine einheitliche Organisation zu bewerkstelligen, sondern im Gegenteil Farbe wie Skulptur selbständige Funktionen zuzuweisen, die dann unter den von mir diktierten Bedingungen zusammenwirken.

Büste im Geiste Rastrellis – Imperator, 1973. Holz, Metall. 266 × 160 × 70 cm. *Rastrelli war der Hofbaumeister der russischen Zaren am Anfang des 18. Jahrhunderts. Er hat die Allmacht des zaristischen Absolutismus am stärksten auszudrücken vermocht.*

Boris Orlow **121**

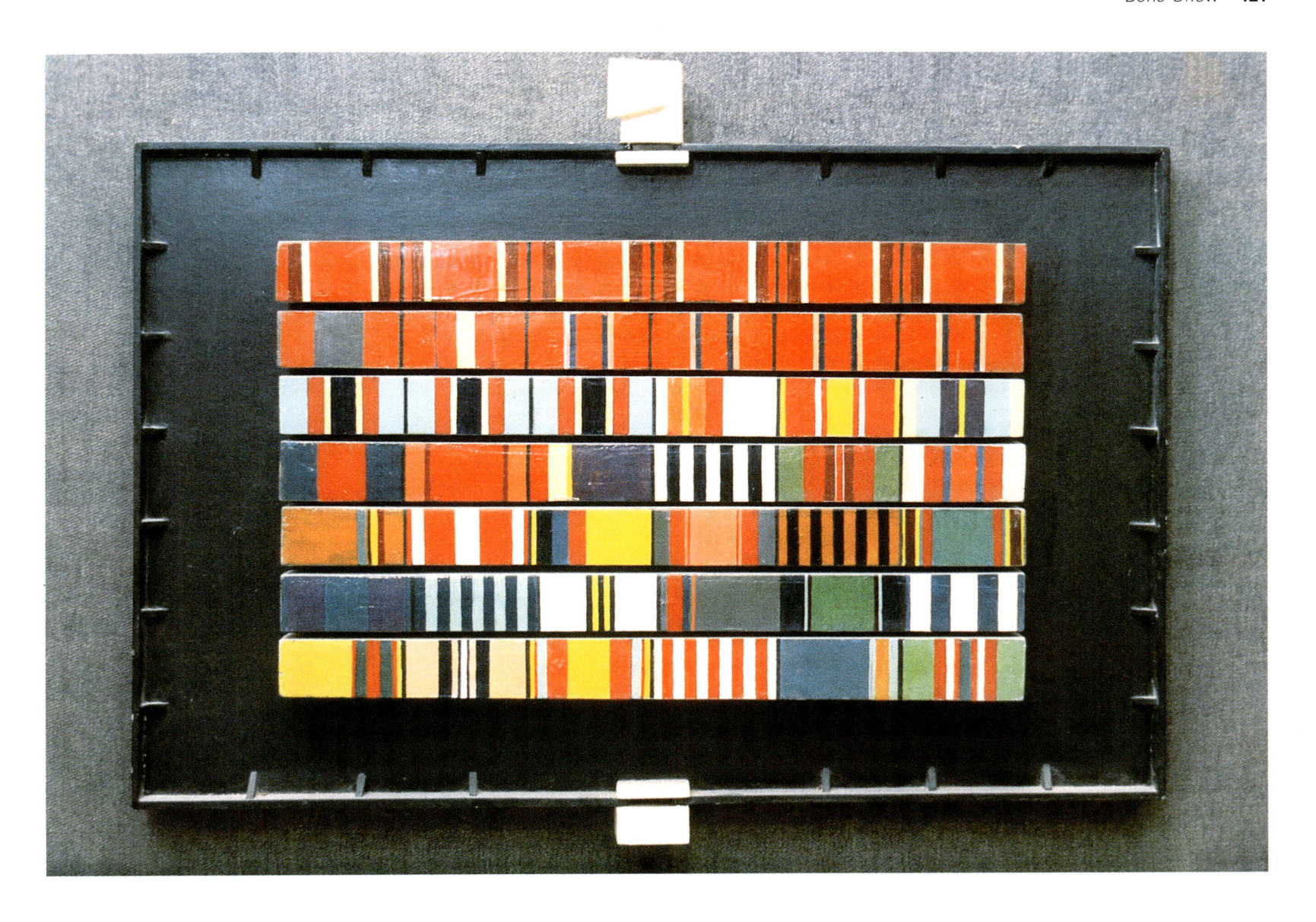

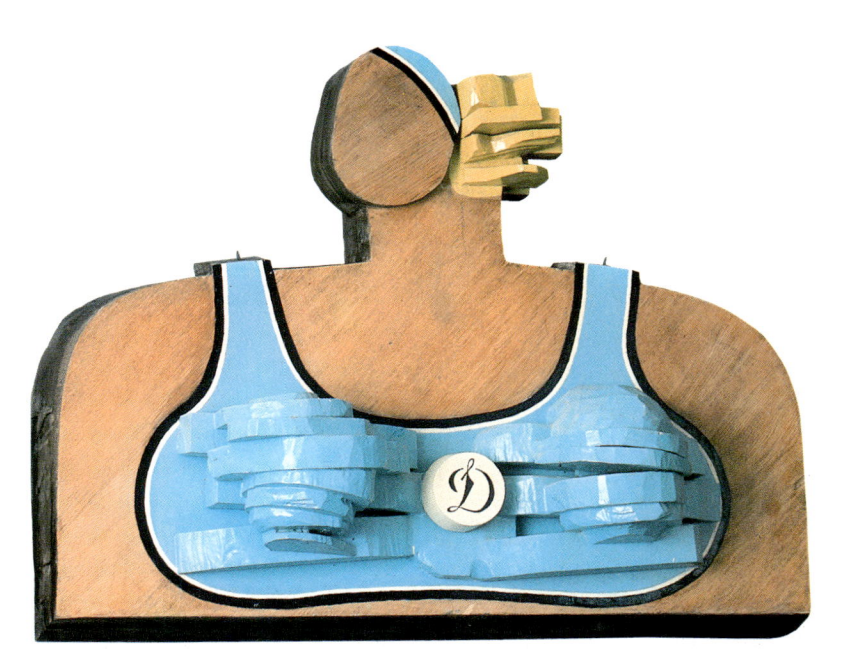

Galaporträt, 1979. Holz, Email. 65 × 85 × 10 cm. *Nicht das Gesicht, die ordengeschmückte Brust ist Gegenstand des Porträts. Sie repräsentiert die soziale Stellung der abgebildeten Person.*

Sportlerin, 1978. Holz, Email. 87 × 100 × 33 cm.

122 *Boris Orlow*

Matrose, 1980. Holz, Email. 192 × 86 × 30 cm. *Wie früher die Kosaken, so verkörpert in der zeitgenössischen Folklore der Matrose die romantischen Ideale von Freiheit und Heldenmut.*

Büste im Geiste Rastrellis, 1982. Holz, Email. 210 × 95 × 35 cm.

Flicken-Bouquet, 1985. Holz, Email. 90 × 95 × 50 cm. *Das Bouquet besteht aus Flicken von Fahnen, Ordensbändern und anderen Fragmenten sozialer Heraldik.*

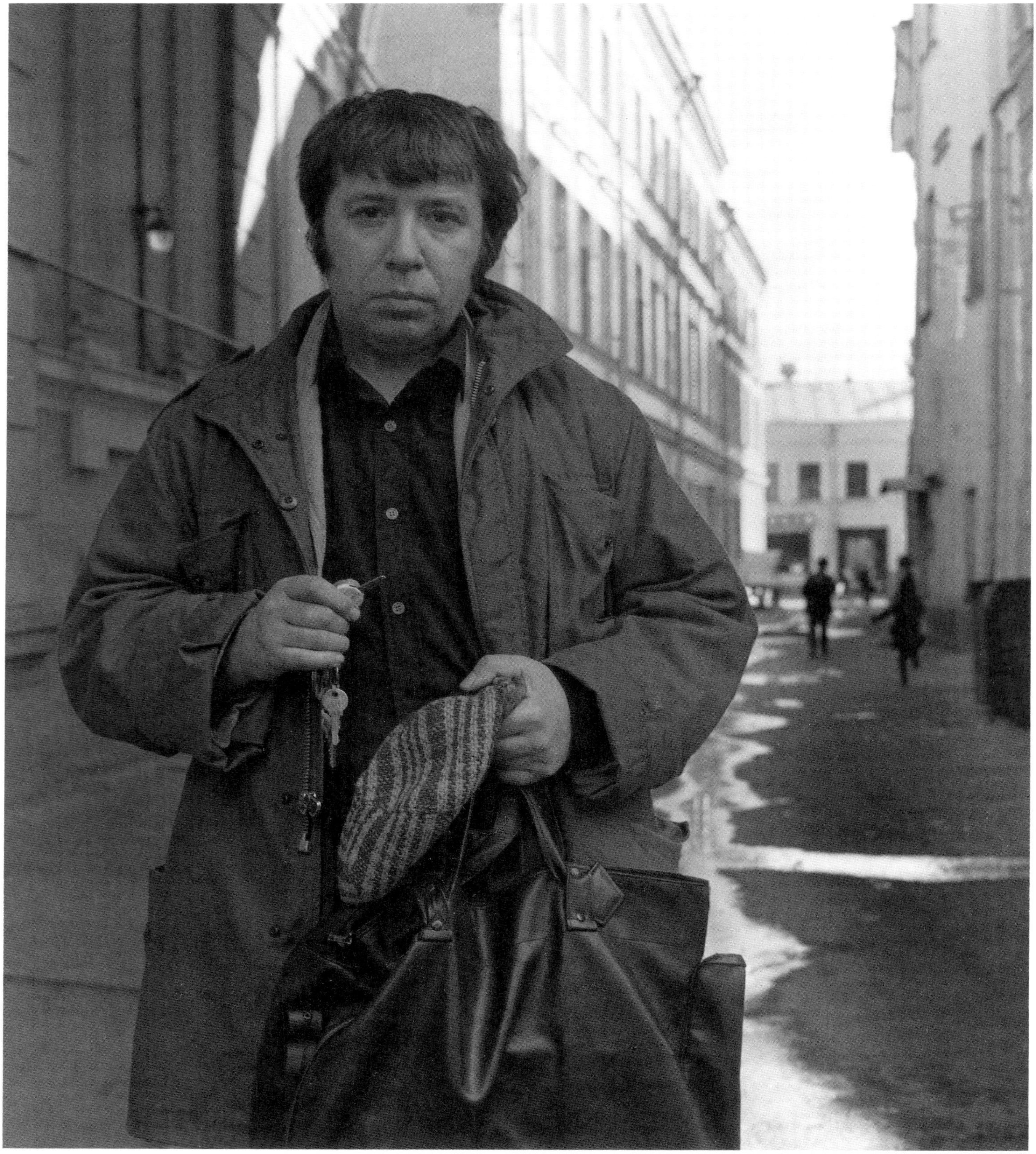

Wiktor Piwowarow

Geboren bin ich 1937 in Moskau. Dort habe ich an der Kunst-Fakultät des Polygraphischen Instituts studiert.

Nach Abschluß des Studiums beschäftigte ich mich zunächst vorwiegend mit Buchillustrationen.

Als den Beginn meiner eigenständigen künstlerischen Arbeit betrachte ich die 1967 entstandene, aus fünfunddreißig Blättern bestehende Monotype-Serie «Die Versuchung des Heiligen Antonius». 1970 malte ich, inspiriert von den pädagogischen Ermahnungen der Eisenbahnverwaltung wie «Vorsicht Zug!» oder «Was ist Dir wichtiger: das Leben oder die eingesparte Minute?» meine ersten Bilder mit Titeln wie «Die blaue Brille des dummen Polizisten», «Die Nägel und der Hammer», «Der Spaziergang» u.a.

Anfang der 70er Jahre beschäftigte mich das Problem des sogenannten «offenen Bildes», wobei ich mir die Aufgabe stellte, mein Bild in beide Richtungen zu öffnen, nach innen, in die Tiefe des Bildes, und nach außen, nämlich in die Richtung des Betrachters.

1975 vollendete ich eine sechsteilige Serie konzeptueller Bilder mit Texten, die «Projekte für einen einsamen Menschen», denen ich sozusagen als Anhang, als Ergänzung weitere sechs Bilder hinzufügte, die vorgeblich von sechs verschiedenen Autoren stammten, von Van Dyck, Bosch, Van Gogh, Klee, Morandi und Malewitsch.

Im gleichen Jahr begann ich, wie Ilja Kabakow, an der Gattung der Alben zu arbeiten. Zwischen 1975 und 1982 entstanden insgesamt zwölf, deren wichtigste wohl «Die Tränen», «Das Gesicht», «Der Garten», «Eros», «Der Zaun» und «Kabakow und Piwowarow» sind.

1976 beendete ich den Bilderzyklus «Sieben Gespräche», eine Reaktion auf die bedrückende religiös-metaphysische Atmosphäre in Moskau Mitte der 70er Jahre. Diese Bilder konnte ich 1979 in der Gruppenausstellung «Farbe, Form, Raum» in Moskau zeigen.

1982 übersiedelte ich nach Prag. Dort begann ich, einen persönlich-mythologischen Kontext zu erarbeiten, ein Unterfangen, das eine gewisse Isolation, in der ich mich anfänglich befand, durchaus förderte. In der Tschechoslowakei hatte ich 1984 meine ersten beiden Einzelausstellungen.

Zum Moskauer Künstlermilieu halte ich nach wie vor engen Kontakt.

Daß mir die Gabe der Offenheit zuteil wurde, ist nicht mein Verdienst. Ich schätze sie, weil sie mir erlaubt, ganz verschiedene Dinge zu entdecken, mich ihnen anzunähern und sie in mir aufzunehmen. Also kann ich nicht von einem unveränderlichen Credo sprechen. Unveränderlich ist nur die Veränderbarkeit. Ich bin wie ein Zimmer mit zerborstenen Fenstern und aus den Angeln gerissenen Türen. Geh hinein, mach's dir bequem und richte dich ein. Ich ergebe mich leicht den Einflüssen des Wetters und der Winde. Ein einzelner Gedanke kann lange in einer Ecke sitzen. Und dann ist alles wie vom Wind weggeblasen, und nichts bleibt übrig. Darum übernehme ich für meine Worte wie für meine Bilder keine Verantwortung. Heute so, morgen anders. Für heute wird das ideale, das absolute oder, anders gesagt, das «Null-Bild» von einer Triade bestimmt, die aus den Komponenten Zittern, Armut und transzendente Anspruchslosigkeit besteht.

Unter «Zittern» verstehe ich die Lebendigkeit des Bildes, sein Atmen, sein Pulsieren, sein Leuchten. Ein lebendiges Bild wird nie langweilig. Es lebt, was soviel heißt, daß es altert, sich verjüngt, manchmal stirbt und dann wieder auflebt.

«Armut» ist für mich die Schlichtheit des Bildes, seine Schüchternheit, die Verletzbarkeit des Bildes selbst wie auch der in ihm abgebildeten Gegenstände.

«Transzendente Anspruchslosigkeit» begreife ich als das Nichtvorhandensein metaphysischer, mystischer und sakraler Prätentionen, als die Abwesenheit entschlossener und magischer Gewalt im Bild und seine Anlage, das ihm innewohnende Mysterium selbständig zu vermitteln.

In den letzten anderthalb Jahren beschäftigt mich eine Idee, die mir äußerst interessant erscheint. Wenn es möglich ist, daß zwei oder sogar drei Künstler zusammen ein Bild malen, z.B. die drei Kukryniksy, Gilbert and George oder Komar und Melamid, warum sollte dann nicht ein Künstler sich drei- oder vierteilen können und wie drei oder vier verschiedene Maler in unterschiedlicher Manier arbeiten?

Im Ergebnis dieser Überlegung gründete ich mit mir allein die Künstlergruppe «Jausa». «Jausa» ist einmal ein Nebenfluß der Moskwa, an dessen Ufer ich meine Kindheit verbrachte, und zweitens die Abbreviatur für eine ganze Gruppe von Begriffen.

126 *Wiktor Piwowarow*

Zum Beispiel
Ich – der überzeugte Verteidiger des Absurden
Ich – der einsame vergessene Autor
Ich – der universale Beschwörer des Astralen
Ich – der einzigartige Spiegel des Absoluten usw.*

Der Gruppe «Jausa» gehören vier Künstler an: Wladimir Wassiljew, Witalij Morossejkin, Wiktor Piwowarow und Jewgenij Luschnikowskij.

Wladimir Wassiljew vertritt in der Gruppe die romantische und symbolistische Richtung. Ungeachtet dessen, daß er 1979 im Zenit seines Schaffens verschied, nahmen ihn die ihm freundschaftlich verbundenen übrigen Mitglieder postum in ihre Gruppe auf.

Witalij Morossejkin ist mit zweiundsechzig Jahren das älteste Gruppenmitglied. Er ist Autodidakt. In seiner Jugend nahm er einige Stunden Malunterricht bei R. Falk und W. Wejsberg. Morossejkin leitet einen Zeichenkurs im Haus der Pioniere. Er arbeitet im Genre des stillen, des «häuslichen» Zeichnens.

Wiktor Piwowarow ist ein Schüler von Morossejkin. Seine Maltechnik hat er von seinem Lehrer, aber dessen Verschlossenheit ist ihm so fremd wie der intime Charakter seiner Werke. Er ist philosophischen und metaphysischen Spekulationen wie mythologischen Reminiszenzen nicht abgeneigt.

Jewgenij Luschnikowskij schließlich ist der Jüngste in der Gruppe. Sein Interesse beschränkt sich auf die abstrakte Kunst. Von minimalistischen Tendenzen ist er neuerdings zur Abstraktion im «Neo-Geo-Stil» übergegangen.

Es ist schade, daß ich bis heute noch keine Möglichkeit hatte, meine Idee in einer Ausstellung zu realisieren und die Gruppe «Jausa» vorzustellen. Aber ich bin sicher, daß dies in nächster Zukunft geschehen wird.

* Im russischen Original entsprechen die Anfangsbuchstaben aller Vokabeln in den vier Zeilen denen im Wort «Jausa». Der russische Buchstabe Я = Ja bedeutet auch «ich».

Der Künstler und sein Bild (Porträt von W. Morossejkin), 1985. Öl auf Leinwand. 90 × 90 cm. *Nach Piwowarow bezieht sich dieses Bild auf das «Selbstbildnis mit sieben Fingern» von Marc Chagall aus dem Jahre 1912.*

Tüte mit Kirschen, 1985. Öl auf Leinwand. 1985. *Für den Künstler ein ideales Bild, weil ihm am Vortag Freunde einen großen Korb Kirschen schickten und weil er es malte, als seine Tochter zur Welt kam.*

Blaues Ohr, 1985. Öl auf Leinwand. 116 × 116 cm. *Für Piwowarow Beispiel eines Bildes mit einem «freien» Sujet. Ein «freies» Sujet ermögliche unendlich viele Interpretationen.*

128 *Wiktor Piwowarow*

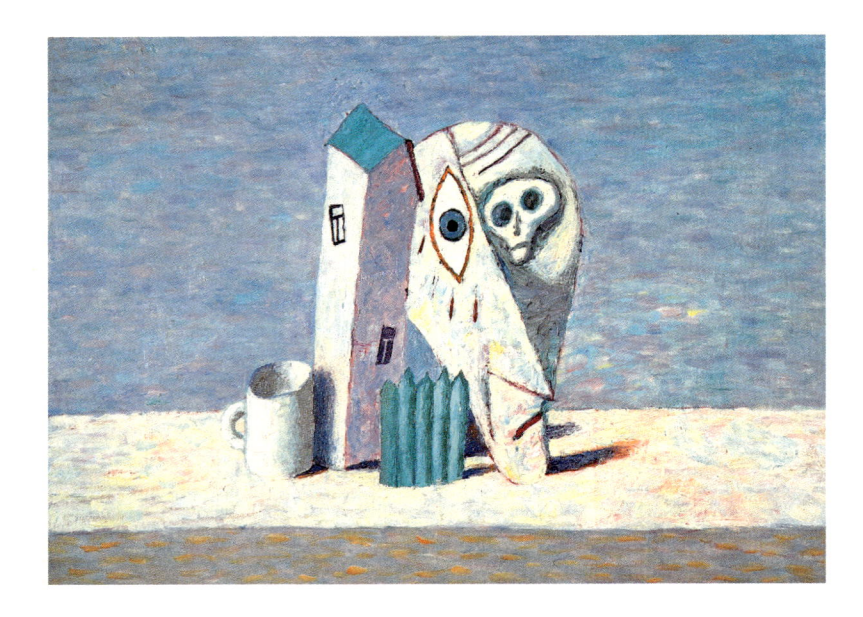

Melancholie, 1985. Öl auf Leinwand. 66 × 90 cm.

Vereistes Fenster, 1987. Öl auf Leinwand. 76 × 61 cm. *Vor langer Zeit wollte er das Porträt eines Freundes malen. Es war ein frostiger Tag. Hinter dem Fenster erblickte er einen rosaroten Himmel und ein gelbes Häuschen mit rauchendem Kamin. Aus dem Porträt sei nichts geworden, aber den rosaroten Himmel habe er nicht vergessen.*

Sowjetisch-chinesisches Stilleben, 1987. Öl auf Leinwand. 76 × 61 cm. *Kartoffel, Topf und Kerze im Krug sind sowjetisch, Farben, Komposition und Schriftzeichen chinesisch. Das Wesen mit dem großen vielfarbigen Auge kann Piwowarow nicht bestimmen.*

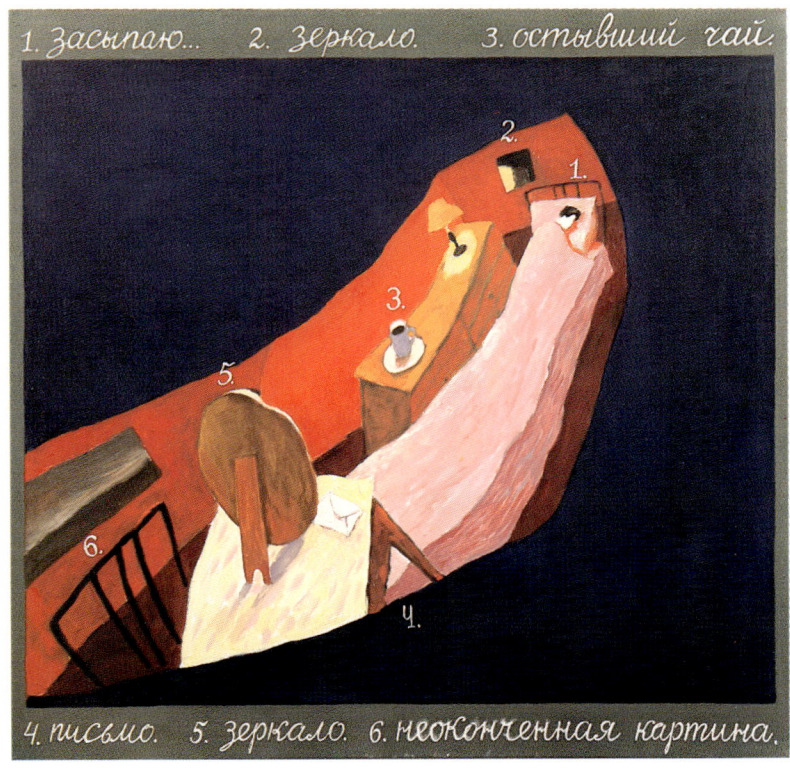

Aus dem Zyklus **Ich zeichne und erinnere mich,** 1986. Öl auf Leinwand. 90 × 90 cm. *Den Zyklus entwarf Piwowarow als eine Bilderreihe mit Texten, in denen er konkrete Erinnerungen an oft alltägliche Kleinigkeiten festhält, manchmal auch zu Piktogrammen gefaßte «mikro-philosophische Gedanken» und lyrische Zustände wie «das Atmen der Seele». Die Schrift oben auf dem Bild lautet: «Das ewige Dilemma: sitzen oder laufen». Unten: «1. Metaphysiker. 2. Vögelchen. 3. Passant»*

Aus dem Zyklus **Ich zeichne und erinnere mich,** 1986. Öl auf Leinwand. 90 × 90 cm. *Wichtigster Inhalt im letzten Bild des Zyklus ist der Traum zwischen zwei Spiegeln. Dazu lautet die Schrift: «1. Ich schlafe ein… 2. Spiegel. 3. Kalter Tee. 4. Brief. 5. Spiegel. 6. Unvollendetes Bild.»*

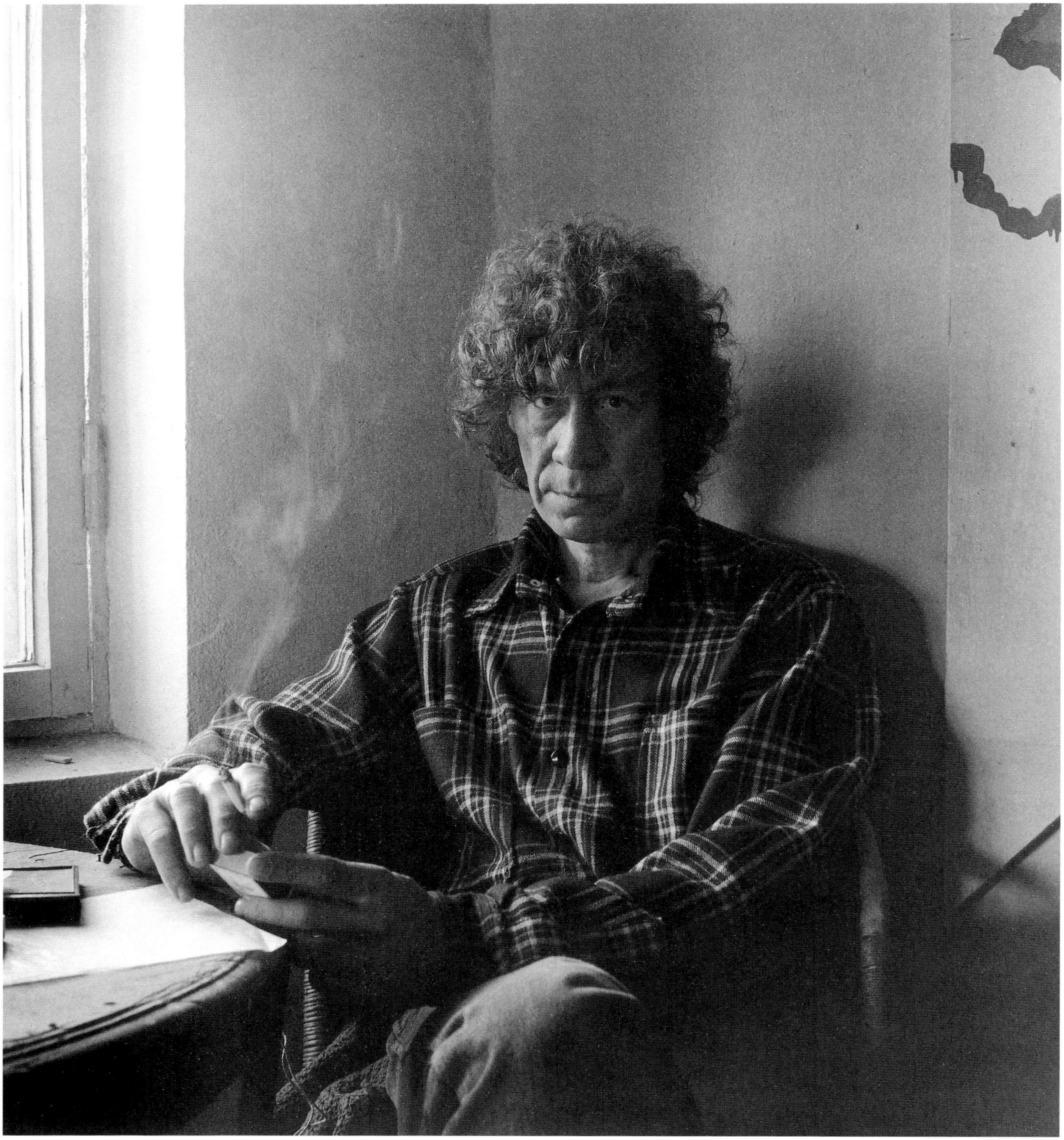

Iwan Tschuikow

*I*ch bin 1935 in Moskau geboren. Meine Eltern sind beide Künstler. Ihnen verdanke ich für meine Entwicklung sehr viel. Im Elternhaus sah ich zum erstenmal Monographien von Cézanne, Matisse, Picasso, Modigliani u.a. und erfuhr von der Existenz einer anderen Kunst als jener, die damals in Ausstellungen gezeigt und an den Schulen gelehrt wurde. Das war Ende der 40er, Anfang der 50er Jahre, als nicht einmal der Name von Michail Wrubel genannt werden durfte.

1949 brachten mich meine Eltern an die Kunstschule, die mir kein Interesse abnötigte. Ich langweilte mich.

1954 begann ich am Surikow-Kunstinstitut zu studieren. Dieselbe Langeweile.

1956 sah ich zum erstenmal im Magazin des Puschkin-Museums Originale von Van Gogh, Gauguin, Matisse, Cézanne. Ich war überwältigt. Etwa zur gleichen Zeit lernte ich Robert Falk kennen, dessen Werk und vor allem Persönlichkeit mich sehr beeindruckten.

Meine Versuche, am Institut mehr oder weniger eigenständig zu arbeiten und Interesse an der Arbeit zu finden, endeten gewöhnlich mit schlechten Noten, mit «ungenügend» oder bestenfalls «befriedigend». Meine Diplomarbeit, zu der ich gerade noch zugelassen wurde, bekam ein «Genügend».

Von 1960 bis 1963 war ich als Lehrer an der Kunstschule von Wladiwostok tätig.

Wieder in Moskau, schloß ich mich keiner Künstlergruppe an, weil ich nicht einmal wußte, daß es solche gab. An einer Ausstellung junger Moskauer Künstler lernte ich 1967 J. Kuperman und E. Schtejnberg kennen, aber aus dieser Bekanntschaft wurde kein ständiger Kontakt. Erst zwei Jahre später, als ich W. Piwowarow traf, erfuhr ich, verwundert und hocherfreut, von der Existenz einer nichtoffiziellen Kunst und hörte erstmals die Namen Soboljew, Neiswestnyj, Jankilewskij, Kabakow und Sooster. Als ich dann bald darauf deren Arbeiten sehen konnte und mich die Ausdruckskraft und Reife ihrer Werke begeisterte, empfand ich erstmals das Gefühl des Nichtmehralleinseins, ein Gefühl der Zusammengehörigkeit, das mir sehr wichtig war.

1975 traf ich mich regelmäßig mit A. Julikow, R. und W. Gerlowin, W. Komar und A. Melamid zu gemeinsamen Lesungen aus der Zeitschrift «Artforum», an denen häufig auch I. Schelkowskij, S. Schabjawin, L. Ssokow und andere Künstler teilnahmen.

1976 schließlich unternahm ich meinen ersten Schritt aus der Isolierung, indem ich mich an einer Ausstellung im Atelier von L. Ssokow beteiligte. Es war eine von sieben Ausstellungen nichtoffizieller Kunst, die damals gleichzeitig in verschiedenen Wohnungen und Ateliers stattfanden.

Seit 1968 bin ich Mitglied des sowjetischen Künstlerverbandes und verdiene meinen Unterhalt in einem Kombinat für Kunstmalerei mit der Herstellung riesiger Wandbilder mit Landschaften und Sportszenen für Clubräume.

Mein erstes «Fenster» malte ich 1967. Als reife Arbeiten betrachte ich die nach 1969 entstandenen. Seit 1982 beschäftigt mich die Verbindung verschiedener Fragmente miteinander und deren nachfolgende Vergrößerung.

Alle meine Arbeiten, so sehe ich es jetzt, entspringen dem Staunen, das ich empfunden habe, dem Staunen über die Darstellung an sich, die Möglichkeit, auf einer glatten Fläche etwas hervorzubringen, eine Illusion zu erzeugen. Und dann verstand ich, daß sich eigentlich alles auf verschiedenste Art und Weise darstellen läßt. Daher rührt mein Interesse für Probleme der Repräsentation, der Illusion, der Fiktion, zu der sich später die Einsicht gesellte, daß sich jede Darstellung auf ein ganz konkretes, begrenztes System von Konventionen zurückführen läßt, auf eine Übereinkunft zwischen Künstler und Betrachter.

Die Avantgarde-Kunst der 20er Jahre mit ihrer Absage an Illusionismus und Repräsentation wollte absolut autonom sein, unabhängig von der Welt, in der sie entstand, und nur sich selbst genügen. Eben deshalb aber wurde sie abhängig von Kontext und Geschichte der Kunst, ohne die sie als Kunst nicht bestehen konnte. So hat sie, ohne je selbständig zu werden, bloß Abhängigkeit gegen Abhängigkeit eingetauscht und ist Fiktion geblieben, Illusion, Vorspiegelung.

Ganz anders verhält es sich mit der Frage, wie Kunst, obwohl Fiktion, Wahrheit ausdrückt. Nicht der Verzicht auf Illusion und Gegenständlichkeit macht Sinn, wie man sieht, vielmehr deren Erforschung und Anwendung.

Was mich interessiert, das sind die Konflikte, der Zusammenprall, der Rollentausch in den Beziehungen zwischen Fiktion und Realität und zwischen den Illusionen, womit ich die verschiedenen Systeme der Darstellung meine. Im Grund genommen sind das Probleme der Sprache, in unserem Fall der visuellen. Die Welt existiert für uns nur in der Sprache. Verändern wir sie, dann verändern wir die Welt.

Aus der Beschäftigung mit diesen Problemen entstanden der Zyklus «Fenster» (1968–1982), die Serien «Panoramen» (1977) und «Varianten» (1978) sowie die Projekt-Serie «Virtuelle Skulpturen» (1977).

Ab 1982 arbeitete ich am Zyklus «Fragmente», denen ich

Zitate zugrunde legte. Zitate aus Werken anderer Künstler hatte ich schon früher verwendet. Jetzt wurden sie Hauptsache. Im Zyklus «Fragmente» benutzte ich alle möglichen Materialien, von politischen Tableaus über eigene Arbeiten bis hin zu den Fresken Masaccios. Wichtig war mir, alles so anzuordnen, daß keine Hierarchie entstand, kein Vorwand zur Wertung. Da war das Problem des Fragmentes und der Vergrößerung. Offenbar erhalten wir, wenn wir einem Bild ein Fragment entnehmen und seinen Maßstab verändern, ein neues Bild. Aber ist es auch mein Bild? Hier entsteht die Frage der Urheberschaft.

Und endlich noch das Problem der Arbeit nach der Natur. Wenn ich irgendwo ein Stück herausnehme und vergrößere, diesem Fragment wieder ein anderes entnehme und es wiederum vergrößere und so fort, dann schaffe ich eigentlich ein Bild aus nichts, weil es im Original nur noch ein mikroskopisches Teilchen ist. Ich habe nichts dazu selber erfunden, ich habe immer nur nach der Natur gemalt. Damit verbunden ist noch ein anderes Moment, die Zweideutigkeit der Geste. Durch die starke Vergrößerung des Maßstabes wirkt meine Geste sogar sehr überzeugend. Die Arbeit sieht «heiß» aus, aber wir wissen, daß «kalt» kopiert wurde.

Iwan Tschuikow

Holzrost, Fragment, 1984. Alkydemail auf Holz. 100 × 75,5 cm. *Detail eines Bildes von Piero della Francesca, auf einen Holzrost gemalt, wie er in der Banja, der russischen Sauna, Verwendung findet.*

134 *Iwan Tschuikow*

Landschaft II, 1987. Alkydemail auf Hartfaserplatte. 130 × 180 cm.

Ausschnitt aus dem Bild «Landschaft II» von I. Tschuikow, 1987. Alkydemail auf Hartfaserplatte. 130 × 180 cm. *Das Bild zeigt die Signatur des verzweifelten Künstlers, der in «Landschaft II» vergeblich versucht, seinen eigenen Stil zu finden.*

136 *Iwan Tschuikow*

Rettungsring, 1987. Alkydemail auf Hartfaserplatte. 130 × 180 cm.

Iwan Tschuikow

Ausschnitt aus dem Bild «Rettungsring» von I. Tschuikow, 1987. Alkydemail auf Hartfaserplatte. 107 × 120 cm. *Im Fragment wird zu kühler Abstraktion und Gegensatz, was im Gesamtwerk als dramatische Situation erscheint.*

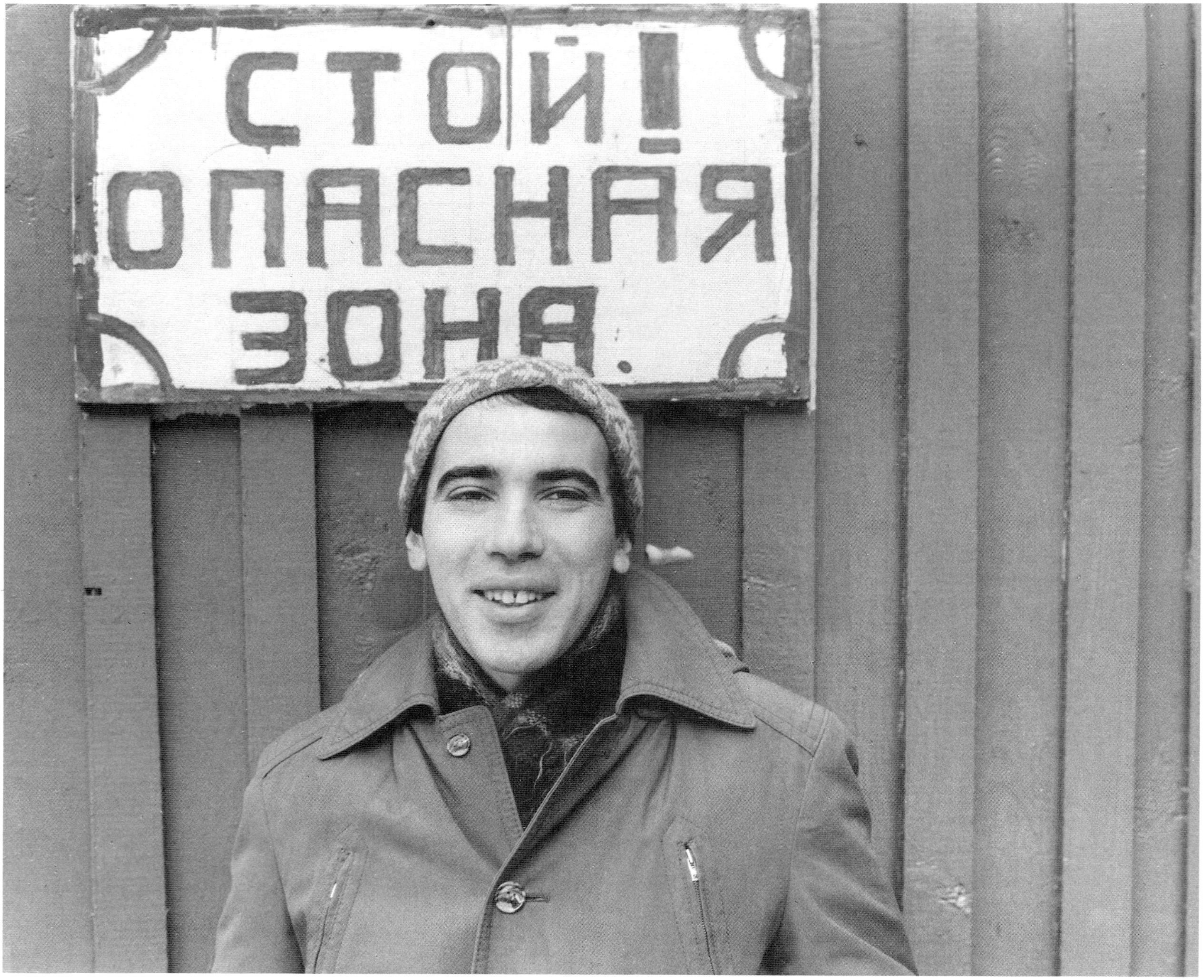
СТОЙ!
ОПАСНАЯ
ЗОНА.

Jurij Albert

Jurij Feliksowitsch Albert wurde am 16. Oktober 1959 in Moskau geboren.

Als er etwa neun Jahre alt war, wollte er in die Bildhauer-Klasse der Moskauer Kunstmittelschule eintreten, aber er bestand die Aufnahmeprüfung nicht, weil er die meiste Zeit für eine Botschaft an die Nachwelt verbraucht hatte, die er in die Abbildung einer Henne aus Ton verpackte. Dann besuchte Jura eine Zeitlang den Skulptur-Zirkel im Pionierpalast. Beinahe zwei Jahre lernte er an der Kunst-Abendschule in der Kropotkinstraße, die er wegen «falschem Farbempfinden» und schlechter Führung verlassen mußte.

Jurij Albert liebte in den Museen besonders die Modernisten des frühen 20. Jahrhunderts und las Broschüren über die westliche Kunst, die damals Titel hatten wie «Krise der Häßlichkeit». 1974 trat er in die Kunstschule beim Institut für Architektur ein. Dort lernte er seine spätere Frau, Nadeschda Stolpowskaja, kennen. Nadja brachte ihn zu ihrer Lehrerin Jekaterina Arnold. Der Unterricht fand im Atelier von Komar und Melamid statt, in der Welt ihrer Bilder und Publikationen zur zeitgenössischen Kunst. Dort machte er Bekanntschaft mit Donski, Roschal, Skersis und deren Arbeiten. Auf solche Weise erweiterte er seinen Horizont und wußte nun genau, was Konzeptualismus, Soz-Art und Minimalismus ist.

1977 schaffte Jurij Albert beim zweiten Anlauf die Aufnahme ins Institut. Sein Klassenkamerad wurde Wadim Zacharow. Zacharow, Skersis, Albert und die Stolpowskaja kamen häufig zusammen und beeinflußten sich gegenseitig.

1980 wurde Jurij Albert wegen Unterrichtsschwänzens relegiert und erhielt fortan keine weitere Ausbildung mehr.

So haben Sie nun einen Künstler vor sich, der zwar schlecht zeichnen kann, aber die zeitgenössische Kunst kennt und liebt, zwei Tatsachen, die einige Besonderheiten seiner Arbeiten erklären, nämlich seine Hinwendung zum Text, zum Photo usw., seine häufigen Anleihen bei anderen Künstlern und den Umstand, daß er fast alle seine Bilder Zeitungen, Kinderbüchern usw. entlehnt, d.h. sie aus solchen abzeichnet.

Seine jüngste große Reihe von Arbeiten nennt Jurij Albert «Elitär-demokratische Kunst». Sie ist das Ergebnis eines melancholischen Nachsinnens über das zwangsläufig Elitäre der zeitgenössischen Kunst. Die Sprache der Kunst, so sah er es, hat sich in einen nur dem Künstler selber verständlichen Insider-Jargon verwandelt. Also beschloß er andere, den Künstlern unverständliche Ausdrucksmittel zu benutzen. Dem Elitären ganz zu entrinnen gelang ihm allerdings nicht. Obgleich seine neuen Arbeiten nur ganz kleinen Gruppen von Menschen verständlich erscheinen, etwa den Stenotypistinnen, Matrosen, Taubstummen, Blinden, Telegraphisten u.a., ist der humane und demokratische Charakter derartiger «Elitarität» offensichtlich.

Stellen Sie sich einmal ein Mitglied von «Art & Language» vor, das, anstatt sich mit ernsthaften Studien zu beschäftigen, allen erzählen würde, er habe solches zwar stets vor, aber eben nie geschafft, und der sich schließlich mit dem Scherzchen herausredete, mit den Problemen, die er lösen möchte, eben nicht so wohlvertraut zu sein. Was meine ich damit? Das Wichtigste an meiner Kunst ist, daß mich die Kunst als solche stark interessiert. Alle meine Arbeiten gründen darauf, daß ich irgendeine mit der Kunst zusammenhängende These aufnehme und in verschiedenen Arbeiten unterschiedlich verwirkliche. Aber sobald sich dann die Möglichkeit gründlicherer Studien auftut, halte ich inne. Oder ich treibe Pseudoforschung. Man kann sagen, ich mache Bilder zum Thema möglicher «konzeptueller» (im Sinne der frühen «Art & Language») Bilder.

Mein Kunstmodell sieht so aus: Im dreidimensionalen Raum sind drei Punkte verteilt, einzelne Arbeiten. Diese sind durch eine Vielzahl von Linien miteinander verbunden, durch Traditionen, Analogien, Assoziationen, Einflüsse, Gegensätze, Nachahmungen usw. Mir scheint, daß diese Verbindungen wichtiger sind als die Arbeiten selber. Den Platz jeder Arbeit in der Kunst bestimmen ihre Wechselbeziehungen mit anderen Arbeiten. (Tynjanow nennt das Funktion.) In diesem Sinne bemühe ich mich, zuerst die Linien zu ziehen, anstatt die Punkte zu plazieren. Meine jüngsten Arbeiten bieten nur Orientierung im künstlerischen Raum und haben darüber hinaus keinerlei Wert. Ich habe mir nicht das Ziel gesteckt, die Kunst und ihre Charakteristika zu definieren. Die Kunst hat keine konstanten Merkmale; ihre Totalität und die Kontinuität ihrer Entwicklung gehen immer auf Rechnung der Kontinuität jener Verbindungen, von denen ich sprach.

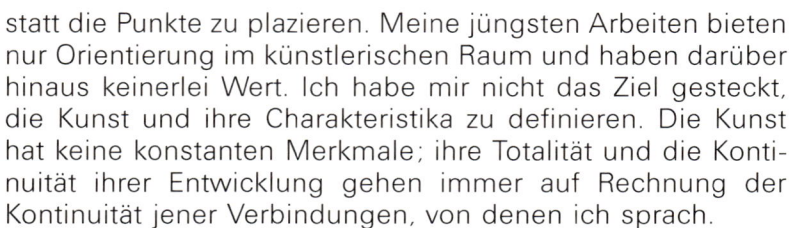

Was ich schon immer wissen möchte: ob es mir gelingen würde, ein Bild herzustellen, das allen äußeren Anzeichen nach nicht von mir ist, ohne dabei die Struktur zu beeinträchtigen, derzufolge man sagt: Aha, das ist ein Albert.

Meine Arbeiten sind vermutlich nicht darum Kunstwerke, weil sie über die dafür erforderlichen Eigenschaften verfügen, sondern weil sie zu nichts anderem taugen.

Mit meiner Beziehung zur Kunst verhält es sich wie mit jener, die man zu einem unheilbar Kranken hat, dem man die Diagnose verheimlicht, aber munter zuredet: «Wenn du wieder gesund bist, gehen wir fischen. Ich kenne einen schönen Platz. Und Pilze gibt's dort auch...»

Studien in der Natur III, 1983. Öl auf Leinwand. 70 × 55 cm.

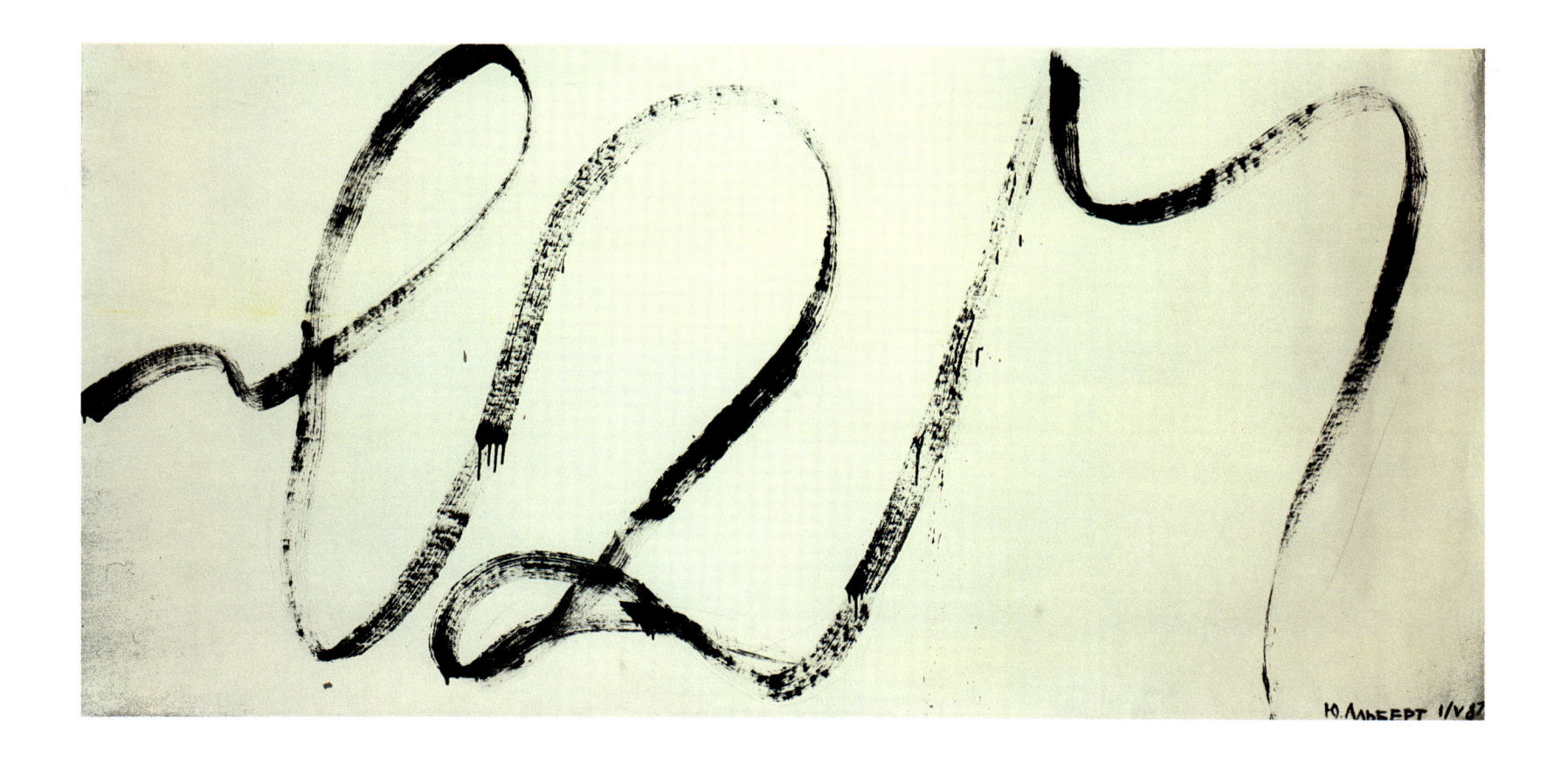

Jurij Albert

Kunst für Stenographistinnen – Neopseudokunst II, 1987. Öl auf Leinwand. 150 × 300 cm. *Alberts Versuch, für eine Elite zu malen. Allen anderen, sagt er, sei diese Arbeit unverständlich.*

142 *Jurij Albert*

Ich, Großmutter und Großvater, 1986. Öl auf Leinwand. 100 × 100 cm.
Der Künstler und seine Verwandtschaft, ein Lieblingsthema Alberts, aus einer Kinderzeitschrift abgezeichnet.

Disput, 1986. Öl auf Leinwand. 130 × 100 cm.

In der Galerie, 1987. Öl auf Leinwand. 170 × 170 cm. *«Disput» und «In der Galerie» zeigen Szenen aus dem Leben der Lieblingshelden Jurij Alberts, dem «Karandasch» (Bleistift) genannten guten Künstler und dem Affen, der den schlechten Künstler verkörpert. In «Disput» versucht der Affe, «Karandasch» zu bestechen, in «In der Galerie» will er ihn dazu überreden, Modernist zu werden.*

Jurij Albert 143

Rot, gelb, blau, 1987. Öl auf Leinwand, drei Leinwände, jede 80×160 cm. *Grundelemente der Malerei, aus einer Kinderzeitschrift abgezeichnet.*

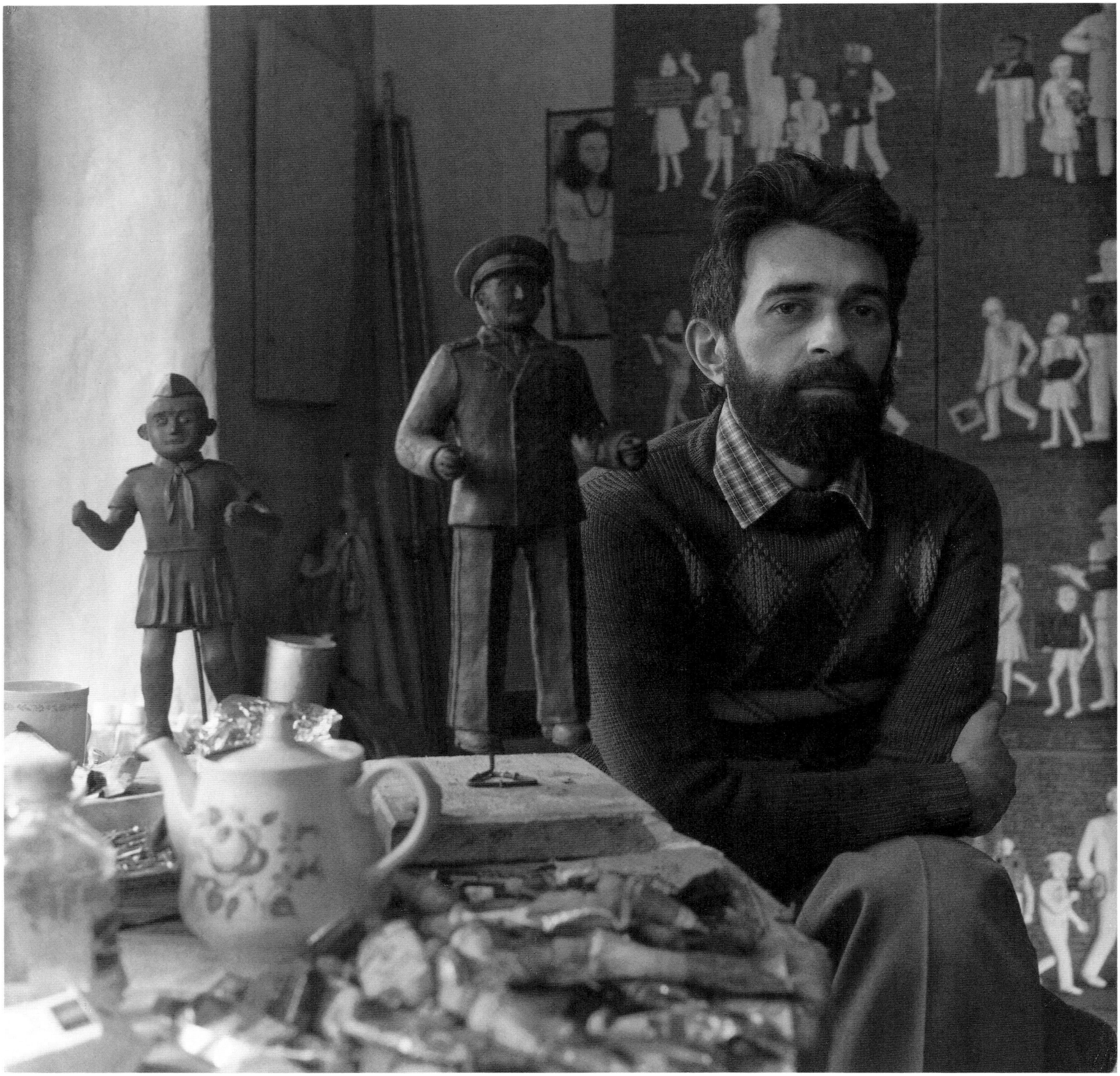

Grischa Bruskin

Ich bin am 21. Oktober 1945 in Moskau geboren. Mein Vater, David Emanuilowitsch Bruskin, war Professor am Moskauer Institut für Energetik. Meine Mutter, Basja Solomonowna Strunina, übte keinen Beruf aus, weil sie fünf Kinder großzuziehen hatte. Ich war das jüngste Kind und der einzige Junge. Meine Eltern stammten aus den «Schtetln», dem jüdischen Siedlungsgebiet im zaristischen Rußland. Mama überlebte als kleines Mädchen ein Kosaken-Pogrom. Sie beginnt noch immer zu weinen, wenn sie sich daran erinnert.

Die Erwachsenen sprachen zu Hause jiddisch, wenn sie von uns Kindern nicht verstanden werden wollten. An den Feiertagen fanden sich immer zahlreiche Verwandte ein. Patriarch des Clans war mein Großonkel. Zu Familienfesten pflegte er Gedichte zu verfassen. Ich erinnere mich, daß er stets sehr korrekt nach der Mode der Vorkriegsjahre gekleidet war. Großvater und Großmutter lebten wie zwei Täubchen ein Leben lang in Liebe miteinander und starben gleichzeitig im Alter von vierundneunzig Jahren. (Ihnen ist mein Bild «Mondlicht» gewidmet.)

Unserem Haus gegenüber befand sich das «Institut für Körperkultur», das in einem alten Palais in einem prächtigen, weitläufigen Park untergebracht war. Dort spielte ich mit meinen Altersgefährten. In Mauernischen und längs der Allee, die zum Palais führte, hatte man Sportler aufgestellt: Skiläufer, Diskuswerfer, Fußballer und alle möglichen anderen Athleten aus Gips. Es hieß, deutsche Kriegsgefangene hätten sie verfertigt. In der Mitte des Parks, über einer Rabatte mit Stiefmütterchen, erhob sich ein gigantischer Stalin im Uniformmantel aus Bronze. Er überragte alle um Haupteslängen. Als ich Jahre später die Welt meiner Kindheit wiedersuchte, fand ich zu meinem Bedauern die stumme Armee aus Gips und ihren imposanten Anführer nicht wieder.

Ich erinnere mich an meine ersten Versuche in der Kunst. Im Alter von fünf oder sechs Jahren zeichnete ich aus der «Prawda» ein Stalin-Porträt ab. Es gelang mir, einige Ähnlichkeit mit dem Original zu erreichen, und das machte die Verwandtschaft auf meine Begabung aufmerksam. Später dann wollte meine Familie meine Beschäftigung mit der Kunst nicht mehr fördern. Ich sollte den «vielversprechenden» Beruf eines Ingenieurs oder Mathematikers ergreifen. Mein Vater räumt noch heute lächelnd ein, er habe alles in seiner Macht Stehende getan, um zu verhindern, daß aus seinem Sohn ein Künstler würde. Darin kam wohl die traditionell ablehnende Einstellung der Juden gegen diesen Beruf zum Ausdruck.

Schon früh begegnete mir immer wieder der Antisemitismus. Kinder neckten mich und riefen mir «Schid» nach, Jud. Das führte zu fortwährenden Aufregungen und Raufereien. Später wollte ich dann wissen, woher der Judenhaß kommt, und ich begann, mich für die Geschichte meines Volkes zu interessieren, für die Geschichte des Christentums, für die Thora und die hebräische Sprache.

1958 bestand ich die Aufnahmeprüfungen an der Kunstschule. Seither ist die Malerei für mich zur interessantesten Beschäftigung im Leben geworden. In der Schulzeit lernte ich die Malerei der europäischen alten Meister kennen. Vor allem die Bildwerke der «Ecole de Paris» begeisterten mich. 1968 beendete ich die Schule und trat ins Kunstinstitut ein. An das Studium dort erinnere ich mich ungern. Am wenigsten mochte ich den Mal- und Zeichenunterricht. Zu Hause befaßte ich mich weiterhin mit selbständigen Studien nach der Natur und mit der Lektüre kunst- und kulturgeschichtlicher, historischer, philosophischer und anderer Bücher, deren ich habhaft werden konnte. Viele Bücher waren weder zu kaufen noch in den Bibliotheken zu finden. Aber da gab es einen Mann, der Bücher gegen Bezahlung auslieh. Ich weiß noch, daß ich fünf Rubel bezahlen mußte, um die Werke von Joyce, Nabokov und Berdjajew lesen zu können.

Während des Studiums nahm ich verschiedentlich an Jugend-Ausstellungen teil. Darum konnte ich bereits 1969, ein Jahr nachdem ich das Institut absolviert hatte, dem Künstlerverband beitreten. Meine künstlerische Persönlichkeit formte sich allerdings erst später, Anfang der 70er Jahre. Zwischen 1971 und 1976 malte ich die Bilderserien «Genres» und «Feiertage», die mit der geistigen Welt des Judaismus zu tun haben. In diesen Werken sind bereits die wichtigsten Elemente des späteren Bilderzyklus «Alef-Bet» enthalten.

In jenen Jahren versuchte ich mehrmals, meine Bilder in den Ausstellungen des Künstlerverbandes zu präsentieren. Aber regelmäßig wurden sie von einer, wie es hieß, «hohen» Partei- oder Ministeriumskommission abgelehnt. In der Folge davon verlor ich jegliches Interesse an diesen ewig gleichförmigen, langweiligen offiziellen Ausstellungen.

Etwa 1976 verspürte ich das Bedürfnis, mich von der «guten Manier», von der «kulturellen Erbschaft» der Verfahren der französischen Schule zu lösen. Zwischen 1979 und 1983 entstanden die Serien «Räume» und «Übereinstimmungen», welche die Linie früherer Arbeiten fortsetzten, sowie die Reihe «Monumente oder Reanimationen», die an das Erscheinungsbild der sowjetischen Fassaden- und Park-Skulptur anknüpft. In der gleichen Zeit entwickelte ich die Idee des «Endlos-Bildes» bzw. der zusammengesetzten Bilder, von

Einheiten, die aus sechs, neun oder mehr Fragmenten bestehen.

Zwei Einzelausstellungen – in Wilna 1983 und in Moskau 1984 – wurden kurz nach der Eröffnung von den örtlichen Parteiorganisationen geschlossen. 1984 beantragte die Sektion Malerei des Moskauer Künstlerverbandes meinen Ausschluß. Das Verfahren endete für mich mit einer öffentlichen Rüge. Wofür und weshalb weiß ich bis heute nicht.

Seit 1983 arbeite ich an zwei großen Zyklen: «Alef-Bet» (der hebräische Name für Alphabet) und «Lexika». «Alef-Bet» steht für die Welt des Judaismus, «Lexika» für die des Sozialismus. Gefragt, wie denn zwei so grundverschiedene Welten koexistieren können, antworte ich gewöhnlich: «So wie ich lebe, so arbeite ich auch.»
Aus bekannten historischen Gründen hat der Judaismus für seine geistigen Initiativen keine künstlerische Entsprechung hervorgebracht. Dieses kulturelle Vakuum hat mich stets beschäftigt, und ich unternahm den Versuch, es auszufüllen.

Vielleicht kann man mein Darstellungssystem «Alef-Bet» mit einem Uhrwerk vergleichen. Jede einzelne Darstellung, jedes Zeichen entspricht einem Rädchen. Erst alle zusammen setzen den Mechanismus in Bewegung. So entsteht Energie, die die Bilder lebendig macht, den Raum der Leinwand durchdringt, ein magisches Aktivfeld schafft. «Alef-Bet» ist ein System von Bedeutung, dem Geist und der Mentalität des Judaismus verwandt, Ausdruck der Liebe zum lebendigen Gott.

Andererseits erzeugt «Alef-Bet» ein Metasystem von Idealbedeutungen mit seiner Logik, seinen Gesetzen, ein für dieses künstlerische System charakteristisches Spiel, das einzig im gegebenen Bildraum wirksam wird.

Die Schriftzeichen auf den Leinwänden sind ebenso Darstellung wie die Figuren und ihre Accessoires. Sie erläutern das Bild nicht, so wie umgekehrt das Bild den Text nicht illustriert. Die Schrift ist kaum oder nicht zu lesen. Es gibt einen nur sehr indirekten Zusammenhang zwischen Wort und Bild. Der Text steht als Zeichen für fundamentales Wissen und Weisheit und wirkt wie ein Faksimile flüchtiger Notizen.

«Alef-Bet» besteht aus einer Reihe von Figuren, die keine Handlung verbindet. «Alef-Bet» ist kein Theater, eher eine Kollektion. Es sind die Accessoires, welche die Protagonisten kennzeichnen, sie katalogisieren und zu einer Art Lexikon aneinander reihen. Die Accessoires haben nichts zu tun mit der Rolle, die die Figur spielt, oder mit ihrer Tätigkeit. Sie kennzeichnen sie bloß und machen sie zur Chiffre. «Alef-Bet» ist kein Lexikon von Kostümen oder historischen Modellen, sondern ein Lexikon der ideellen Bedeutungen. Also keine Dekoration, kein Bühnenbild, keine Bühne. Das Werk ist auf eine lange meditative Betrachtung angelegt, auf ein «Eintauchen ins Bild».

Wenn Theater, dann ein magisches, wobei der Betrachter das Palimpsest Schicht um Schicht entblättert und dabei die zusätzliche Tiefe und die bekannten Züge hinter der Oberfläche des Spiegels errät.

Grischa Bruskin **147**

Der Schritt aus dem Zyklus **Denkmäler** oder **Reanimation,** 1982. Öl auf Leinwand. 116 × 88 cm.

148 *Grischa Bruskin*

Alef-Bet Nr. 5, 1984. Öl auf Leinwand. 114 × 100 cm.

Grischa Bruskin 149

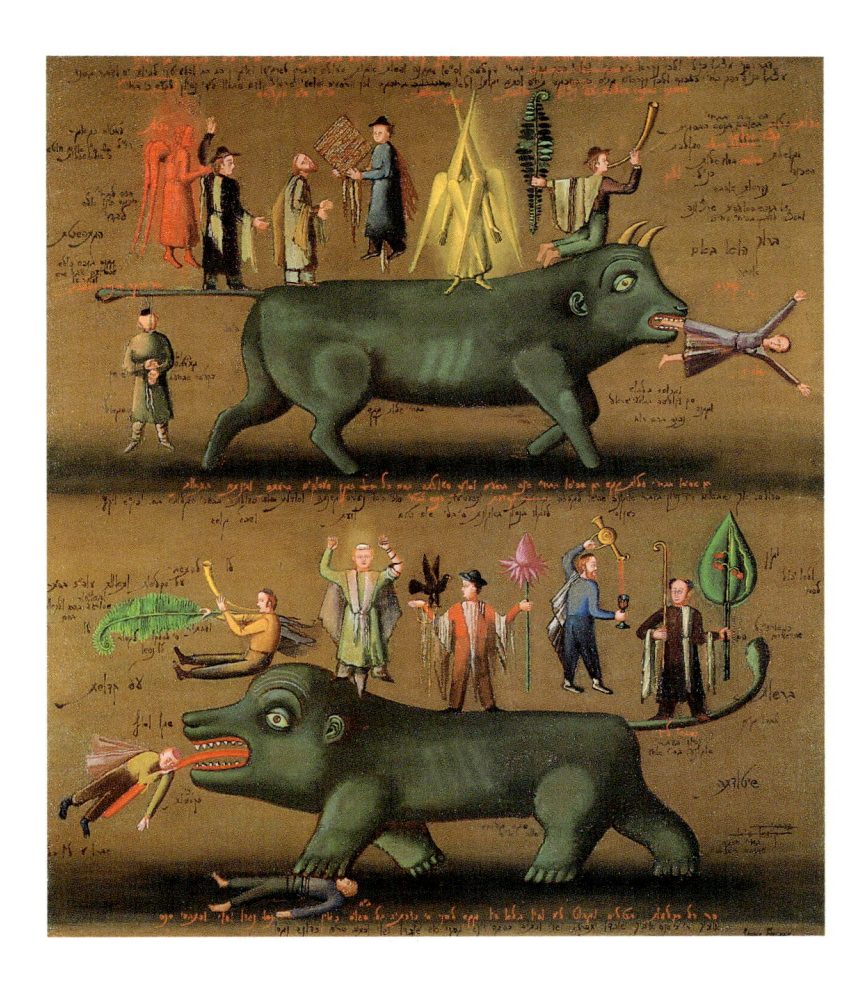

Alef-Bet Nr. 10, 1985. Öl auf Leinwand. 120 × 97 cm.　　　　**Alef-Bet,** 1985. Öl auf Leinwand. 120 × 102 cm.

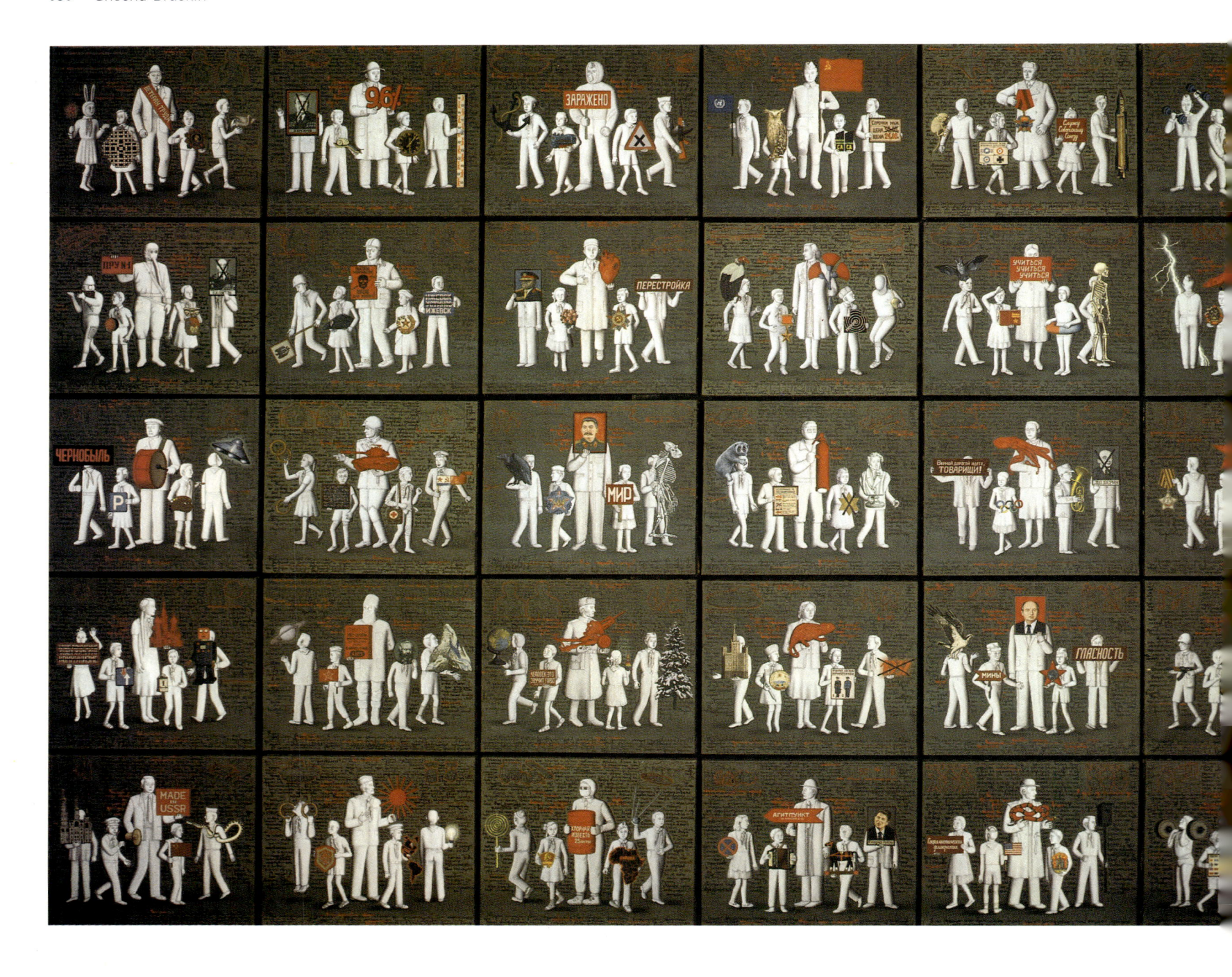

Logien, 1987. Öl auf Leinwand. 242 × 410 cm.

Grischa Bruskin **151**

Logien, 1987. Fragment.

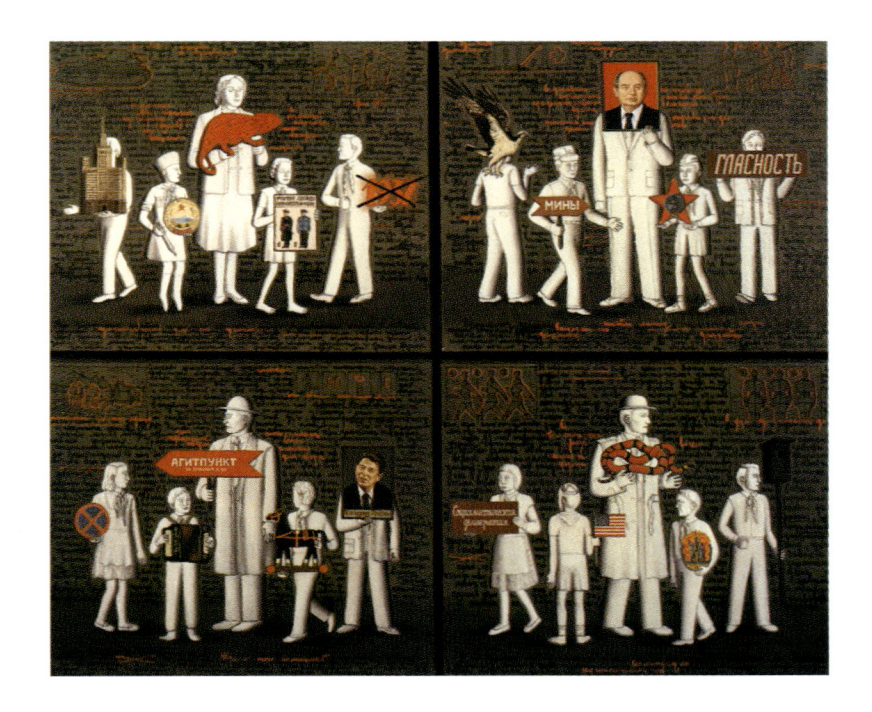

Logien, 1987. Fragment.
«Logien» ist Bruskins jüngstes Werk, von dem bei Erscheinen dieses Buches zwei Versionen existierten. «Logie» will als Bestandteil von Wörtern wie Philologie, Soziologie, Mythologie usw. verstanden werden. Wie bei den judaistischen Bildern Bruskins sind die Texte auf dem Bildhintergrund nicht lesbar. Nur gelegentlich werden einzelne Wörter materialisiert und deutlich, etwa «UdSSR», «Prawda» oder andere. Das Bild zeigt Szenen aus dem Leben der Parteijugend, der «Pioniere», also gibt es in jedem Feld eine Hauptfigur, einen Lehrer oder Führer. Wie auf den judaistischen Bildern sind den Figuren die Accessoires zugeordnet, Symbole und Losungen des Systems. Wo sie durchgestrichen sind, haben sie sich überlebt oder sind zu Tabuthemen geworden wie etwa Chruschtschows damalige Parole «Unsere Generation wird im Kommunismus leben». Auch Menschen sind aus dem Kontext gefallen, Stalins Gefährte Berija beispielsweise, dessen Porträt durchgestrichen wird. Neben den Symbolen des Sozialismus finden auch solche der westlichen Welt Eingang und bringen zusätzliche Bedeutungen ins Bild, die Negation zum Beispiel. So entsteht das Bild der USA als ein Bild des Gegners, mit dem man reden kann.

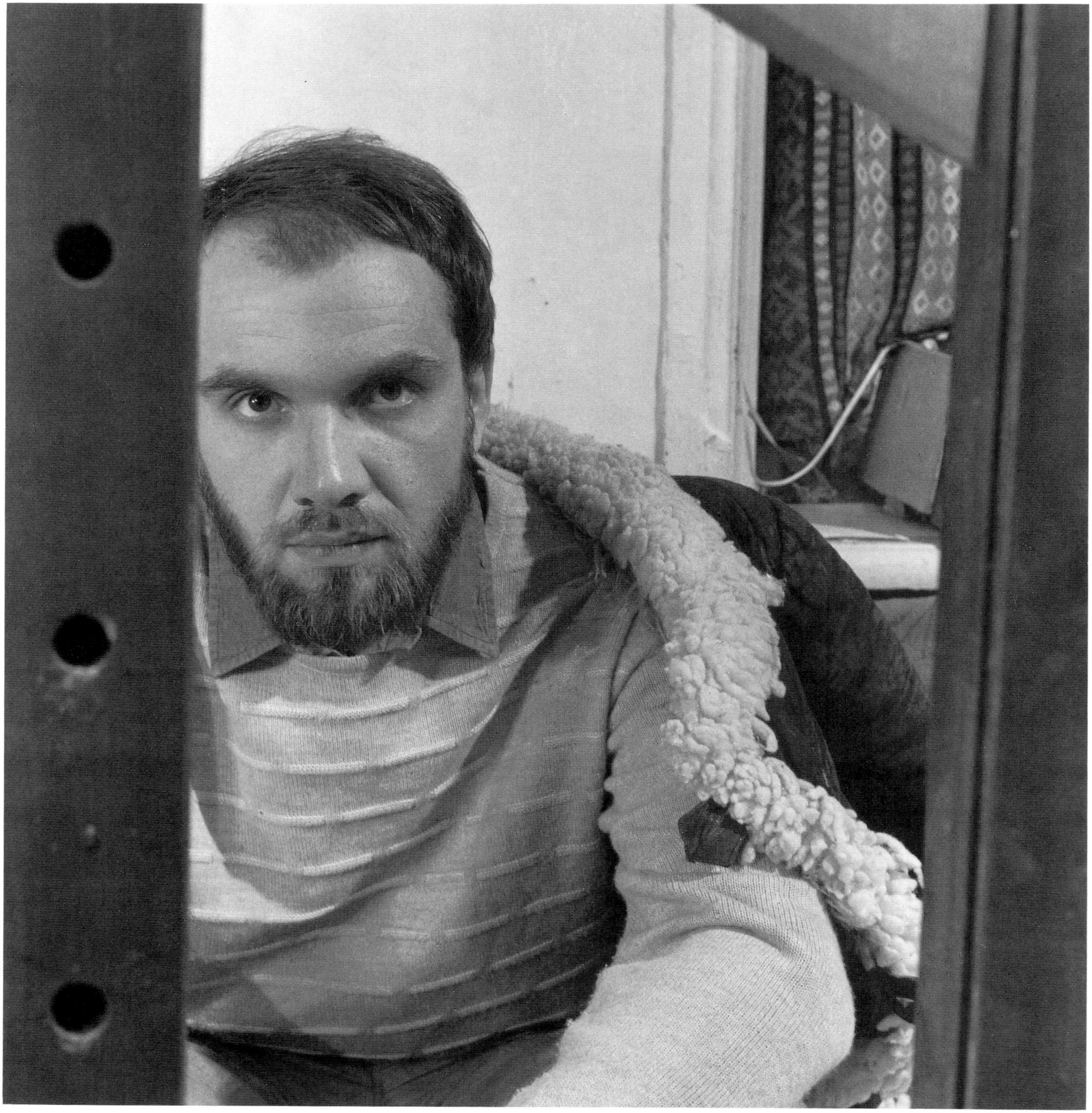

Andrej Filippow

Ich wurde 1959 in Petropawlowsk auf Kamtschatka in der Familie eines Seemanns geboren. Nach dem Erdbeben auf Kamtschatka in jenem Jahr brachte mich Mama aufs Festland.

Als ich dann in Moskau lebte, liebte ich es, Gedichte zu schreiben, stundenlang am Fenster zu stehen und dem Leben auf der Straße zuzuschauen, symphonische Musik zu hören und Dampfschiffe zu zeichnen. Später dann Kindergarten und die Schule Nr. 1, in die Kinder von Diplomaten und anderen Angehörigen der Nomenklatura gingen.

Die Jahre der Entspannung brachten den Zugang zu den Schätzen der westlichen Kunst, mit denen viele nichts anzufangen wußten. Ich nahm die zeitgenössische Kunst des Westens ebenso wie die uns gegenwärtige Kunst der revolutionären Epoche mit Interesse und Neugier auf.

Mein Eintritt ins Institut beim Moskauer Künstlertheater (MChAT) hatte nichts mit Theaterbegeisterung zu tun, sondern lediglich mit meinem Wunsch, eine künstlerische Ausbildung zu erhalten. Dort lernte ich Kostja Zwesdotschotow und die Brüder Mironenko kennen und später auch Sven Gundlach. Unser Protest gegen die Periode der Stagnation, wie man heute die Breschnew-Ära nennt, fand rasch ein Ventil. Wir veranstalteten Happenings, Vorträge über Debré, Che Guevarra, Marcuse und «Bader/Meinhof» und viele andere Unternehmungen, die unseren anarcho-kommunistischen Anschauungen entsprachen. Und wie das so kommt, waren wir bald an dem Punkt angelangt, an dem man sich entscheiden muß: entweder konformistische Biederkeit oder politischer Kampf. Wir wählten die Avantgarde. Die Jungens stellten die Gruppe «Fliegenpilz» auf die Beine, mit der ich mich nicht voll identifizieren konnte. Für mich wurde das Jahr 1982 zum Wendepunkt, als Nikita Aleksejew in seiner Wohnung die Galerie «Aptart» organisierte.

Schließlich fand ich die Sprache, in der ich etwas zu sagen vermochte. Statt «Miru Mir» sagte ich «Rimu Rim»*. Dann kam eine Reihe von Ausstellungen: «Ferne Länder», «‹Aptart› in der Natur», «‹Aptart› hinterm Zaun» usw.

Ich stellte Kilometersteine auf, ohne einen Weg dahin gebaut zu haben. Dann begriff ich: Wer braucht schon einen Kilometerstein in der Steppe. Das Ergebnis dieses Lernprozesses war die Serie «Populus Romanus», in der sich meine kindliche Faszination von der Antike, dem russischen und dem westeuropäischen Klassizismus und meine jugendliche Begeisterung für Archäologie und Ethnographie wie auch für Geschichte und Politik konzentrierte.

1986/87 entstanden der «Club der Avantgarde» und die Gruppe «Ermitage», deren Mitglied ich bin.

Mich beschäftigen die historischen Parallelen in bestimmten Epochen, die immer reich an Assoziationen sind und uns erlauben, einen Zipfel vom Schleier des Geheimnisvollen zu lüften. Einmal sind es die heidnischen Götter, die den Sieg des nächsten Usurpators begrüßen, ein andermal die mittelalterlichen Ritter, die Christus kreuzigen.

Was verbirgt sich hinter den marmorierten Gipsfassaden des russischen Klassizismus, hinter der Tempelarchitektur der Metro-Stationen aus der Stalinzeit, hinter den heidnischen Statuen auf den Schlachtfeldern? Imperiale Ambitionen ebenso wie die Schwarze Messe des Tyrannen für die getöteten Opfer und Heidentum, das aus der Tiefe der Jahrhunderte bis in unser heutiges Bewußtsein wirkt, so wie aus den Rissen der Erdkruste das Vergangene hervorkriecht, ein neues Pompei und Herkulaneum unter sich begräbt und versteinert. Diese erkaltende Masse wollte ich mit den Mitteln der Kunst fixieren, ob als Ölbild, Objekt oder Environment war mir dabei unwichtig.

Ost und West als Adler mit zwei Köpfen, der seine Schwingen über den Erdkreis breitet – Yin und Yang der Weltordnung –, Symbol für die Seele des Tyrannen, die seinem Mund entflieht, und des Opfers auf dem Tisch der Auguren, aus dessen Eingeweiden sie die Zukunft lesen. Verblüfft, ja erschüttert von diesem Bild schuf ich den Zyklus «Populus Romanus», Arbeiten, die kein Exkurs in die Ethnographie oder die Geschichte sind, sondern vielmehr die uns in historisch-ethnographischen Assoziationen vorgegebene objektive Wirklichkeit. Als Epigraph kann über diesen Bildern stehen, was nach dem Untergang von Byzanz ein Mönch zu Zar Iwan III. sagte: «Moskau – ist das dritte Rom. Ein viertes darf es nicht geben!»

* «Miru Mir», wörtlich «Der Welt – Frieden», ist ein Propaganda-Slogan, Rim das russische Wort für Rom, Rimu der Dativ davon. Also «Dem Rom – Rom».

Andrej Filippow **155**

Auspizien, 1986. Email auf Hartfaserplatte. 120 × 70 cm.

Der Heide, 1987. Öl auf Leinwand. 150 × 100 cm.

156 *Andrej Filippow*

Forum Romanum, 1986. Email auf Hartfaserplatte. 100 × 70 cm.

Wehe den Besiegten, 1987. Öl auf Leinwand. 220 × 65 cm.

Tod des Tyrannen, 1987. Öl auf Leinwand. 100 × 100 cm.

158 *Andrej Filippow*

Ein schrecklicher Traum, 1985. Email auf Hartfaserplatte. 100 × 70 cm.

Andrej Filippow **159**

Leichenzug, 1986. Email auf Hartfaserplatte. 120 × 80 cm.

ТЕЛЕФОН

Sven Gundlach

Wenn ein Untersuchungsrichter nach einem Kriminellen fahndet, hat er es in der Regel lieber mit einem Wiederholungstäter zu tun, weil er dessen Verhaltensmuster kennt. Das Verhalten eines Dilettanten hingegen ist nicht bekannt und nicht berechenbar. In einem tieferen Sinn sind wir alle solche Dilettanten, da wir nun einmal leben, und wohl nur der allerhöchste Richter kann die Logik unseres Wirkens in unserem Erdendasein ergründen. Mehrdeutigkeit wohnt wohl dem Urgrund des Weltalls inne. Wenn es so ist, daß irgendein hundsgemeines Elementarteilchen gleichzeitig zwei sich gegenseitig ausschließende Eigenschaften besitzt, was kann man dann von den Menschen sagen?

Ich wurde 1959 als Sohn eines Esten und einer Armenierin in Moskau geboren; meiner Sprache und Kultur nach bin ich Russe. Im Raum zwischen dem Angeborenen und dem Angeeigneten schwimmend, gewann ich bald die Überzeugung, daß es weder Schemata noch Instruktionen gibt, die mir mich selbst und meine Umwelt erklären können. Wohl gerade darum begann ich, mich mit der Kunst zu befassen. Nach einer kurzen Lehrzeit an der Fakultät für Buchgraphik am Moskauer Polygraphischen Institut verstand ich, dass die traditionelle kanonische Kunst zwar für jede Kultur unverzichtbar ist, für mich aber ungeeignet, und daß ich andere Wege, andere Formen finden müßte, um meine Empfindungen auszudrücken.

Ich lief von zu Hause weg und trieb mich eine Zeitlang recht planlos im Lande herum, aß, wo sich etwas fand, und nächtigte, wo es sich ergab. Als ich zurückkehrte, hatte ich das Glück, unerwartet Gleichgesinnte zu treffen, einen Kreis von Künstlern, eine kleine, damals noch kaum sichtbare Subkultur, die mir half, mich zu entwickeln.

Mir gefiel die klare Sprache der Performance, der künstlerischen Aktion, und als ich mit meinen Freunden Ende der 70er Jahre die Gruppe «Fliegenpilz» gründete, begann ich aktiv am Leben dessen teilzunehmen, was man die «inoffizielle sowjetische Kunst» zu nennen pflegt.

Anfang der 80er Jahre dann fühlte ich mich wieder mehr zur materiellen Verwirklichung meiner eigenen Ideen, zur individuellen Arbeit hingezogen. Bilder und Graphikserien entstanden. Die Faktur des Bildes begann mich zu beschäftigen. (Die strenge Struktur der postkonzeptuellen Schule hat die Bewegung eingeengt wie eine Uniform.) In dieser Zeit nahm ich an vielen inoffiziellen und privaten Ausstellungen teil und auch an Veranstaltungen im Künstlerhaus am Kusnezkij Most, wo wir über Probleme der die Grenzen der orthodoxen Kunstdoktrin sprengenden Gegenwartskunst diskutierten.

Ich versuchte mich in vielen Gattungen und Stilrichtungen, aber Hauptsache blieb für mich immer, mit allen mir zugänglichen Mitteln die ungeheure Vielfalt der Typen des Bewußtseins und der Arten von Wirklichkeitswahrnehmung wiederzugeben. In großformatigen Arbeiten, Zyklen und Serien, bemühte ich mich, absolut unterschiedliche Gattungseinheiten in einer gemeinsamen Idee zu vereinen.

Meine letzten Arbeiten aus den Jahren 1986/87 sind den Themen Natur und Erziehung gewidmet, dem Zusammenprall des unbefangenen Sehens mit den Gesetzmäßigkeiten der Kunst, zwischen dem, was man denkt und was man sagt, was man will und was man kann. Dazu gehören die expressionistische Zeichnung, in der ich jeden Pinselstrich mit der «Linie der Reflexion» umreiße, meine Beschäftigung mit der Kultur der Firmenlabel und der Stilistik des Bauplatzes sowie die Einführung von Zeichnungen Dritter, zum Beispiel meiner Frau (Collage der 2. Ordnung), in das eigentliche Bild.

Aber alles in allem und überhaupt bin ich solchermaßen verzaubert von der Willkür des Schöpfers der Wandlungen, so sehr erstaunt über die Wirklichkeit, in der vollkommen reale Dinge, Produkte der Phantasie und in verschiedenem Grade transzendentale Erscheinungen unterschiedslos nebeneinander existieren, daß ich – wenn ich nun die Fakultät für Kunsttheorie und Kunstgeschichte des Repin-Institutes abschließe und mich in der Kulturwissenschaft spezialisiere – gestehen muß, die Vorgänge der letzten paar Jahrtausende immer weniger zu verstehen. Dennoch meine ich, daß gerade diese «Polyrealität» das einzig produktive Medium für die Arbeit des Künstlers ist.

Sven Gundlach

Puschkins Märchen aus der Serie **Reflexionen zum Thema Expressionismus**, 1986. Acryl und Tempera auf Leinwand. 160 × 120 cm.

164 *Sven Gundlach*

Wirrwarr aus der Serie **Reflexionen zum Thema Expressionismus,** 1987. Acryl und Tempera auf Sperrholz. 122 × 200 cm.

Sven Gundlach **165**

Zahnpasta aus der Serie **Reflexionen zum Thema Expressionismus,** 1987. Acryl und Tempera auf Sperrholz. 122 × 200 cm.

166 *Sven Gundlach*

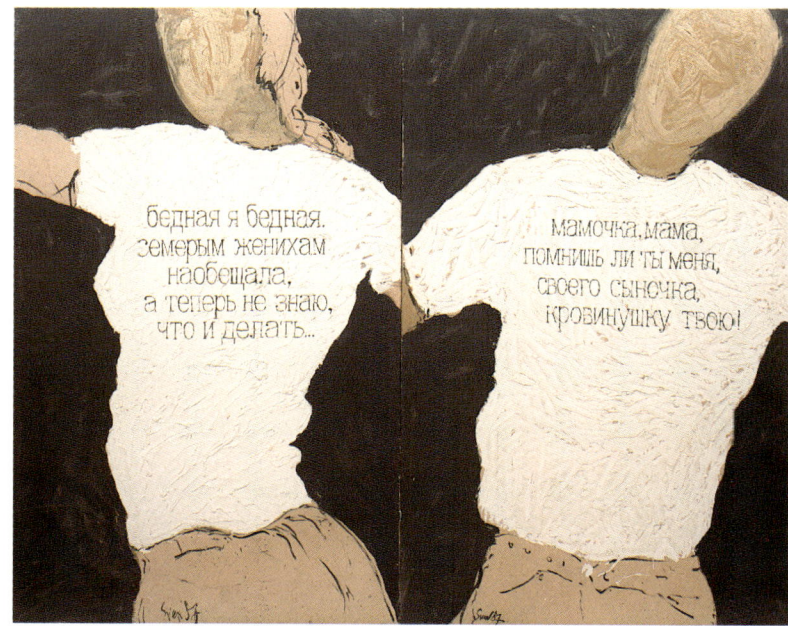

Die Schöne, 1987. Acryl und Tempera auf Sperrholz. 122 × 200 cm.
Die Figur rechts hat Gundlach in der Manier gemalt, wie ein Mädchen sie malen würde. Mädchen, sagt er, zeichnen ja gern schöne Frauen. Die Figur links hat Gundlachs Frau ins Bild eingebracht, und zwar so, wie sie als Kind zeichnete.

T-Shirt, 1987. Tempera, Zementleim, Sperrholz. 244 × 200 cm. *In der Sowjetunion tragen junge Leute mit Vorliebe T-Shirts westlicher Herkunft mit Aufschriften in fremden Sprachen, die sie oft nicht lesen können. Die Aufschriften auf Gundlachs T-Shirts sind lyrische Klagen intimen Charakters. «Weh mir. Sieben Männern hab ich mich versprochen. Jetzt weiß ich nicht, was tun...» (links) «Mamilein, Mama, kennst du mich noch, dein Söhnchen, dein Blutströpfchen!» (rechts).*

Sven Gundlach

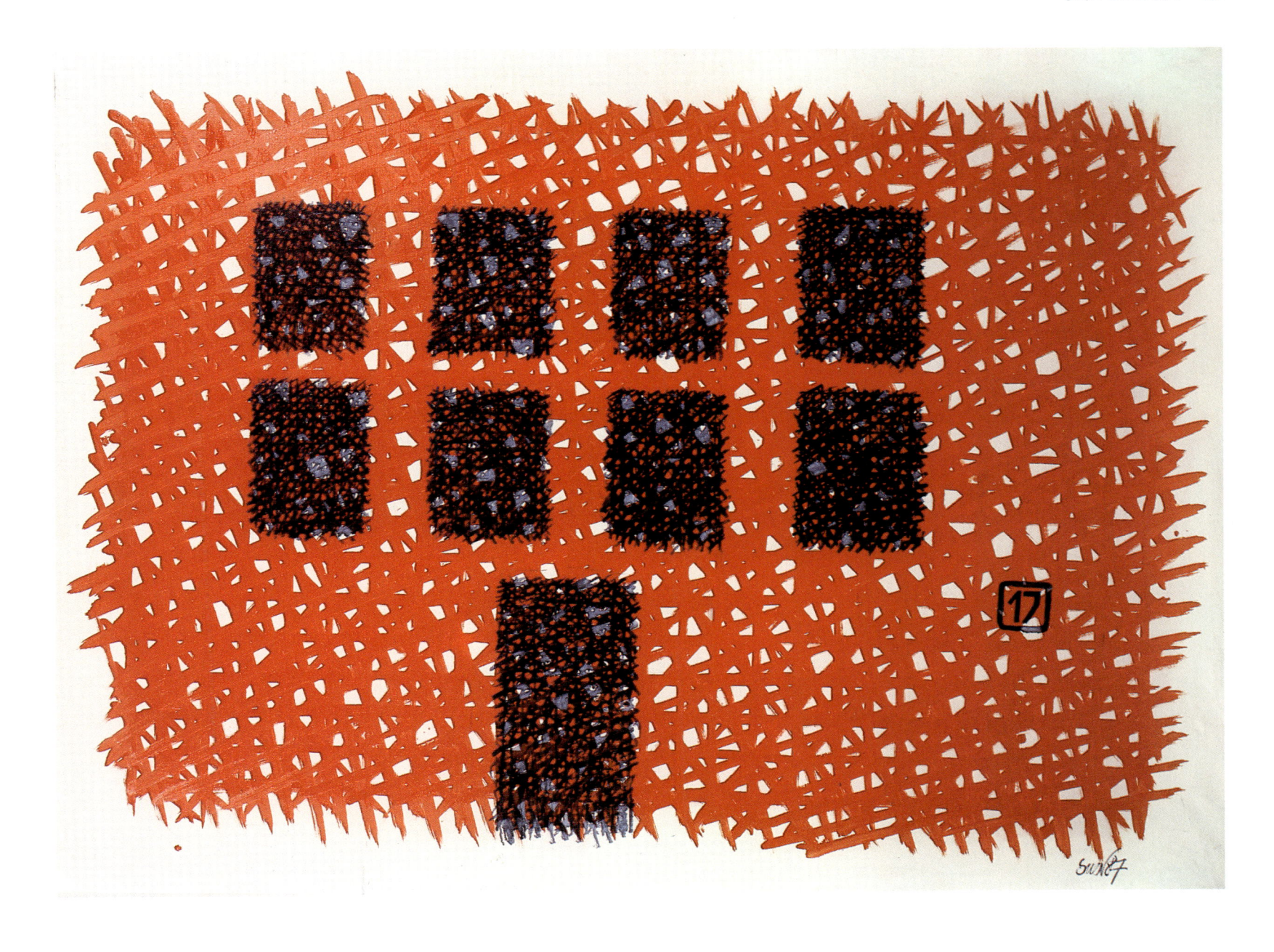

Staatliches Gebäude, 1987. Öl auf Leinwand. 150 × 200 cm.

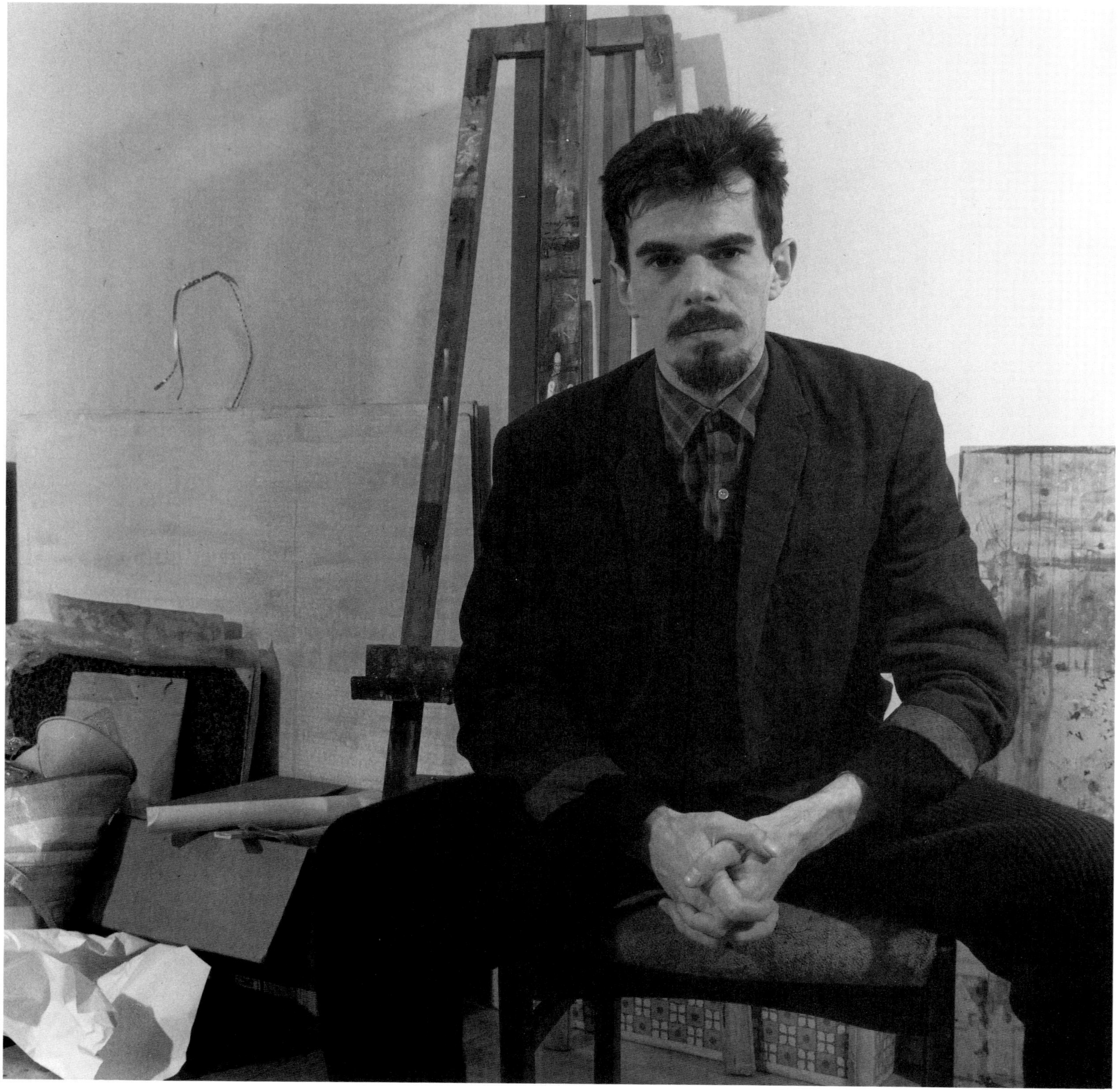

Nikolaj Owtschinnikow

*I*ch bin am 3. September 1958 in Moskau an der Tschaikowskij-Straße in einer jüdisch-russischen Familie geboren. Mein Vater stammt aus dem Ural, aus der Stadt Kassli, die für ihre Skulpturen aus Gußeisen bekannt ist. In seiner Jugend arbeitete er in einer Gießerei, aber sein Wissensdurst führte ihn dann zunächst an die physikalische Fakultät der Ural-Universität und später zum Philosophiestudium nach Moskau.

Noch in der Schulzeit besuchte ich den Bildhauer-Zirkel im Haus der Pioniere, in dem damals Boris Orlow unterrichtete. Nach Abschluß der Mittelschule trat ich 1974 in das Kunstinstitut ein, dessen Namen an die Revolution des Jahres 1905 erinnert. Dort lernte ich vier Jahre lang in der Theaterklasse der Professorin Sselwinskaja.

Vier Jahre später beendete ich mein Studium mit einigen Kenntnissen von Theorie und Praxis der Bühnenbildnerei und reiste, neunzehnjährig, nach Südsibirien, um dort am Theater von Gorno-Altajsk zu arbeiten. 1979 kehrte ich nach Moskau zurück. Ich illustrierte Bücher und Zeitschriften und war auch weiterhin sporadisch als Bühnenbildner in Moskau, Krasnojarsk, Pskow und anderen Städten tätig.

1980 trat ich der Vereinigung junger Künstler in der Moskauer Sektion für Bühne und Film des Künstlerverbandes bei. Damals begann ich zu malen. In einer Ausstellung des «Clubs der Bildhauer» an der Scheltowskij-Straße veranstaltete ich eine Performance, die ich «Turm des Himmels» nannte. Ich stellte ein Objekt aus, das aus einem aufgestellten Holzscheit bestand, in dem eine Axt steckte. Die Spitze des Holzscheits und das Blatt der Axt hatte ich mit gelber Farbe angestrichen. Die Aktion bestand dann darin, daß ich an das Objekt herantrat und das Holzscheit mit der Axt in Stücke hackte. Die Überreste dieses Objektes nahm L. Talotschkin in seine Sammlung auf.

Zwischen 1982 und 1986 nahm ich an fast allen Ausstellungen teil, an denen Moskauer Künstler ihre neuen Arbeiten vorstellten. Diese waren oft nur einen einzigen Tag geöffnet. Dann kam die bewegte Ausstellungssaison 1986/87, an der ich mit den Sparten Graphik, Malerei und Bühnenkunst vertreten war. Ich verspürte eine gewisse Ermüdung und Übersättigung mit der Ästhetik des Expressionismus und der «Figuration libre», von der mir schien, daß sie die komplizierten Probleme der Kunst nicht mehr zu lösen vermochte. Also stellte ich in einer folgenden Ausstellung mein Bild «Das Essen ist serviert» aus, das ich als Übergangsstadium von der visuellen Expression zur komplexeren Raumorganisation eines Kunstobjektes betrachte.

Für die Kultur des Territoriums, das heute Sowjetunion heißt, existiert der Mensch wie in einem Raum, der zwischen seiner persönlichen alltäglichen Lebenserfahrung liegt, und einer ungeheuren mystisch-ideologischen Welt, die ebenso absolute Wirklichkeit zu sein scheint wie sein eigenes privates Leben. Zwischen beiden Polen entsteht ein Feld, das ich mit den Mitteln der Kunst zu beackern versuche.

In meinen Arbeiten aus den Jahren 1985–1987, auf die ich Ihre Aufmerksamkeit lenke, habe ich mich bemüht, jenen Raum zu erfassen, der zwischen der Herstellung eines Bildes (als einer Reflexion des Autors) sowie dem Sujet (als einer wichtigen Komponente des Bildes, die in den Bereich der zeitgenössischen Stadtfolklore, einer mündlichen Überlieferung oder einer Anekdote verweist) einerseits und dem Bild als einem Objekt der Kunst und des Lebens andererseits entsteht. Dazu benutze ich die Verknüpfung des Ikonographischen, des Monumentalen der Zeichen und der Absolutheit der Darstellung, die für das – im Gegensatz zum zentrifugalen, pluralistischen Prinzip der europäischen Kultur – zentripetale, hierarchische Prinzip der russisch-sowjetischen Kultur charakteristisch sind, mit der Nebensächlichkeit und Anekdotenhaftigkeit des Sujets.

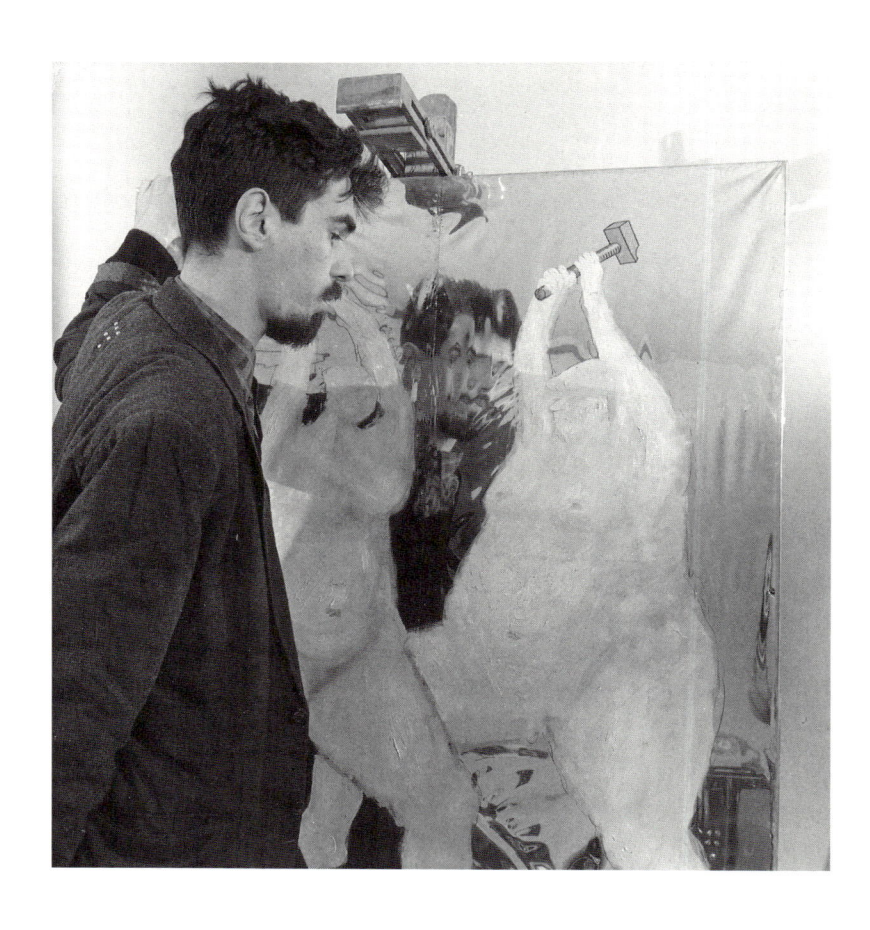

Ich lasse mir von Stil oder Gattung keine Beschränkungen auferlegen. Das künstlerische Spannungsfeld, das ich erzielen will, entsteht unabhängig vom Sujet und von der Darstellungsart.

Weil ich die Fläche des Bildes als einen begrenzten Raum begreife, als eine von Kulissen, Schnürboden und Versatzstücken eingegrenzte Bühne, will ich in die Tiefe der Bühne eindringen. Dabei lasse ich mich vom Kräftespiel der Figuren untereinander leiten, von der Wechselwirkung zwischen den Personen und dem Ort der Handlung, der Situation, der Bühne, dem Publikum im Saal, der Straße, an der das Theater steht, den zufälligen Passanten, die vorbeigehen, den Kolchosbauern vor allem, die ihre Kartoffeln in die Stadt bringen und dann zu Hause erzählen: «In der Stadt, im Zoo hab' ich ein Tier gesehen, ein Riesenvieh mit Riesenpfoten. Mit dem Schwanz fängt es Brötchen und steckt sie in den Arsch. Kopf hat es keinen. Braucht es auch nicht.»

Stereo, 1986. Tempera auf Karton. 200 × 125 cm.

Nikolaj Owtschinnikow

Taufe nach dem Ritus der russisch-orthodoxen Kirche, 1986. Tempera auf Karton. 200 × 125 cm. *Ein autobiographisches Bild, sagt Owtschinnikow und fordert den Betrachter auf, das «gelbe Zeug» zu beachten.*

172 *Nikolaj Owtschinnikow*

Antlitz der Großstadt, 1985. Papier, Mischtechnik. 180 × 150 cm. *Das Gesicht Moskaus, auf den Stadtplan gemalt.*

Nikolaj Owtschinnikow **173**

Neuer Romantiker, 1985. Papier, Mischtechnik. 200 × 180 cm.

Das Essen ist serviert, 1986. Tempera auf Holzplatte. 250 × 175 cm. *Die Schrift im rechten oberen Bildrand ist mit dem Bildtitel identisch.*

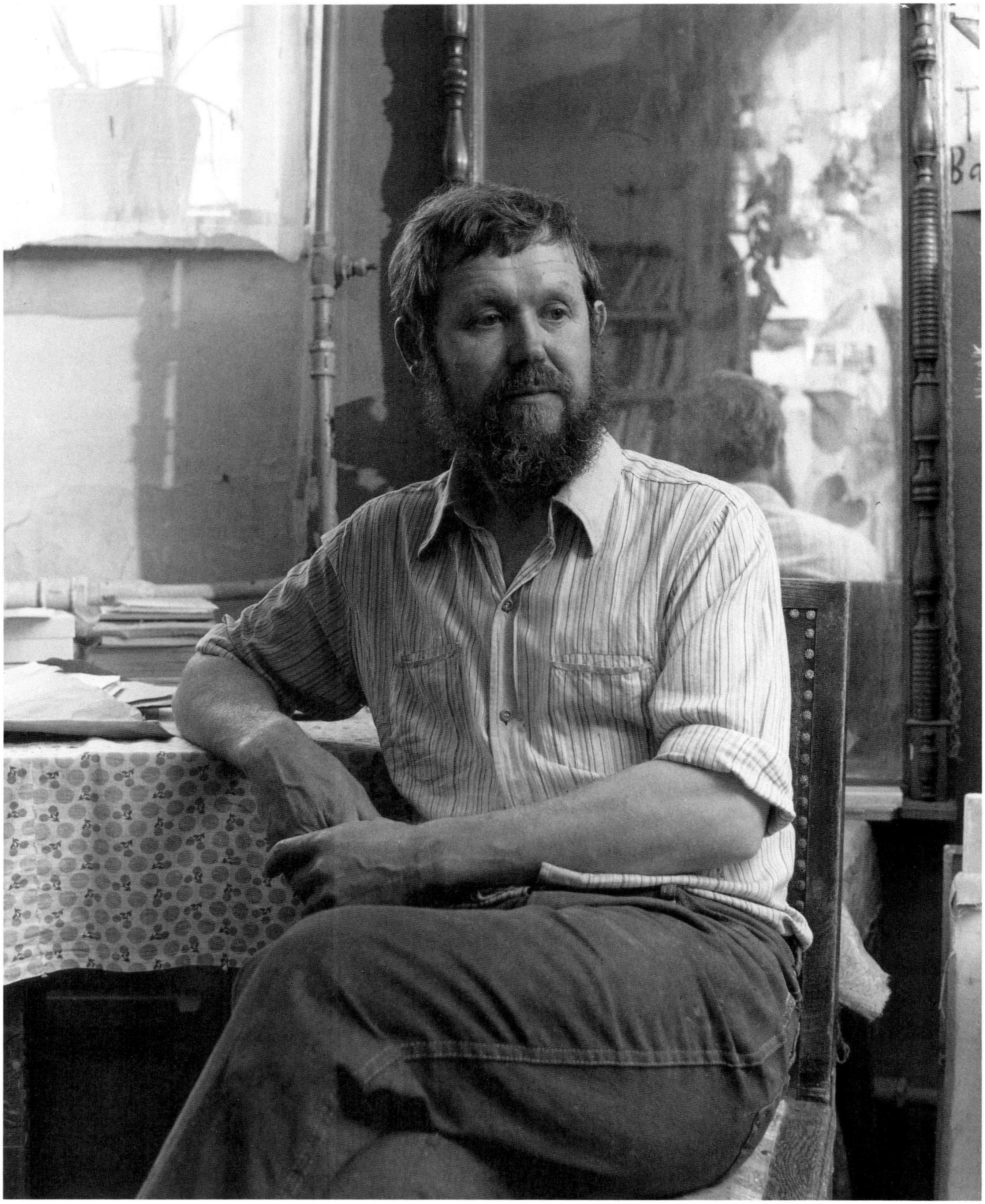

Arkadij Petrow

*I*ch bin in der Grube geboren. 1940. Stalinsk-Gebiet (heute heißt es Donezk-Gebiet), Station Nikitowka, Grube «Komsomolez», Leninstraße – das war meine Adresse bis zu meinem siebzehnten Lebensjahr. Es gab viele Gruben dort. Die hießen «19–20», «Kesselhaus», «5–bis», oder «Maria». Dazu Bierkneipen, Stehkneipen, Fusel, Selbstgebrannter. Staub, Dreck und besoffene Bauern. Harte Kriegszeit, hungrige Nachkriegszeit. Wenig Grün. Hinter dem Gebietsparteikomitee begann das Glasscherbenviertel: graue Häuser, graue Zäune, Schuppen. Wir lebten in großen Gemeinschaftshäusern, die wir Kasernen nannten. Die Straße vor der Kaserne wurde mit dem Besen gefegt.

Tiefe Provinz, weder Dorf noch Stadt, eben eine Grubensiedlung, die alle möglichen Menschen bevölkerten: Bauern und Intelligenzja, Armenier und Zigeuner, Diebe und andere. Sie stahlen und betrogen, arbeiteten ehrlich oder weniger ehrlich. Es war ein Leben mit allen Nuancen.

Mittelpunkt der Siedlung war das Kulturzentrum, ein Ort der Begegnung, und der Markt, wo auch in der schwersten Zeit stets Festtagsstimmung herrschte, echter Festtag. Vor dem Eingang saß in jedem Fall ein blinder Bajanspieler mit einer Blechbüchse für die Münzen und herzzerreißenden Liedern. Und darum herum die Menge. Auch der Taubstumme mit den kolorierten Photographien fehlte nicht. Die zeigten Stalin, Schönheiten hochgeschlossen und dekolletiert, malerische Winkel und ein bißchen Pornographie, alles bunt durcheinander. Armenische Schuhputzer dutzendweise. Dazu Lachen, Weinen, Streit und Umarmung. Es war der kurioseste Ort auf der Welt, wo es immer ehrlich zu- und herging, auch wenn man dich über den Löffel balbierte.

Und dann gab es da noch einen Park, eingeklemmt zwischen zwei Gruben. Der war, keiner weiß warum, sehr grün und immer voller Blumen. In der Parkmitte ein Denkmal, ein grauer Kumpel, den Abbauhammer geschultert. Er stand mitten zwischen hochstieligen, ungewöhnlichen Rosen. Aufgestellt hatte man ihn nach dem Grubenunfall 1937. Damals war ein Förderkorb abgestürzt. Einige Dutzend Kumpel kamen ums Leben, darunter auch mein Großvater. Es hieß, es sei Sabotage gewesen.

Der Flieder blühte, die Rosen dufteten, die Pappeln schimmerten silbern. Hier eine Bierkneipe und daneben ein Springbrunnen. Natürlich kein echter, bloß eine Attrappe.

Wenn auf der Tanzfläche die Blaskapelle aufspielte, dann stockte, ich weiß nicht warum, der Herzschlag. Von irgendwoher duftete es nach Veilchen. Freudig und traurig, bange, die Frauen anzublicken. Die waren alle wunderschön und anziehend.

Und am anderen Tag gehst du in den Park und suchst im Gras, ob einer einen Rubel oder ein paar Kopeken verloren hat. Wir hatten Hunger. War es gestern, oder ist es schon lange her?

Ich bin ein Kind der 50er Jahre, aus der Stalin-Zeit.

«Böses Schicksal kann uns trennen,
Unsere Liebe endet nicht.
Auch wenn wir uns lang nicht sehen,
sind wir uns im Herzen nah.»

Poesiealbenverse, Postkartenkitsch, schöne Frauen, Schwäne, Schlösser, das Meer, Kunstblumenarrangements auf kolorierten Photos, kurzum: ein Sortiment paradiesischer Reize, das sind die Themen meiner Bilder.

«Möchten Sie Ihren Hut auffrischen?»
«Leute, macht Gebrauch von den Sparkassen. Es winken Gewinne bis zu 10 000 Rubel!»
«Erholen Sie sich in den Heilstätten der Krim.»
«Achten Sie auf Ihr Reisegepäck!»
«Eltern, laßt eure Kinder nicht auf Baustellen spielen!»

Attrappen in den Vitrinen der Kaufhäuser wie bei uns gibt es nirgendwo in der Welt. Die sind wie mit der Axt gehauen.

Mit Ölfarbe lackiert. Erstarrte Masken. Dramen. Kunstwerke.

«Den Rasen nicht betreten!»

Im Park für Kultur und Erholung die Tanzfläche. Begegnungsstätte für die Alten. 30 Kopeken Eintritt. Die Blasmusik spielt den Donauwellen-Walzer. Alle sind sehr fröhlich und sehr traurig. Gelbe Blätter grünen nicht mehr.

In der «Ausstellung der Errungenschaften der UdSSR» blühen Tulpen und Stiefmütterchen. Sehr modisch heuer der geblümte Tüll. Auf dem Kalinin-Prospekt flaniert Marilyn Monroe. Papierchen von billigen Bonbons.

«Gebackene Teigtaschen mit Fleischfüllung – 10 Kopeken.»

Die Schaufensterpuppen, warum wohl, gar nicht fröhlich. Die Architektur der Stalinzeit ist wärmer als die heutige. Auf dem Rummelplatz dreht sich das Karussell. Am Schießstand ballern sie.

«Kauft Kiewer Koteletts!»
«Überquert die Straße nur bei Grün!»

Ein weißer Pionier mit Trompete auf einem weißen Sockel. Eine Riesenvase mit Papierblumen. Verliebte küssen sich. Der Grenzsoldat mit dem Hund zum Sprung bereit.

«Beim Hinausgehen Licht löschen!»

«Kauft aufblasbare Uhren. Preis 2 Rubel 30 Kopeken.»

Arkadij Petrow

Die Schönheit, 1983. Öl auf Leinwand. 140 × 180 cm.

Gruß aus Sotschi, 1983. Öl auf Leinwand. 120 × 150 cm. *Das Gruppenbild vom Urlaub im Kurort Sotschi am Schwarzen Meer ist für Arkadij Petrow Abbild einer ganzen Epoche, seiner Jugend in den 50er Jahren, in der Stalin-Zeit. Thematisch verwandt damit sind «Das Urlaubsphoto», «Festtagsgruß» und «Der Knabe».*

Arkadij Petrow **179**

Der Knabe, 1986. Öl auf Leinwand. 120 × 120 cm.

Das Urlaubsphoto, 1984. Öl auf Leinwand. 140 × 180 cm.

180 *Arkadij Petrow*

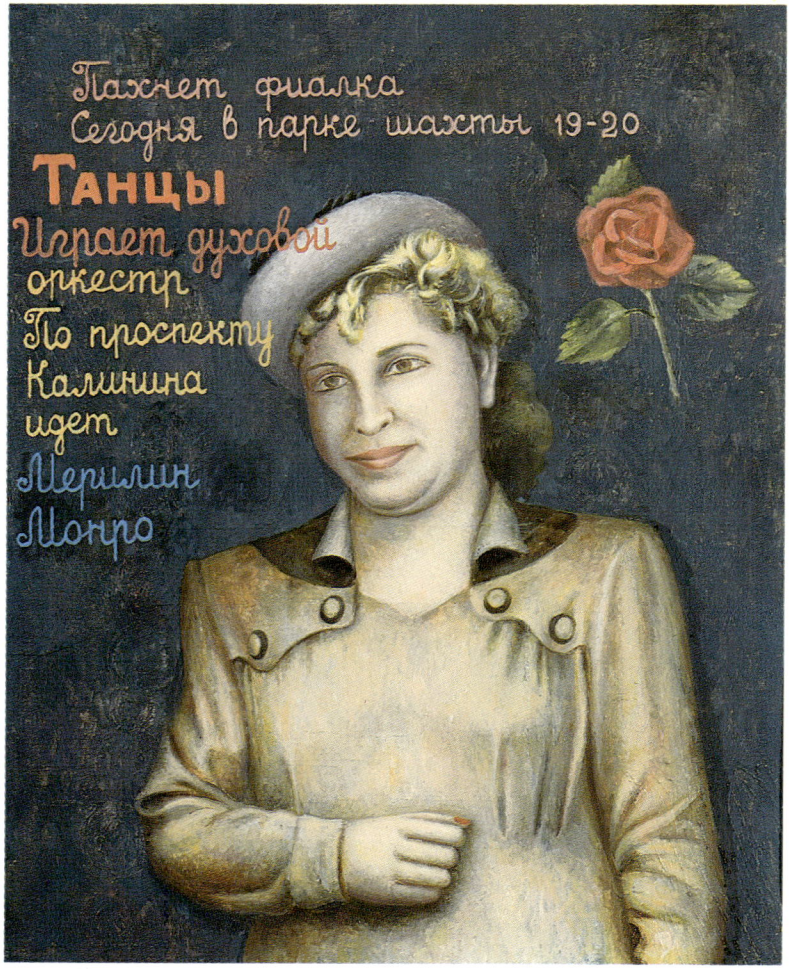

Festtagsgruß, 1985. Öl auf Leinwand. 140 × 160 cm.

Veilchen duften, 1982. Öl auf Leinwand. 70 × 90 cm. *Das Bild wird von Texten aus den 50er und 80er Jahren begleitet. Sie lauten von oben nach unten: «Veilchen duften – Heute von 19–20 Uhr im Park der (Kohlen-)Grube Tanz – Das Blasorchester spielt auf – Auf dem (Moskauer) Kalinin-Prospekt spaziert Marilyn Monroe».*

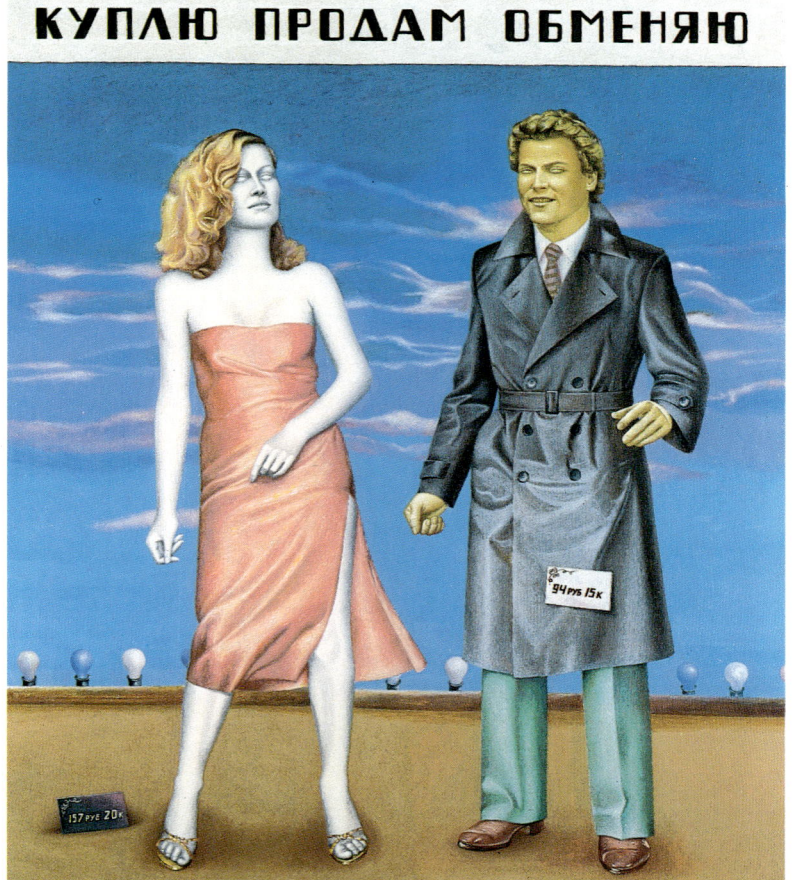

Arkadij Petrow **181**

Schuhreparatur, 1987. Öl auf Leinwand. 38 x 54 cm. *Das Supermädchen aus der Kitschzeitschrift und die Reklametafel «Schuhreparatur» sind für Petrow sowohl Jugenderinnerung wie Gegenwart und haben in seinem Bild symbolische Bedeutung. Der Text fährt fort: «Kinder, geht spielen! – Aufblasbare Uhren für 2 Rubel 30 – Modern in der Wohnung».*

Kaufe, verkaufe, tausche, 1987. Öl auf Leinwand. 130 x 170 cm.

Der Weg in die Kunst ist nicht leicht. Nur die tägliche konzentrierte Arbeit führt dazu, daß wir die Geheimnisse der Schönheit erfassen. Das Studium der Natur und das Sammeln des Materials gehen dem Bild voraus. Endlose Entwürfe und Etüden, Etüden und Entwürfe. Ich achte sehr auf die Zeichnung. Ich weiß, sie ist die Grundlage der realistischen Kunst. Aber noch wichtiger ist die Farbe. Ich liebe die grellen Farben meiner Stadt: Rot, Gelb, Grün. Dem Auge vertraute, dem Herzen liebe Straßen, Häuser, Läden, wie von Zauberhand mit allen Farben des Regenbogens bemalt. Es ist die Farbe, die mir zu besonderer Ausdruckskraft in meinen Bildern verhilft.

Ich beginne zu malen, und mein Herz erfüllt sich mit Liebe. Auf der jungfräulichen Fläche der weißen Leinwand erscheinen die ersten Striche. Die Seele singt. Ich arbeite mit Sorgfalt. Wie viele glückliche Stunden habe ich vor der Staffelei verbracht. Wie viele schlaflose Nächte.

Ich bin stolz auf meinen Beruf als Künstler. Ich weiß, daß die Kunst den Menschen Freude bereitet. Das Schöne macht sie edel. Den Menschen Freude und Schönheit zu bringen ist die wichtigste Aufgabe und das verborgene Ziel meiner nicht ganz einfachen Arbeit.

* Anm. ZSKA = Zentraler Sportclub der Streitkräfte

Andrej Rojter **185**

Das Lächeln des Kochs, 1986. Öl auf Leinwand. 150 × 150 cm. *Rojter: Ein Versuch, die Abbildung eines Kochs von einer Kochsalzschachtel in die Kategorie der Malerei zu überführen.*

186 *Andrej Rojter*

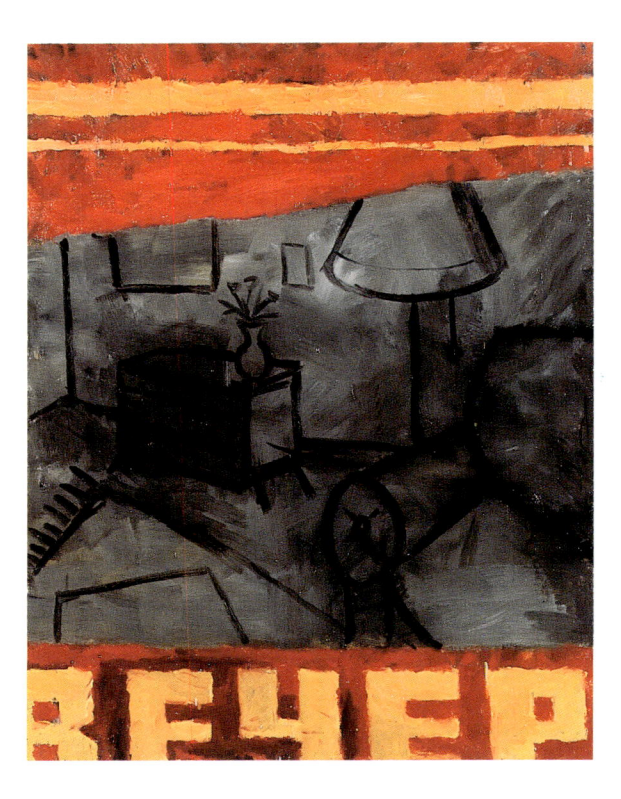

Mischka, das Maskottchen der Olympischen Spiele, 1987. Öl auf Leinwand. 150 × 120 cm.

Abend, 1987. Öl auf Leinwand. 150 × 120 cm. *Rojter: Die Verbindung zweier Darstellungsformen, der Illustration mit Elementen der sowjetischen Plakatmalerei.*

Lächeln, 1987. Öl auf Leinwand. 240 × 150 cm.

Lächeln Nr. 2, 1987. Öl auf Leinwand. 240 × 150 cm.

Andrej Rojter

Schule, 1987. Öl auf Leinwand. 150 × 120 cm. *Nature morte aus der Kunstschule für Kinder (Schrift am oberen Bildrand) im Stil und in den Farben der sowjetischen Plakatmalerei, hier einer Reklame für Pepsi Cola.*

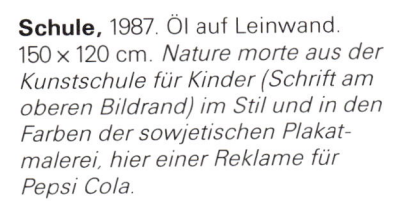

Wissen ist Macht, 1987. Öl auf Leinwand. 100 × 70 cm.

Ornament Nr. 1, 1987. Öl auf Leinwand. 150 × 120 cm.

Ornament Nr. 2, 1987. Öl auf Leinwand. 150 × 120 cm. *Wie in den meisten seiner Bilder verwendet Andrej Rojter auch in «Lächeln» und «Ornament» Stilelemente und Farben der sowjetischen Plakatmalerei und verbindet sie mit primitiven Ornamenten, wie sie für Tapeten, Möbel-, Vorhangstoffe typisch sind.*

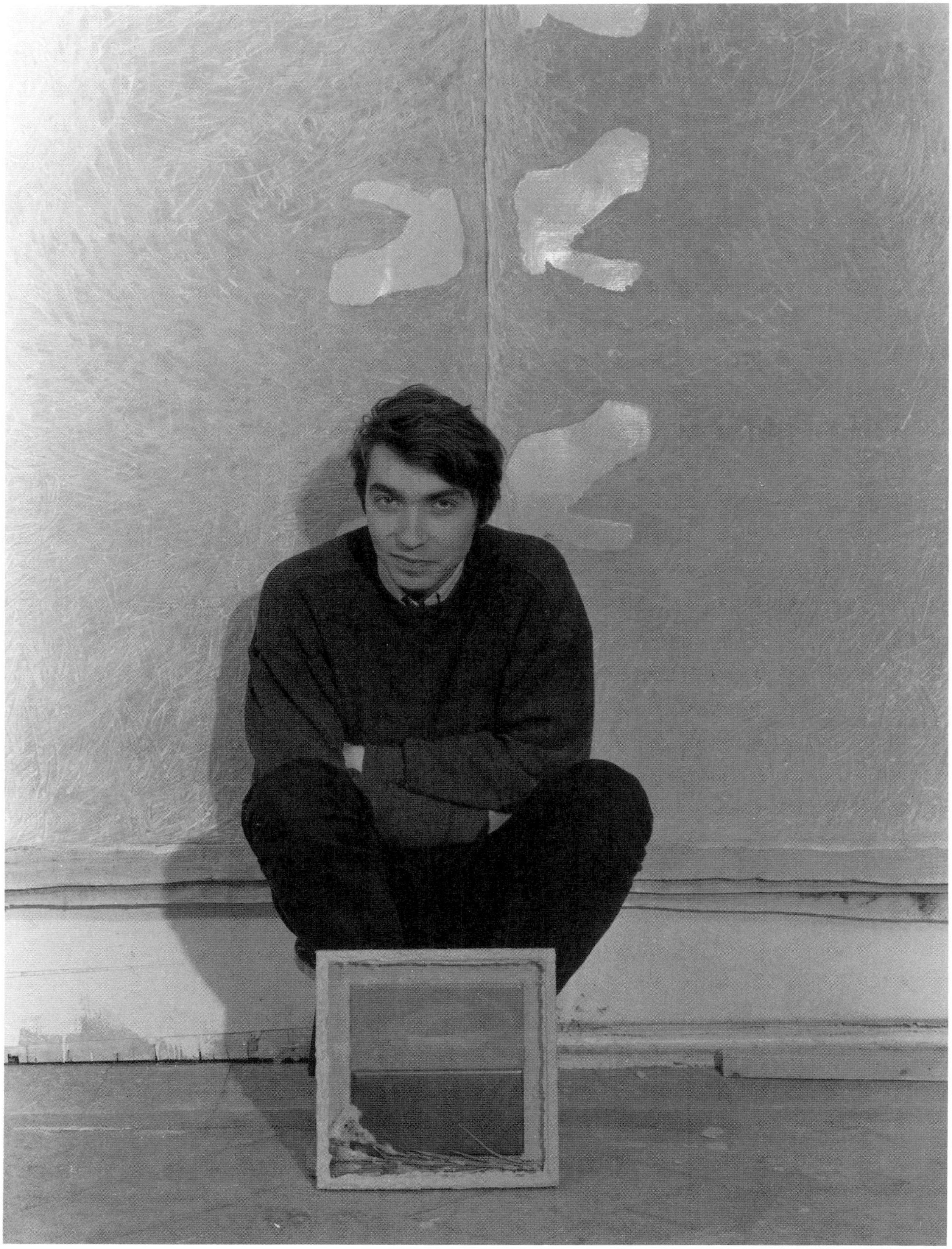

Wadim Zacharow

*A*uch jetzt wie stets, wenn deine Gegenwart sich jäh ins hoffnungslos Vergangene wandelt, wirst du diese Hoffnungslosigkeit hinnehmen als etwas dir vom Schicksal Auferlegtes...

Moskau. 1987. Herbst. Hinter dem nächtlichen Fenster regennasse Bäume. 2 Uhr morgens. Nebenan schläft die Frau, hinter der Wand die Kinder. Zwesdotschotows Bild «Proletarier, auf die Lokomotive!», ein rotes Spielzeugpferd auf Rädern, die rote einbeinige Lampe auf dem Tisch.

Duschanbe. 1959. Herbst. Hinter dem Fenster Berge. Die rote Sonne Asiens am Himmel. Im Kinderbettchen ein weißes Ei. Nach dreiundzwanzig Jahren wird es unter dem Schlag eines langnasigen zyklopischen Ungeheuers zerbrechen und weitere fünf Jahre später sich ans Rückgrat greifen. Herrgott! War denn wirklich schon damals im Land der Melonen und des aufgeweichten Asphalts der absurde Lebenslauf unter der einbeinigen Lampe vorbestimmt?

Moskau. 1977. Herbst. Pädagogisches Institut. Fakultät für Graphik. Begegnung mit J. Albert, N. Stolpowskaja, W. Skersis. Und mit Dutzenden anderer Menschen, die an dir vorübergingen, mit und ohne Namen.

Jetzt, wo sich das alles kunterbunt in der Erinnerung mischt, kannst du nichts mehr unterscheiden. Im übrigen: Geschwätz, Husten, Durchfall. Glenn Millers Band in den unendlichen Steppen Rußlands. Das erste Mädchen, Liebe auf einem Ameisenhaufen. Und dann: ein Mann und eine Frau in weißen Kitteln, wie sie die Großmutter an Kopf und Füßen forttragen. Und das und jenes und so... Eine Biographie ist wie ein Streifen Fliegenleim. Was kleben bleibt, kannst du behalten, das gehört dir: das Glück und die Freude und der Hieb aus dem Hinterhalt.

Wenn ich mir die von Kunsthistorikern, Kritikern und den Künstlern selbst gestellte Frage vorlege: «Was ist Kunst?» und für mich definiere, daß Kunst ein selbstorganisierendes System ist, dann habe ich damit meine Aufgabe als einen Versuch definiert, das Modell eines solchen Systems herzustellen. Mein Modell ist ein Punkt auf dem Papier. Unter Millionen von ebensolchen Punkten stellt er ein in sich geschlossenes System dar, dazu bestimmt, einen in sich geschlossenen Lebensraum zu schaffen, in dem gleichwohl geliebt, gelogen, gestorben wird.

Im Jahre 1982 wurde ich einäugig. Auf meinem Gesicht erschien ein schwarzer Fleck, der Verletztsein und Unglück bedeutet. Ich hatte im See gebadet und war an einen Ast gestoßen. Nein, so war es nicht. Ich ging nachts, etwas angetrunken, und stolperte über einen Mauervorsprung. Nein, es war noch anders: Ich hatte einen Pinsel genommen und ihn in Richtung Auge gestoßen. Die Kunst hat mich zum Krüppel gemacht. Indem ich zwei Jahre eine Augenbinde trug, fixierte ich dieses Zeichen im Künstlermilieu, und indem ich sie abnahm, gestand ich mir das Recht zu, wie alle zu sein. So entstand eine Linie meiner Mythologie. Ebenso unerwartet wie ein Schlag über den Kopf entstand die Linie der Elephanten, dieser polysemantischen zweischwänzigen Ungeheuer mit der Losung «Elephanten stören das Leben!» Die Elephanten wie die Einäugigkeit sind die einzigen Personagen des Mythos, der, ähnlich dem lebenden Samenkorn, über ein tiefes genetisches Gedächtnis verfügt, in dem zeichenhaft die globale Potenz zur Selbstorganisation enthalten ist.

Man kann also mein Modell von folgendem Standpunkt aus betrachten: Die Personagen der Kunst, des Strukturalismus, der Psychopathologie leben durch die Reflexion des Autors. Und je nach Komplexität des Mechanismus dieses Modells wird es neuanstehende Teilbereiche seines noch unverständlichen Körpers zum Vorschein bringen.

Am Anfang war das Wort. Dann folgte der Schöpfungsakt – acht malerische Arbeiten im Ausmaß von 150 × 200 und 200 × 300 cm, welche die evolutionäre Dynamik spiegelten: Von der Darstellung des Menschen mit Elephantenrüssel und Augenbinde zur Entzweiung und Formierung zweier Personagen – dem Menschen mit dem Rüssel und dem Einäugigen. Die acht Bilder sind die Vorgeschichte meiner Mythologie und stellen ihr unanzweifelbares Axiom dar. Sie tragen ihre Bezeichnung: A1, A2, A3 usw. Die nächste Reihe von Arbeiten ist schon definiert. Es sind auch acht. Alle meine Arbeiten sind so oder anders mit der Linie A und unter sich verknüpft. Die Arbeit B5.

Jedesmal, wenn ich eine Skulptur darstelle, dränge ich dem Betrachter meinen Gesichtspunkt auf. Man kann die

Skulptur von meiner Position aus betrachten. Es gibt kein Ausweichen nach rechts oder links, ohne daß ich Sanktionen verhänge. Das betrifft auch die Fragmentierung (W4) und die Darstellung in stark perspektivischer Verkürzung. Diese Tatsache kann anhand der realisierten Skulptur verstanden werden. Kurz – es gibt ebenso viele Darstellungen wie Skulpturen. Die malerische Verzerrung der Skulptur bringt eine reale Verzerrung mit sich. Vergleicht man z. B. meine Arbeiten A5 und B5, so wird verständlich, daß B5 eine Umkehrung von A5 ist. Aber auch das «Gesicht» und die Umkehrung sind zwei mögliche Skulpturen. Interessant, daß Probleme, die für die Skulptur typisch sind, hier malerisch gelöst werden. Interessant auch, daß in Amerika, wo Comics allgemein anerkannt sind, keine Skulpturen mit Sprechblasen existieren.

Weiter Da ich schon über eine bestimmte Reihe von Arbeiten verfüge, kann ich unmittelbar mit dieser Reihe arbeiten. Zum Beispiel kann ich die einen oder anderen angeführten Arbeiten abbilden, auch in ihren Teilen, kann daraus Konstruktionen bauen und diese Konstruktionen abbilden, sie perspektivisch verkürzt zeichnen oder sie einfach im Raum umstellen.

Eine Serie von Stilleben ist der Versuch, neues Territorium zu erobern. Mir war wichtig zu erfahren, ob der traditionelle Begriff des Stillebens zu «meinem» wird, wenn ich ihn nach den Regeln meines Modells aufbaue (meine Arbeiten N2 und N4).

Das ist auch das Schicksal der Landschaft. Auch hier ist das Grenzgebiet von Interesse. Das Gebiet der wechselseitigen Durchdringung (die Arbeit P2).

Weiter. Im Laufe der Entwicklung des Mythos erfolgen in ihm Metamorphosen. Die Hyperbolisierung des einen, der Ausfall des anderen, die Übertragung von Funktionen vom Ganzen auf Teile, die Dysfunktion usw.

Indem ich mich in meiner Arbeit von der Außenwelt absonderte, schuf ich eine einzigartige Situation voll Zwang und Diktatur, die mich Autor-Papa dazu brachte, Arbeiten auszuführen, welche der Logik der Struktur folgen, die aber für mich als Künstler uninteressant und ermüdend sind. Diese Situation zerstört mich als schöpferische Persönlichkeit, weil sie mich in ein blindes Werkzeug verwandelt. Das ist die Aufgabe, aber auch die Tragödie. Aber im Rahmen der gestellten Aufgabe können gerade so seltsame Beziehungen zwischen Autor und Werk etwas stimulieren, nämlich die Entstehung einer in vielem widersprüchlichen, aber von diversen Konventionen befreiten Struktur, die natürlich ist wie die Welt, über die man nachdenken kann. Die man erforschen kann, lieben oder hassen. Danke.

Wadim Zacharow **191**

A-7, 1985. Öl auf Leinwand. 200 × 300 cm. *Text der linken Sprechblase: «Das Bein weg, Dummkopf! Illusionen machen uns nicht zu Elephanten und Einäugigen.» Text der rechten Sprechblase: «Du weißt doch, jeder Widerstand ist zwecklos. Ich bin ohnmächtig. Ich werde steif.»*

192 Wadim Zacharow

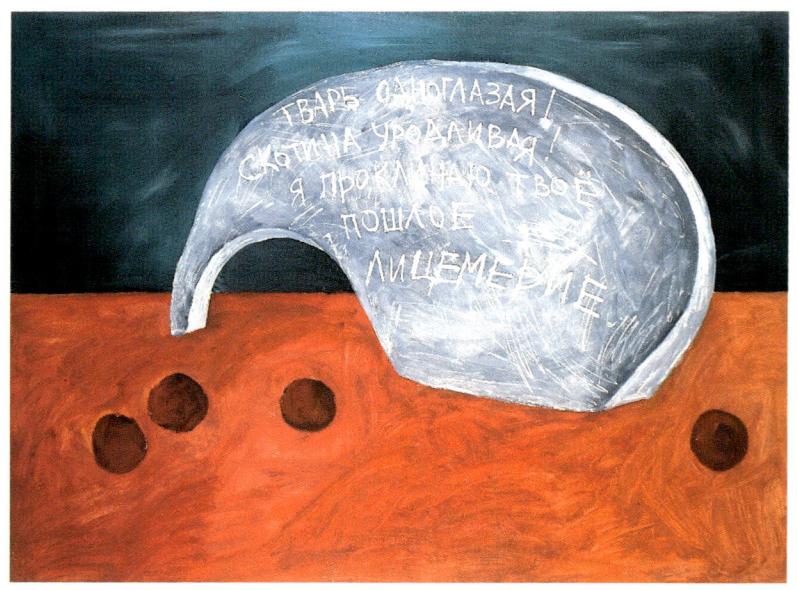

A-4, 1985. Öl auf Leinwand. 150 × 200 cm. *Text der linken Sprechblase: «Einäugiges Scheusal! Widerliche Kreatur! Ich verfluche deine niederträchtige Heuchelei.» Text der rechten Sprechblase: «Er kommt bald! Ich werde ihm meinen Bauch hinhalten.» Zacharow zu «A-7» und «A-4»: Solche Skulpturen gibt es natürlich in der Wirklichkeit nicht, aber es gibt Abbildungen davon, und so wird das Unwirkliche der Vorlage, das Mythische, die andere Welt hervorgehoben.*

N-3, 1986. Öl auf Leinwand. 150 × 200 cm.

N-4, 1986. Öl auf Leinwand. 150 × 200 cm. *In einer Serie von Stilleben versucht Zacharow, wie er sagt, neues Territorium zu erobern. Er wollte erfahren, ob der traditionelle Begriff des Stillebens zu «seinem» würde, wenn er es nach den Regeln seines Modells aufbaut und als Sujets Fragmente seiner Skulpturen-Bilder benutzt. Die Texte sind als Wiederholungen aus «A-7» und «A-4» bekannt.*

Wadim Zacharow

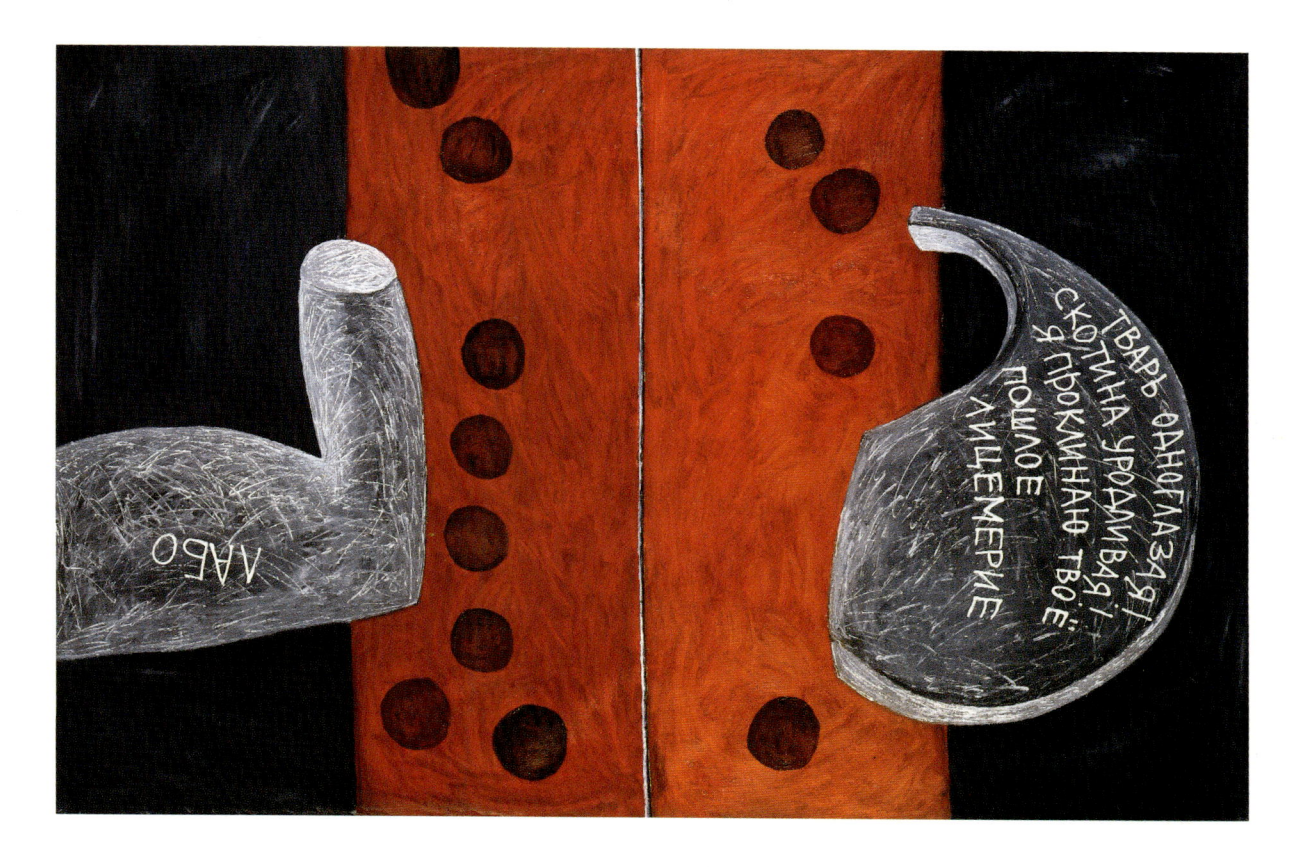

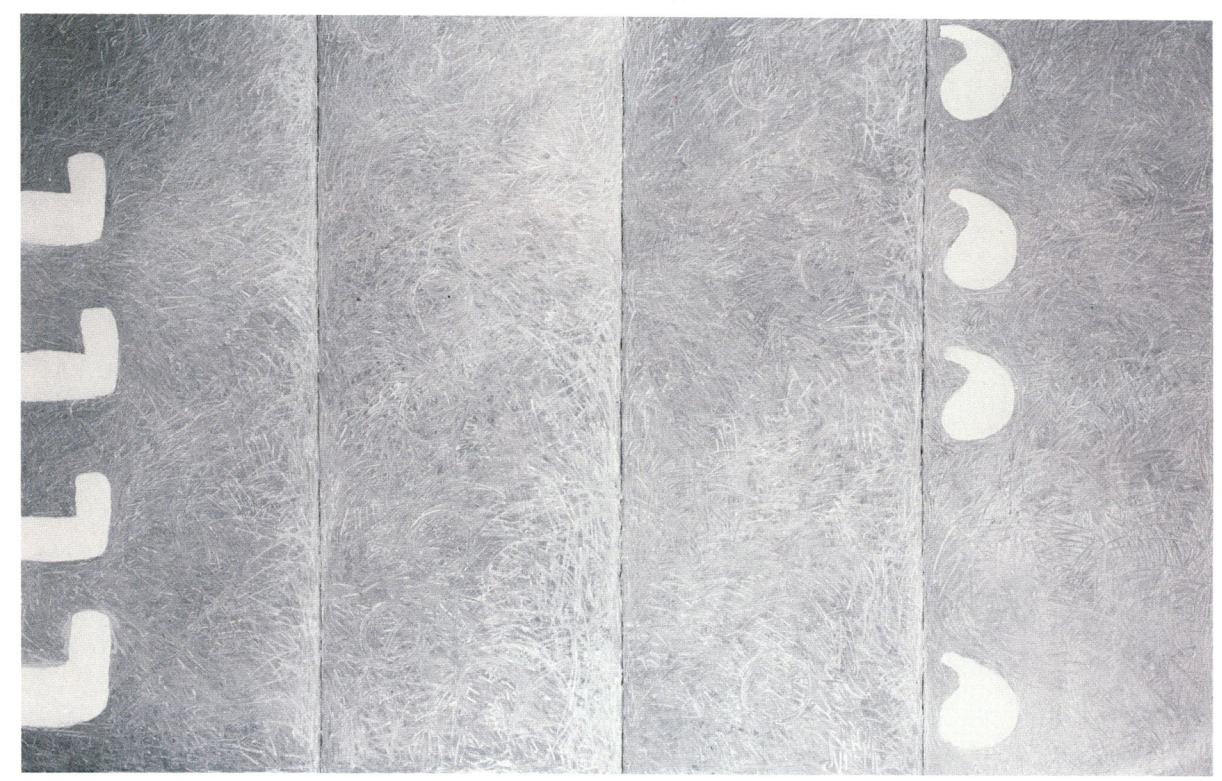

G-4, 1987. Öl auf Leinwand. 200 × 300 cm. *Zacharow: Sowohl das Abgebildete wie das Bild als solches erscheinen als Bestandteile meines künstlerischen Modells. Ich kann aus ihnen Konstruktionen formen oder sie in jeder beliebigen unanständigen Pose darstellen: umgedreht, gruppiert, zerteilt oder unverändert. Im vorliegenden Fall habe ich die Stilleben nochmals abgebildet, aber auf einer Leinwand und in der Originalgröße.*

Z-2, 1987. Öl auf Leinwand. 200 × 300 cm.

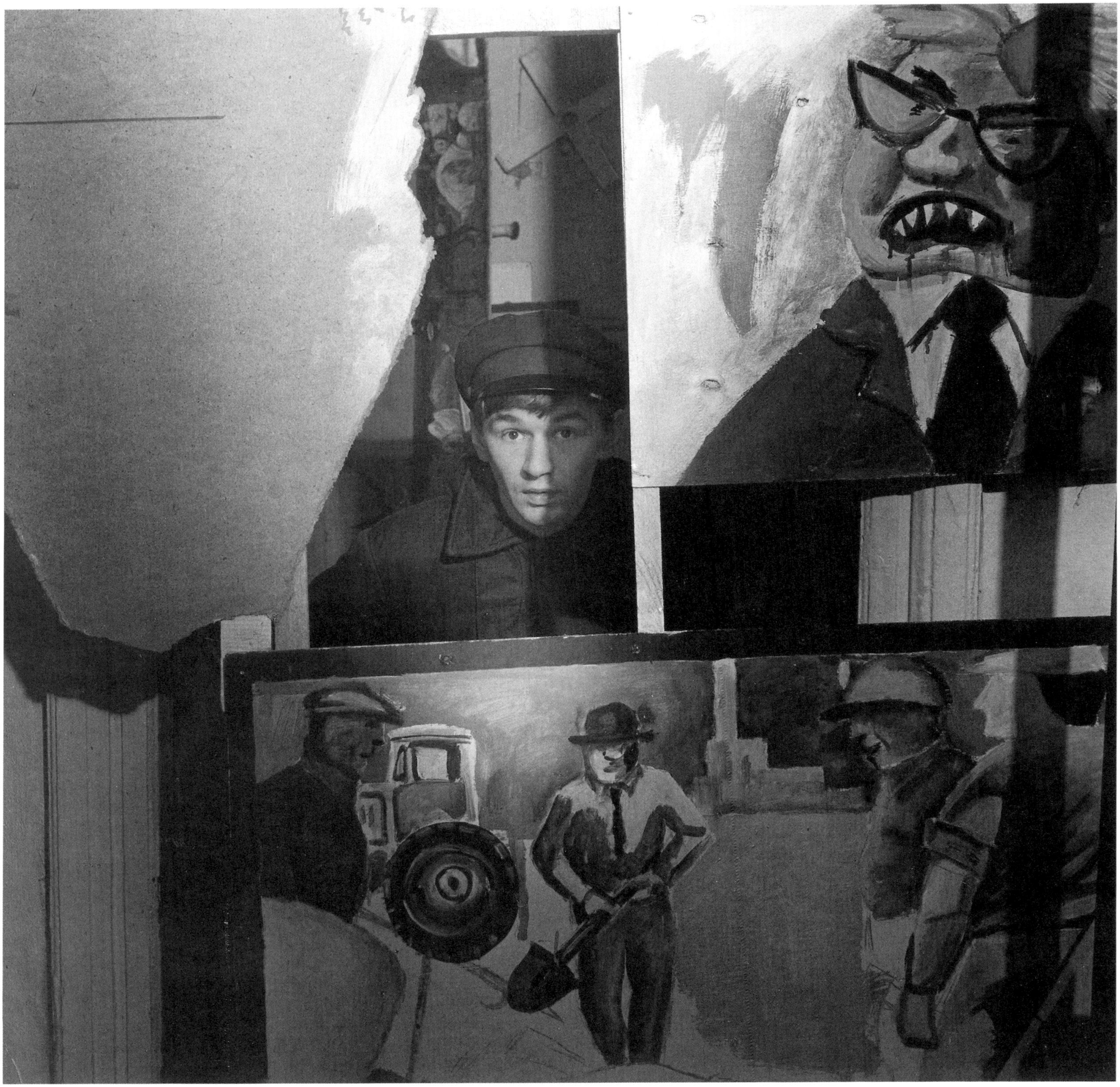

Konstantin Zwesdotschotow

*I*ch heiße Konstantin Zwesdotschotow und kam am 22. September 1958 in Moskau zur Welt. Ein Jahr später befand ich mich in der Autonomen Sowjetrepublik Komi, in der Stadt Inta, wohin man meine Eltern auf Staatskosten verfrachtet hatte. Dort lebte ich sechs Jahre lang. Ich werde dieses unwirtliche Land und seine Menschen nie vergessen, Menschen, die unter Stalin verurteilt wurden und dann aus irgendwelchen Gründen im hohen Norden hängengeblieben waren.

1965 kehrte meine Familie nach Moskau zurück und nahm zunächst an der Nowoslobodskaja-, später an der Sselesnowskaja-Straße Wohnung. Ich bemerke das, weil beide Straßen in einem Stadtbezirk liegen, in dem ein besonderer Lebensstil und eine eigene Redeweise herrschten. Wladimir Wyssotzkij hat seine Menschen in vielen seiner Lieder besungen. Obwohl ich heute anderswo wohne, fühle ich mich noch immer mit diesem Quartier zwischen Ssamotjoka und Marina Roschtscha verbunden.

In den höheren Schulklassen «sündigte» ich in der Politik. Ich war nacheinander Marxist, Anarchist, Gauchist und christlicher Revolutionär. Das heißt, daß wir im Lehrerzimmer die Fensterscheiben einschlugen, Lehrmittel in Brand steckten und den Unterricht boykottierten. Mit den Jungens der benachbarten Schulen gründeten wir einen Verein mit dem Namen «Antares» und einem recht naiven Programm, das große Ähnlichkeit mit dem hatte, was heute die Perestroika-Macher in den Massenmedien predigen.

Just damals entzündete sich meine ernstzunehmende Leidenschaft für die Kunst. Ich kommandierte nämlich eine Mannschaft, die Parolen an die Mauern malte und also sozusagen in der «Art murale» tätig war. Auch interessierten mich jene Kunstformen, die mir irgendwie «synthetisch» vorkamen (Theater, Kino, Happening usw.). Darum beschloß ich, in der Schule des Moskauer Künstlertheaters (MChAT) die Bühnenbildnerei zu erlernen, eine Wahl, die auch davon beeinflußt war, daß meine Eltern Theatermenschen waren. Mein Vater spielte bis zum Kriegsausbruch auf Tourneen in der Provinz, Mama hatte am Studio des Revolutionstheaters studiert. Wie auch immer, ich bereute meine Entscheidung nicht. An der Theaterschule lernte ich die Brüder Mironenko und Andrej Filippow kennen. Wir trieben jeden denkbaren Unfug und veranstalteten idiotische Poesie-Matineen. Später machten mich die Brüder Mironenko mit Sven Gundlach und Kamenskij bekannt, und wir gründeten die Gruppe «Fliegenpilz». Das war 1978. Gribkow, ein Onkel von Kamenskij, nahm uns unter seine Fittiche. Er hat Menschen aus uns gemacht. Sonst wären wir wohl noch lange ein Künstlerpack geblieben. Der andere, der uns einiges beibrachte, war Monastyrskij von der Gruppe «Kollektive Aktion», auf die wir indessen wenig hörten. Der «Fliegenpilz» war eine wundervolle Gruppe, und ich glaube, daß sie auch einiges bewirkt hat. Vieles von dem, was wir in den Bereichen Malerei, Literatur, Musik und konzeptionelle Kunst damals machten, gilt bei uns bis heute als Sensation.

1982 zeichneten sich in unseren Arbeitsmethoden neue Tendenzen ab, entstanden qualitativ neue Arbeiten, die den Rahmen der damaligen Avantgarde sprengten. Unsere Gruppe beteiligte sich an der Arbeit der Galerie «Aptart», die in der Wohnung unseres Freundes Nikita Alekssejew entstand. Das brachte uns in einen Konflikt mit dem herrschenden Regime. Als Tschernenko 1984 einen regelrechten Krieg gegen die Jugend entfesselte, wurden ich, Sven Gundlach und Wowa Mironenko schleunigst zur Armee eingezogen, unter Bedingungen, die eher an Haft erinnerten. Ich kam nach Kamtschatka und diente dort in einem Bataillon, das vorwiegend aus Muslimen und ehemaligen Häftlingen bestand. Zuerst war ich sehr niedergeschlagen, aber dann begriff ich, daß das ganz tolle Burschen waren und daß das Soldatsein gar nicht so schlimm ist, vor allem, wenn kein Krieg ist. Außerdem reifte dort endgültig meine Konzeption «Das weiße Afrika», von der ich hier leider nicht erzählen kann, weil das ein ganzes Buch füllen würde.

Als ich 1985 nach Moskau zurückkam, begann bereits die «Perestrojka». Neue Menschen, neue Namen tauchten auf. Ich mußte mich zuerst zurechtfinden. Der «Fliegenpilz»

hatte sich in der Zwischenzeit aufgelöst. Für alle Fälle schrieb ich mich gleich bei drei neuen Gruppen ein, beim Club «Poesie», beim «Club der Avantgardisten» und bei der Vereinigung «Ermitage». Schließlich begegnete ich G. Werelli, K. Wail und B. Ludwigow. Wir gründeten die Gruppe «Die Weltchampions», die passionierte, exzessive und manchmal auch lustige Dinge machte.

Wir «Weltchampions» sind gestandene Männer und verfolgen, das wage ich zu behaupten, nur die edelsten Ziele. Eines davon ist die Schaffung einer kämpferischen Partei der absoluten Kunst, welche die Menschheit aus den Fesseln von merkantilen und politischen Interessen befreien und ins Reich der Suche nach visuellen, geistigen, ästhetischen und sonstigen Genüssen führen will.

PERDO
In Zeitschriften und Büchern europäischer, amerikanischer und asiatischer Autoren wühlend, fand ich kaum eine Zeile über mein Vaterland, über jenes gewaltige Völkermassiv, das halb Asien und die Hälfte Europas bedeckt. Wo schon wortgewandte Menschen über mein Land schrieben, las sich das wie ein Blick über den Zaun oder aus einem fahrenden Zug. Der letzte, der seinen Bewohnern Aufmerksamkeit schenkte, war Marco Polo gewesen. Als die Zeit der großen Entdeckungen zu Ende ging, waren wir wieder vergessen. Und fanden wir dennoch irgendwo Erwähnung, dann war es gewöhnlich niederträchtig.

Jeder halbwegs gebildete Mensch weiß über Afrika und den Amazonas Bescheid, weiß von Indianern, Belgiern und Papuas und kann auch ein paar Anekdoten über sie erzählen. Von uns weiß man bisher bloß, daß wir Kommunisten haben, byzantinische Ikonen und ein kaltes Klima. Das ist sehr kränkend.

Um das Epos und die Mythologie unseres Subkontinents, den ich «Das weiße Afrika» oder «Das Land der weißen Mohren» nenne, bekannt zu machen, habe ich anstatt die verbale die visuelle Informationsvermittlung gewählt. So sind auch die Sprachbarrieren überwunden.

Ich habe lange Zeit Mythologie, Religion und Bräuche unseres Volkes studiert, und diese Beschäftigung hat Spuren hinterlassen. Beispielsweise in meinem Zyklus «Ikonographie der Neujahrsbräuche» oder in der Serie «Die heroischen Taten des kleinen Kibaltschisch in allen Klimazonen». Aber noch immer mangelte es am Essentiellen, und das ließ mich verzagen. Was fehlte, war ein großes episches Gemälde wie die «Ilias», das indische «Ramajana» oder ein Roman über Gargantua oder Don Quijote, oder etwas über die Ritter der Tafelrunde, kürzer als das Buch der Bücher, Basis sozusagen der jeweiligen Geschichte, die ein Volk von Generation zu Generation weitergibt und, stolz darauf, für seine Visitenkarte hält.

So beschloß ich endlich, in die Fußstapfen Charles de Costers oder des Autors der Kalevala zu treten (oder vielleicht doch eher in die McPhersons) und mit Hilfe einzelner Geschichten unser nationales Epos zu fälschen bzw. zu erfinden und visuell festzuhalten.

Borges behauptet, die Menschheit kenne nur vier Geschichten:

1. die Geschichte vom Konflikt zweier Gruppen wegen einer Frau;
2. die Geschichte von der Schatzsuche;
3. die Geschichte von der Heimkehr;
4. die Geschichte von Göttern oder Helden, die sich für die Menschheit opfern.

Ich fügte noch zwei weitere Geschichten hinzu: die Geschichte vom Neid und die Geschichte von der todbringenden Liebe einer Frau, die ihrem Mann untreu geworden ist. Das alles versuchte ich in einem lyrisch-epischen Fluß zu vereinigen, wobei das Epos als die ganzheitliche schematische Sicht einer «bunten Welt», die Lyrik hingegen als schwarzweißes Reportagephoto verstanden wird. Das war's.
PERDO.

LIBRETTO
Ein gewisser Vampir namens Ilja Iljitsch, der das Objekt RA-3 bewohnt, raubt, von Machtgier zerfressen, den Bewohnern des Weißen Landes der Mohren die Heilige Wassermelone, die das weibliche Element symbolisiert. Als Folge dieser Manipulation und weil nun das weibliche Element fehlt, gibt es nur noch Männer, und das erzeugt natürlich Kriege. Die Menschheit, die ihre Artgenossen ausrottet, sich aber nicht mehr vermehren kann, ist vom Aussterben bedroht. Totales PERDO tritt ein.

Da findet sich ein tapferer Jüngling namens Schora und nimmt den Kampf gegen Ilja Iljitsch auf. Er organisiert einen Aufstand, dringt in den Bunker des Vampirs ein und unterbricht dessen Blutzufuhr über eine Rohrleitung. Große Freude bricht aus. Die Bewohner des Landes der Weißen Mohren geraten in Ekstase und richten Schora mittels eines Kranes hin. Schora entfliegt in die Wolken, nicht ohne das Versprechen, wiederzukommen.

Über alles Weitere informieren Dokumente und Objekte der materiellen Kultur von PERDO.

198 *Konstantin Zwesdotschotow*

Perdo, 1986. Öl auf Leinwand. 200 × 150 cm. *Geographische Karte des imaginären Landes «Perdo», des «Landes der weißen Mohren».*

Konstantin Zwesdotschotow

K62-m, 1986. Öl auf Hartfaserplatte. 122 × 200 cm. *Bildreportage vom Leben und vom Krieg in «Perdo». Links oben das Porträt Ilja Iljitschs, rechts unten die Hinrichtung Schoras, des tragischen Helden von «Perdo».*

RA-3, 1986. Öl auf Hartfaserplatte. 122 × 200 cm. *Vergrößerter Ausschnitt aus der Landkarte von «Perdo», eine Genreszene mit einem Porträt Ilja Iljitschs links oben.*

PB-16, 1986. Öl auf Leinwand. 100 × 150 cm. *Eine Genreszene aus «Perdo». Sie stellt die Qualen seiner Bewohner dar, denen Ilja Iljitsch die Heilige Wassermelone raubte, welche das weibliche Element symbolisiert. (Zu «Perdo», «K62-m», «RA-3» und «PB-16», siehe Zwesdotschotows Text auf S. 195–197).*

Die Kunst der sowjetischen Avantgarde
«Die andere Seite der Medaille»

Wiktor Misiano

Die im Westen seit Jahren verbreitete Auffassung von der sowjetischen Kunst beruht wesentlich auf zwei Vorurteilen. Das erste begreift die sowjetische Kunst, die einst einen Malewitsch, Tatlin, Chagall und Kandinsky hervorgebracht hat, als Triumph eines gesellschaftlichen Auftrages. Das meint die gigantischen Kolossalgemälde mit heroischen Massenszenen, geschönten Darstellungen der Arbeitswelt und Bildern von Festlichkeiten im Stil der akademischen Malerei des 19. Jahrhunderts. Als sich schließlich herumgesprochen hatte, daß die offiziellen Ausstellungen keineswegs so einförmig und eindeutig konservativ waren, wie man sich das vorgestellt hatte, daß es vielmehr in der sowjetischen Kunst eine selbständige, unabhängige Strömung gibt, die sich nach einem anderen, einem avantgardistischen Schlüssel entwickelt, da entstand das zweite Vorurteil. Da wurde behauptet, die Künstler der neuen Avantgarde könnten sich in keiner Weise mit ihren großen Vorläufern, eben mit Malewitsch und Tatlin, mit Chagall und Kandinsky, messen und stellten nur eine sekundäre Erscheinung dar, die provinzielle Kopie aus der Mode gekommener Richtungen der westlichen Kunst. Und so kam es paradoxerweise zu einer ungewollten Übereinstimmung der öffentlichen Meinung im Westen mit dem Urteil der unversöhnlichsten Dogmatiker in der Sowjetunion.

Gerechterweise muß freilich gesagt werden, daß es gleichzeitig und schon lange sowohl in Westeuropa wie auch in den USA ansehnliche Sammlungen sowjetischer Avantgarde-Kunst gab. Werke von *Njemuchin*, von *Kabakow* und *Tschuikow* finden sich im Centre Pompidou, im Museum of Modern Art sowie im Basler Kunstmuseum, und Skulpturen von *Wadim Sidur* sind in vielen Städten der Bundesrepublik aufgestellt worden. Dennoch: Losgelöst von der Kunsttradition, die sie hervorbrachte, sind sie nicht in den Kulturalltag des Westens eingegangen, sind sie zufällige, unverstandene und unterschätzte Erscheinungen geblieben, betrachtet beinahe als so etwas wie ein soziales Kuriosum, als exotische Folklore. Darum ist es wichtig, daß man sich nun die künstlerische Tradition der sowjetischen Avantgarde der Nachkriegsjahrzehnte in ihrer ganzen Dimension und in ihrer Spezifik vergegenwärtigt. Dann ergibt sich nämlich ein anderes Bild dieser Kunst, dann zeigt sich die andere Seite der Medaille.

Die Ursprünge der Tradition, von der zu sprechen ist, reichen in die Mitte der 50er Jahre zurück, als der einsetzende Prozeß der Entstalinisierung zu einer Revision der Dogmen aus den 30er und 40er Jahren führte. Es ist heute kaum mehr vorstellbar, welch schöpferischen und moralischen Schock die sowjetischen Künstler damals erlebten. Richtlinien und Grundsätze, die unverrückbar, unveränderlich schienen, wurden überprüft und der Kritik unterzogen. Was jahrelang unter Verschluß gelegen hatte, wurde ans Licht gebracht. Kreativen Horizonten waren plötzlich keine Grenzen mehr gesetzt. Die russische Kunst der ersten beiden Jahrzehnte unseres Jahrhunderts, die europäische Malerei vom Impressionismus bis Pollock und Hartung, all das war nach jahrzehntelangem Verbot nun wieder zugänglich und löste innerhalb von drei Jahren, zwischen 1956 und 1959, einen gewaltigen Erneuerungsimpuls aus. Dessen Energie erwies sich als so mächtig, daß sie einige Künstlergenerationen entscheidend beeinflußte, die Generation von *Sweschnikow* und *Sidur*, die dieser Periode als reife, vom Schicksal schwer geprüfte Menschen begegneten, jene der angehenden Maler *Krasnopewzew* und *Njemuchin,* die ihre künstlerische Ausbildung bereits abgeschlossen hatten und ihren eigenen Weg in der Kunst einschlugen, sowie den Kreis von *Bulatow* und *Kabakow*, die damals noch am Kunstinstitut studierten. Und schließlich zehrte vom Impuls dieser Zeit auch noch die nachfolgende Künstlergeneration, die von *Orlow* oder *Bruskin,* die erst deutlich später, Ende der 60er Jahre, in der sowjetischen Kunstszene auftrat.

Ein außerordentlich wichtiges und grundsätzliches Problem sind die spezifischen Bedingungen, unter denen sich die Tradition der sowjetischen Nachkriegs-Avantgarde formte. Es sind ja bekanntlich immer die Umstände der Entstehung einer Erscheinung, die ihr Werden, ihr Schicksal und ihre weitere Entwicklung bestimmen. Was die sowjetische Kunst damals erlebte, kennt keine Analogie in der westlichen Kultur. Unvermutet und plötzlich wurden die Künstler mit drei zum Teil ganz verschiedenen und sich gegenseitig ausschließenden Traditionen konfrontiert. Da war einerseits die Tradition der westlichen Avantgarde, eine reiche und glänzende Tradition, erstaunlich harmonisch und logisch in ihrer weiteren Entwicklung, eine Tradition, die man kennenlernen und sich einverleiben wollte, die sich aber als nicht faßbar und nicht erschließbar erwies, wohl auch darum, weil sie der Wirklichkeit, in der die sowjetischen Künstler existierten, zu fremd und zu fern war.

Die zweite Entdeckung war die historische russische Avantgarde, die Avantgarde der ersten beiden Jahrzehnte unseres Jahrhunderts, die zwar wegen ihrer nationalen Verwandtschaft ungleich verständlicher und zugänglicher war, aber in der Rückschau als überholte Erfahrung empfunden wurde.

Die dritte Komponente im künstlerischen Bewußtsein dieser Zeit war schließlich die klassische und insbesondere die realistische Tradition des 19. Jahrhunderts, die den Künstlern der 50er und 60er Jahre seit ihrer Kindheit vertraut war und von der sie ihr professionelles Können bezogen.

Nach den ersten novatorischen und euphorischen Jahren, einer kurzen Sturm- und Drang-Periode, wurde den damals tätigen Künstlern bewußt, daß sie sich nicht der einen oder anderen Tradition zuzuwenden hätten, daß es vielmehr ihre Aufgabe sei, das kulturelle Erbe mit dem Neuen zu vereinen und die zerfallenden Zusammenhänge der Zeit wiederherzustellen. Dazu gesellte sich die Einsicht, daß diese Mission jeder von ihnen auf seine Weise, mit seinen ganz persönlichen, individuellen Stilmitteln zu erfüllen hätte.

Um die Gründe für die extreme Individualisierung der künstlerischen Bestrebungen in den 50er und 60er Jahren zu verstehen und nicht der Versuchung zu erliegen, diese Periode unter die Begriffe Eklektizismus und Epigonentum zu rubrizieren, ist zu bedenken, daß bei dieser Tendenz auch Motive moralischer Natur mitspielten, wie sie seit jeher gerade für die russische Kultur charakteristisch sind. Das Festhalten am Recht auf uneingeschränkte schöpferische Freiheit und auf einen freien Dialog mit allen Epochen und Kulturen war die natürliche Reaktion auf die Erfahrung der zurückliegenden Jahrzehnte, eine Zeit der Irrtümer und der extremen Entpersonalisierung im künstlerischen Schaffen.

Eine große Rolle in der Entwicklung der Künstler dieser Generation noch Anfang der 50er Jahre, also noch vor dem Beginn der Entstalinisierung, spielte auch die Tatsache, daß es in Moskau einige so bedeutende Maler wie Wladimir Faworskij, Robert Falk und Aleksandr Tischler gab, deren Anfänge in die Zeit vor dem Ersten Weltkrieg zurückreichten und die sich in den folgenden Jahrzehnten treu geblieben waren. Sie waren für die junge Generation nicht nur die Bewahrer der echten künstlerischen Kultur, sondern auch Beispiel und Vorbild für moralische Standhaftigkeit bei der Verfolgung des einmal eingeschlagenen schöpferischen Weges.

Daß die Künstler der 50er und 60er Jahre die Wichtigkeit ihrer Mission in der russischen Kunst erkannten, erzeugte in Moskau ein einzigartiges schöpferisches Klima. Mit ungewöhnlichem Ernst und echt russischem Eifer diskutierte man die ästhetischen Probleme der Hohen und Wahren Kunst, wobei niemand den Anspruch erhob, seine eigenen ästhetischen Normen zu verabsolutieren oder gar einen allgemeingültigen Kanon durchzusetzen. So konnte etwa die Kunst von *Boris Sweschnikow*, der die pointillistische Maltechnik mit den Traditionen der russischen Kunst des 19. Jahrhunderts verbindet, gut und gern neben der abstrakten Malerei von *Wladimir Njemuchin* bestehen. Anzumerken ist hier, daß eine Gleichsetzung des damaligen Moskauer Abstraktionismus mit der zeitgleichen westlichen informellen Kunst falsch wäre. Die Moskauer Künstler trennten Welten von den Leidenschaften ihrer westlichen Zeitgenossen, von den Ideen des Existenzialismus und der Psychoanalyse. Sie erneuerten lieber die bis zur Vollendung gelangte lyrische Malerei des 19. Jahrhunderts. Darum bewahrte *Njemuchin* auch in seiner radikal abstrakten Periode eine Vorliebe für Isaak Lewitan, den lyrischen Landschafter des vergangenen Jahrhunderts, und in vielen seiner Werke in der einen oder anderen Form das mimetische Element. Die Existenz im Grenzbereich verschiedener Traditionen wurde zur Grundlage der kreativen Methode von *Anatolij Zwerew*, dessen Kunst weder vom «Dripping» Pollocks noch von der Kalligraphie Mathieus abgeschaut ist – zweier Künstler, die *Zwerew* besonders schätzte –, sondern bewußte Position eines Virtuosen ist, der die Fähigkeit besaß, mit einer spontanen und präzisen Geste in seinem Werk ganz gegensätzliche Elemente zu vereinen.

Neben der Tendenz, die verschiedenen Traditionen miteinander auszusöhnen, entstand in den 50er und 60er Jahren eine andere Strömung, die darauf gerichtet war, aus den Grenzen der Vorbestimmung durch die historische Kontinuität auszubrechen. Ein kindliches Bewußtsein, das alle historischen Kategorien ignorierte, war Quelle der Inspiration bei *Wladimir Jakowlew*. *Dmitrij Plawinskij* wählte einen anderen Weg: Er erschloß sich die Sphäre der Archaik und begab sich auf die Suche nach einer universalen metahistorischen Synthese. In diesem Zusammenhang ist auch die metaphysische Zeitlosigkeit, die «ewige Gegenwart», der Stilleben von *Dmitrij Krasnopewzew* zu nennen.

Diese zweite Entwicklungslinie der älteren Künstlergeneration der 60er Jahre wurde von ihren nachgewachsenen Zeitgenossen *Sooster, Jankilewskij, Piwowarow, Schtejnberg, Kabakow, Bulatow* als die aktuellste empfunden. Jeder von ihnen entwickelte eine eigenständige künstlerische Sprache, um sich einen eigenen Kosmos zu erschaffen. Vorbild und Orientierungspunkt fanden sie in den von Titanenkämpfen und humanistischem Pathos geprägten autonomen Welten der Monumentalbildhauer Ernst Neiswestnyj und *Wadim Sidur*. Die Kunst der jungen Maler war intellektueller, abstrakter und raffinierter sowie außerordentlich vielschichtig. Es gab keine gruppenbedingte Nivellierung. *Wladimir Jankilewskij* beschäftigte das Problem einer universalen biophysischen Synthese, während gleichzeitig *Üllo Sooster* seine künstlerische Welt auf archetypisch-mythologischen und *Erik Bulatow* die seinige auf analytisch-transzendenten Kategorien errichtete. Die Bilder *Wiktor Piwowarows* inspirierten Phantasien vom Kampf metabolischer Kräfte. Die Kunst *Schtejnbergs* und *Kabakows* nährte sich von Ideen spirituellen Charakters, wobei der erste eher als ein Meister der intuitiven Art erscheint, während im Werk des zweiten immer mehr das intellektuell-ironische Element zum Vorschein kommt.

Es ist offensichtlich, daß es zwischen dem Schaffen dieser Plejade hervorragender Künstler und zeitgleichen Tendenzen in der westlichen Kunst keinen Zusammenhang und also auch keinen Vergleich gibt. Geistige Grundlage ihres Schaffens war die Beschäftigung mit den Phänomenen der nationalen Kultur, namentlich der russischen Philosophie der Jahrhundertwende, ihrer harmonischen geistigen Ordnung und ihrer religiös-existenziellen Problematik. Das erklärt, weshalb der Kunst der 60er und der beginnenden 70er Jahre jene destruktiven, antikünstlerischen Tendenzen völlig fehlen, welche zu dieser Zeit die westliche Kunstszene faszinierten. Das unangetastete Ideal der Großen Kunst regte *Plawinskij* an, aufmerksam die Natur zu erlernen, sorgfältig die Faktur seiner Werke auszuarbeiten und die Technik der Farbgebung in allen Feinheiten zu beherrschen. Eine Rarität blieb das Schaffen von *Wladimir Jankilewskij*, der ein reiches Kompositionsschema für die ins Mittelalter und in die Renaissance zurückreichende Form des Triptychons und des Polyptychons entwickelte. Das klassische Tafelbild blieb das Objekt des Interesses und der Analyse von *Erik Bulatow*. *Eduard Schtejnberg* vollzog in seiner Kunst eine Rückkehr zur Sprache des klassischen Suprematismus. In dieser Tradition formte sich auch *Francisco Infante*, der sein Schaffen der Idee einer harmonischen Verbindung von abstraktem Verstand und Natur, von Artefakt und realer Landschaft widmete.

Im Verlauf der 70er Jahre wandeln sich die künstlerische und die geistige Atmosphäre der Moskauer Szene wesentlich. Eine neue Generation tritt auf die Bühne: Komar und Melamid (die heute in den USA leben), *Orlow, Bruskin,* Prigow. *Bulatow, Kabakow, Piwowarow* schlagen eine neue Richtung ein. Die 70er Jahre sind die Reifezeit der sowjetischen Avantgardekunst, die Periode, in der sie sich zu einer eigenständigen, absolut originellen Schule formt. Das Problem des Verlorenseins zwischen den verschiedenen nationalen und historischen Traditionen erfährt eine neue, eine unerwartete Lösung: Die soziale Umwelt wird zum Gegenstand wachsenden Interesses. Dieses neue, außerordentlich originelle, reichhaltige und unverwechselbare Material erlaubt den Vertretern der sowjetischen Avantgarde, sich endgültig vom Minderwertigkeitskomplex gegenüber der westlichen Avantgarde zu befreien und eine feste und dauerhafte Bindung mit der nationalen Kulturtradition einzugehen. War es doch die soziale Problematik, aus der die russische Kunst und Literatur im vergangenen Jahrhundert, in der Blütezeit der nationalen Kultur, schöpfte.

Die neuerliche Beschäftigung mit der sozialen Thematik verwirklichte sich nicht etwa in der Sprache eines deskriptiven Realismus, sondern als konzeptuelle Reflexion. Und so wurde der Konzeptualismus neben der Formel «Soz-Art» für die soziale Kunst zum dauerhaftesten programmatischen Terminus dieser Zeit. Dabei beschäftigte die sowjetischen Konzept-Künstler im Gegensatz zu ihren westlichen Kollegen niemals die innere Struktur der Kunstsprache, sondern lediglich die pragmatische Ebene, d.h. ihre Funktion im konkreten gesellschaftlichen Kontext.

In der Arbeit mit dem sozialen Stoff wurden alle möglichen Verfahren und Prozeduren künstlerischen Denkens und Gestaltens entwickelt. Das augenfälligste Merkmal der sowjetischen Konzeptkunst war ihre Vorliebe für das Narrative. In die Bilder wurden verbale Elemente integriert, poetische Texte, literarische Kommentare, ja ganze Geschichten. Extrem symptomatisch dafür war die Hinwendung *Kabakows* und *Piwowarows* zu der eigentümlichen Gattung der Alben, in denen Erzählung und bildliche Darstellung gleichberechtigt nebeneinanderstehen. Nicht weniger charakteristisch war auch die Hinwendung zu großen Serien, in denen sich die erzählende Leitidee allmählich entwickelt, sowie zum sogenannten «Personagen-Schaffen», in dem der Autor fehlt und an seine Stelle eine fiktive literarische Figur tritt.

Die Veränderungen, die sich in der sowjetischen Kunst zu Anfang der 70er Jahre einstellten, waren radikal. Besonders schmerzhaft empfanden das die Künstler der älteren Generation, die ihre eigenen Prinzipien aus den 60er Jahren einer ernsthaften Überprüfung unterziehen mußten. In den frühen Werken von *Kabakow, Bulatow, Piwowarow* war kein Platz für die banalen Realitäten des Alltags gewesen. Was hatte Hohe Kunst schon gemein mit einem Straßenplakat, einer simplen Mitteilung der Hausverwaltung oder dem elenden Interieur der Küche einer Gemeinschaftswohnung? Jetzt dämmerte die Erkenntnis vom Widerspruch zwischen den erhabenen Idealen, die sie in ihren Bildern ausdrückten, und dem bedrückenden Leben, das sie führten, und diese Einsicht mobilisierte ein Gefühl moralischer und staatsbürgerlicher Verantwortung. So entstanden «Die Krassikow Straße» von *Bulatow,* die «Küchenserie» von *Kabakow,* die «Projekte für einen einsamen Menschen» von *Piwowarow.* Man muß diese Bilder nur ansehen, um zu begreifen, wie viel die sowjetische soziale Kunst von der amerikanischen sozialen Pop-Art trennt. Wo uns auf den Leinwänden der Künstler in Übersee die Plastikwelt des amerikanischen Supermarkts begegnet, da erblicken wir in den Bildern ihrer sowjetischen Zeit- und Altersgefährten beklemmende Szenen aus dem Alltag des kleinen Mannes. Ergehen sich die einen in frechem Spott, so quält die andern das soziale Gewissen.

Die junge Generation der 70er Jahre hat die soziale Kunst mit ihren älteren Künstlerkollegen gemeinsam entwickelt, aber sie unterscheidet sich von jenen sowohl in der Wahrnehmung und im Verständnis der sie umgebenden sozialen Wirklichkeit als auch, daraus abgeleitet, nach ihrem künstlerischen Ausdruck. Das Soziale ist für sie nicht so sehr die alltägliche Erfahrung als vielmehr der kulturelle Kontext und die Sprache der ideologischen Kommunikation. Ihre Arbeit beruht auf einer freien spielerischen Manipulation dieser Sprache, auf deren ironisch in Szene gesetzten Zusammenstößen mit anderen Arten der Kommunikation. Ähnlichen Prinzipien folgt *Grischa Bruskin,* der sich dem ästhetischen Spiel mit sozialer und ideologischer Emblematik zuwendet, oder *Boris Orlow,* der in einer einzigen Plastik sowohl Elemente der sowjetischen Parkskulptur der 30er bis 50er Jahre wie Barockvoluten und den imperialen, den römischen Cäsaren nachempfindenden Stil der zaristischen Herrschaft zu vereinigen weiß.

Im übrigen entbehrt das Verhältnis der jungen Generation zur sozialen Wirklichkeit nicht einer gewissen Zwiespältigkeit. Unter Zuhilfenahme von Spott und Spiel versuchen sie zwar, sich aus den Fesseln der kulturellen und der ideologischen Stereotypen zu befreien, andererseits aber versetzen sie der Pomp der Kultur und die Ideologie mit ihrer Macht und ihrem majestätischen Gehabe in Bewunderung und andächtiges Entzücken. Während in die Auseinandersetzung der älteren Künstler mit dem Alltag knirschende, manchmal dramatische Töne einfließen, endet diese bei den Jungen oft mit einem reinigenden, befreidenden Lachen. Die Empfänglichkeit der Geistesströmung der 70er Jahre für die Probleme der Kultursprache findet in der Kunst von *Iwan Tschuikow* ihren Niederschlag, der sich vom künstlerischen Zitat und der Analyse des klassischen Malereisystems faszinieren läßt, und auf andere Weise bei *Arkadij Petrow,* einem Außenseiter, dessen Bilder aus der ironischen Identifikation mit Spießeridylle und Provinzfolklore resultieren.

Die Ästhetik der sozialen Kunst entwickelten die Jungen in der zweiten Hälfte der 70er Jahre. Zunächst einmal nahmen sie die Aufgabe, sich dem Alltagsleben zuzuwenden, wörtlich. In der Gruppe «Fliegenpilz» realisierten sie ihre Ideen in allen zugänglichen Formen der Aktion und der Performance. Damals entstand auch der provokative Terminus «Aptart» (Wohnungskunst) für eine Richtung, in der die soziale Wirklichkeit vom Objekt der Erforschung zum Lebensraum des Werkes selber wird. Die Bindung an die Tradition der sozialen Kunst hatte auch Bestand, als die jungen Künstler schließlich wieder zur Tafelmalerei zurückkehrten. *Konstantin Zwesdotschotow* trieb die narrativen Tendenzen des Moskauer Konzeptualismus auf die Spitze: Seine endlosen Bildserien folgen exakt entworfenen literarischen Szenarien. *Andreij Filippow* widmet sich ganz dem Spiel mit dem kulturgeschichtlichen Kontext. *Jurij Albert* entwickelt unerschöpflichen Humor, wenn er der Bildersprache in der Gesellschaft nachspürt. *Sven Gundlach* will alle diese Richtungen in seinem Werk vereinen.

Zu Beginn der 80er Jahre machten sich erste Anzeichen für den zunehmenden Einfluß eines fundamental neuen Bewußtseins in der Kunst bemerkbar. Die jüngste Künstlergeneration trifft Anstalten, sich aus dem Text der direkten Nachfolge der sozialen Tradition zu lösen. *Wadim Zacharow* beispielsweise vollzieht aus den Positionen des postkonzeptuellen Denkens eine interessante Hinwendung zur individualistischen Tradition der 60er Jahre und verwendet sein Schaffen auf den Aufbau einer hochkomplizierten persönlichen Mythologie. Dennoch sind auch für ihn, nicht weniger als für die Maler der 70er Jahre, eigene Existenz und künstlerische Arbeit untrennbar. *Andrej Rojter* wiederum glaubt, wie die Generation von *Njemuchin* und *Zwerew,* an die Ausdruckskraft der malenden Geste. Ihn unterscheidet von der Tradition der sozialen Kunst sein Interesse für die Banalität der Zeichenwelt.

Charakteristisch für den eingetretenen Wandel ist auch die Tatsache, daß die Jungen heute im Unterschied zur Generation der 50er Jahre unbelastet sind. Das klassische Erbe verursacht ihnen keine Haß–Liebe-Konflikte, die historische Avantgarde ist für sie ebenso Vergangenheit wie Andrej Rubljow und Ilja Repin, und die zeitgenössische Kunst des Westens ist für sie Gegenstand eines moderaten Dialogs zwischen gleichberechtigten Partnern. Sie spüren einen festen Rückhalt, die Tradition der sowjetischen Avantgarde-Kunst.

Ausstellungen

Die Angaben beruhen auf häufig unvollständigen Angaben der Künstler und Publikationen zur sowjetischen Kunst der Gegenwart.
Wenn nicht als Einzelausstellung bezeichnet, handelt es sich um Gruppenausstellungen.
Folgende Abkürzungen werden gebraucht:
– MOSCh = Moskauer Sektion des sowjetischen Künstlerverbandes
– Malaja Grusinskaja = Ausstellungsräume des Stadtkomitees der Gewerkschaft der Kulturschaffenden sowie des Komitees der Kunstgraphiker-Gewerkschaft, Malaja Grusinskaja-Straße Nr. 28

– APTART hinter dem Zaun. Siedlung Tarassowka
– Come Yesterday And You'll Be First. City Without Walls. Newark, N.J.
– Contemporary Russian Art Center of America, New York
1985–1987
Zahlreiche eintägige Ausstellungen
1986
O, Malta! Botschaft von Malta, Moskau
– Kunst gegen Kommerz. Bitza-Park, Moskau
– 17. Ausstellung junger Künstler. Künstlerhaus am Kusnezkij Most, Moskau
1987
Club der Avantgardisten (1. Ausstellung). Moskau
– Visuelle künstlerische Kultur. Vereinigung Ermitage, Moskau
– Retrospektive Ausstellung Moskauer Künstler 1957–1987. Vereinigung Ermitage, Moskau
– Kubismus-Ausstellung. Club der Avantgardisten, Moskau
1987/1988
Wanderausstellung «In der Hölle». Club der Avantgardisten, Moskau

Grischa Davidowitsch Bruskin
* 21. 10. 1945

1976
Abendveranstaltung und Einzelausstellung. Künstlerhaus, Moskau
1983
Einzelausstellung. Wilna, Litauen
1984
Einzelausstellung. Zentralhaus der Kunstschaffenden, Moskau
1987
Der Künstler und die Gegenwart. Ausstellungsräume an der Kaschirskoje Chaussee, Moskau
– Das Objekt. Malaja Grusinskaja, Moskau
– Retrospektive Ausstellung Moskauer Künstler 1957–1987. Vereinigung Ermitage, Moskau
– International Art Exhibition. Chicago

Erik Wladimirowitsch Bulatow
* 5. 9. 1933

1956
Zweite Ausstellung junger Moskauer Künstler, Moskau
1957
Internationale Jugendausstellung anläßlich des 6. Welt-Jugendfestivals, Moskau
1965
Ausstellung zusammen mit Wjatscheslaw Kalinin, Kurtschatow-Institut für Kernphysik, Moskau (Ausstellung wurde nach einer Stunde geschlossen)
1967
Zwei Ein-Abend-Ausstellungen. Café Blauer Vogel, Moskau
1968
Ausstellung zusammen mit Ilja Kabakow, Moskau
1973
Avant-garde russe, Moscou 1973. Galerie Dina Vierny, Paris
1977
La nuova arte sovietica: Una prospettiva non ufficiale. Biennale di Venezia
1982
Fotografie und Malerei. Zentrum für Ästhetik in der Technik, Moskau
– Fotografie in der Malerei. Museum der Stadt Tartu, Estland
1984
Sots Art. Semaphore Gallery, Broadway, New York
1986
Gruppenausstellung. Malaja Grusinskaja, Moskau
– Sots Art. The New Museum of Contemporary Art, New York
1987
Der Künstler und die Gegenwart. Ausstellungsräume an der Kaschirskoje-Chaussee, Moskau
– Direct from Moscow! Gallery Phillis Kind, New York
1988
Erik Bulatow, Moskau. Kunsthalle, Zürich; Portikus, Frankfurt a. M.; Kunstverein, Bonn

Andrej Stanislawowitsch Filippow
* 20. 4. 1959

1983
APTART in der Natur. Kalistowo, 29. Mai
– APTART hinter dem Zaun. Siedlung Tarassowka
1984
APTART, Ferne Länder. Moskau
– APTART, Odessaer Ausstellung. Moskau, 25. Mai
1986
Bewaffneter Dezember-Aufstand. Privatwohnung, Moskau
– O, Malta! Botschaft von Malta, Moskau
– Eine Reihe eintägiger Ausstellungen im Künstlerhaus am Kusnezkij Most, Moskau
– Kunst gegen Kommerz. Bitza-Park, Moskau
1987
Club der Avantgardisten (1. Ausstellung), Moskau
– Präsentation. Vereinigung Ermitage, Moskau
– Wohnstätte. Vereinigung Ermitage, Moskau
– Retrospektive Ausstellung Moskauer Künstler 1957–1987. Vereinigung Ermitage, Moskau
– Kubismus-Ausstellung. Club der Avantgardisten, Moskau
1987/1988
Wanderausstellung «In der Hölle». Club der Avantgardisten, Moskau

Eduard Semjonowitsch Gorochowskij
* 12. 6. 1929

1975
Vierte Dimension im Viereck. Galerie Mart (?), Polen
1977
New Art from the Soviet Union. The Herbert F. Johnson Museum of Art, Cornell University, Ithaca, N.Y.
1978
New Art from the Soviet Union. The Arts Club of Washington, Kiplinger Editors Building, Washington D.C.
1979
Farbe, Form, Raum. Malaja Grusinskaja, Moskau
– Einzelausstellung: Graphik. Canberra, Australien
1980
Nonconformists. Maryland College Park, USA
1981
25 Years of Soviet Unofficial Art: 1956–1981. Museum of Soviet Unofficial Art, Jersey City, USA
1981–1982
Russian New Wave. Contemporary Russian Art Center of America, New York
1981
La Peinture Russe d'aujourd'hui 1971–1981. Galeries Gorky, Paris
1982
Malerei. Malaja Grusinskaja, Moskau
1984
Fotografie in der Malerei. Staatsmuseum, Tartu, Estland
1986
Malerei. Malaja Grusinskaja, Moskau
1987
Der Künstler und die Gegenwart. Ausstellungsräume an der Kaschirskoje Chaussee, Moskau
– Das Objekt. Malaja Grusinskaja, Moskau

Jurij Feliksowitsch Albert
* 16. 10. 1959

1978
Gruppenausstellung im Atelier von M. Odnoralow, Moskau
1979
Gruppenausstellung in der Wohnung von J. Albert, Moskau
1983
APTART in der Natur. Kalistowo, 29. Mai

Sven Guidowitsch Gundlach
*25.5.1959

1978
Experiment. Malaja Grusinskaja, Moskau
1978–1984
Ausstellungen in Wohnungen, Performances, eintägige Ausstellungen im Künstlerhaus, Moskau
1983
City Without Walls. Newark, N.J.
– Contemporary Russian Art Center of America, New York
1984
Contemporary Russian Art Center of America, New York
1985
Washington Project for the Arts, Washington D.C.
1986
The New Museum of Contemporary Art, New York
– 17. Ausstellung junger Moskauer Künstler, Moskau
1987
Club der Avantgardisten, Moskau

Francisco Infante
*4.6.1943

1963
Ausstellung geometrischer Zeichnungen. Zentralhaus der Kunstschaffenden, Moskau
1964
Der Weg zur Synthese in der Kunst. Komsomol-Club in der Marinskaja-Straße, Moskau
1965
Ausstellung und Vorführung der kinetischen Kunst. Institut für Atomenergie, Moskau
1965
Club Viola, Prag
– Galerie Na Karlovom Nameste, Prag
– Stadtgalerie, Louny, Tschechoslowakei
– Neue Tendenz-3. Zagreb, Jugoslawien
– Alternative attuali II. Castello Spagnolo, L'Aquila, Italien
1966
Kinetische Kunst. Haus der Architekten, Leningrad
– Neuer Aspekt in der zeitgenössischen Kunst. München
– Internationale Ausstellung «Kunst». Eindhoven, Niederlande
1967
Kinetik. Köln
1968
Dokumenta. Kassel
– Ausstellung der russischen kinetischen Kunst. Prag; Bratislava

1969
Nuova Scuola di Mosca. Galleria Pananti, Florenz
– Club der Konkretisten. Karlovy Vary – Duben – Kveten, Tschechoslowakei
– Biennale-69. Nürnberg.
– Pläne und Projekte im Bereich der Kunst. Kunsthalle, Bern
1973
Eintägige Ausstellung «Was ist Kinetismus?». Künstlerhaus am Kusnezkij Most, Moskau
1974
Einzelausstellung F. Infante und kinetische Praktiken der Gruppe «ARGO». Zentrum der spanischen Gemeinschaft, Moskau
1977
– La nuova arte sovietica: una prospettiva non ufficiale. La Biennale di Venezia
1978
Wissenschaft und Kunst. Haus der Akademie der Wissenschaften, Moskau
– La nuova arte sovietica non ufficiale. Bellinzona, Schweiz
1979
Farbe, Form, Raum. Malaja Grusinskaja, Moskau
– 20 Jahre unabhängige Kunst aus der Sowjetunion. Museum Bochum
1981
Allsowjetische Ausstellung der angewandten Kunst und des Designs. Künstlerhaus am Krimskij Wall, Moskau
– Kosmos. Malaja Grusinskaja, Moskau
– Einzelausstellung: Künstliche Objekte und natürliche Umwelt. Institut für Ästhetik in der Technik, Moskau
– Retrospektive Einzelausstellung: Präsenz. Malaja Grusinskaja, Moskau
– Retrospektive Einzelausstellung: Artefakte. Haus der Akademie der Wissenschaften, Tschernogolowka b. Moskau
– Ausstellung-Konferenz: Möglichkeiten der Fotografie. Institut für Ästhetik in der Technik, Moskau
– Nouvelles tendances de l'art russe non officiel 1970–1980. Le Centre Culturel de la Villedieu, Frankreich
1982
Einzelausstellung: Artefakt gewidmet. Institut für Theorie und Geschichte der Architektur, Moskau

– Eintägige Ausstellung: Artefaktie. Künstlerhaus am Kusnezkij Most, Moskau
1984
Welt der Gegenstände. Institut für Ästhetik in der Technik, Moskau
– Einzelausstellung: Artefakte. Haus des Wissens, Riga, Lettland
– Fotoobjektiv und Leben. Manege, Moskau
– Einzelausstellung: Artefakte. Museum der Fotografie, Schaylai, Litauen
– Fotografie in der Malerei. Staatsmuseum, Tartu, Estland
– Eintägige Ausstellung mit Seminar: Geometrie und Raum. Haus der Architekten, Moskau
– FOTO-84. Malaja Grusinskaja, Moskau
– Eintägige Ausstellung: Artefakte. Künstlerhaus am Kusnezkij Most, Moskau
– Tradition und Gegenwart. Düsseldorf, Hannover, Stuttgart
1985
Eintägige Ausstellung: Artefakte. Zentralhaus der Kunstschaffenden, Moskau
– Internationale Ausstellung «Experimentelle Kunst». Club der jungen Künstler, Ungarn
1986
Wissenschaftlich-technischer Fortschritt und die bildende Kunst. Zentrales Künstlerhaus, Moskau
– 60 Jahre Zeitschrift «Sowjetische Fotografie». Journalistenverband, Moskau
– Malerei. Malaja Grusinskaja, Moskau
– Die Kunst heute. Club der jungen Künstler, Ungarn
1987
Der Künstler und die Gegenwart. Ausstellungsräume an der Kaschirskoje-Chaussee, Moskau
– Das Objekt I. Malaja Grusinskaja, Moskau
– Wohnstätte. Kulturzentrum Ermitage, Moskau
– Zeit, Raum, Kunst. Künstlerverband der Tatarischen Autonomen SSR, Kasan
– Retrospektive Ausstellung Moskauer Künstler 1957–1987. Vereinigung Ermitage, Moskau

Wladimir Igorjewitsch Jakowlew
*14.3.1934

1977
Einzelausstellung: Malerei und Graphik. Malaja Grusinskaja, Moskau

1979
Malaja Grusinskaja, Moskau
1980
Malerei. Malaja Grusinskaja, Moskau
1982
Malaja Grusinskaja, Moskau
1983
Zeichnungen und Aquarelle. Malaja Grusinskaja, Moskau
1984
Malaja Grusinskaja, Moskau
1986
Malerei. Malaja Grusinskaja, Moskau

Wladimir Borissowitsch Jankilewskij
*15.2.1938

1962
Werke von W. Jankilewskij und E. Neiswestnyj. Universität, Moskau
– Ausstellung der Gruppe des Beljutin-Ateliers. Bolschaja Kommunistitscheskaja-Straße, Moskau
– Ausstellung zum 30. Jahrestag der Gründung der MOSCh. Manege, Moskau
1965
Einzelausstellung. Institut für Biophysik, Moskau
– Alternative attuali II. Castello Spagnolo, L'Aquila, Italien
– Zeichnungen und Graphik junger sowjetischer Künstler. Usti na Orlici – Most, Tschechoslowakei
– Zlote Grono. Zielona Góra, Polen
1966
Jankilewskij und Neiswestnyj. Galerie der Brüder Capek. Prag
– 16 Künstler aus Moskau. XIX. Festival der Schönen Künste. Sopot-Poznan, Polen
– La Biennale di Venezia
1967
Quindici giovani pittori moscoviti. Galleria il Segno, Rom.
– Giovani artisti di Mosca. Gruppo d'arte Renzo Botti, Cremona
1969
Nuova Scuola di Mosca. Galleria Pananti, Florenz
– Neue Schule von Moskau. Galerie Behr, Stuttgart
– Neue Schule von Moskau. Galerie Interior, Frankfurt a. M.
1970
Nuovi correnti a Mosca. Museo Belle Arti, Lugano, Schweiz
– Russische Avantgarde in Moskau heute. Galerie Gmurzynska, Köln
– Sechs sowjetische Künstler. Galerie R. Ziegler, Zürich

1973
Avant-garde russe, Moscou 1973.
Galerie Dina Vierny, Paris
– Russische Kunst der Gegenwart,
Graphiken der Avantgarde.
Museum am Ostwall, Dortmund
1974
Progressive Strömungen in
Moskau 1957–1970.
Museum Bochum
1975
Zwanzig Moskauer Künstler.
Pavillon für Imkerei, Ausstellung
der wirtschaftlichen Errungenschaften der UdSSR, Moskau
– Russische nonkonformistische
Maler. Sammlung Gleser. Kunstverein Braunschweig; Kunstverein Freiburg i. Brsg.; Kunstamt Charlottenburg, West-Berlin
– Sieben aus Moskau. Galerie
Brandstätter, Wien
1976
Musée Russe en Exil (Eröffnungsausstellung), Montgeron,
Frankreich
– La deuxième Biennale
européenne de la gravure de
Mulhouse, Frankreich
– La peinture russe contemporaine. (In Zusammenarbeit mit
Musée Russe en Exil, Montgeron)
Palais de Congrès, Paris
– Alternativen (Sammlung Gleser).
Kunstverein, Esslingen
– Russische nonkonformistische
Maler (Sammlung Gleser).
Kunstverein, Konstanz, BRD
– Russische nonkonformistische
Maler (Sammlung Gleser).
Städtische Galerie «Die Fähre»,
Saulgau, BRD
– Convention of the American
Association for the Advancement
of Slavic Studies, New Art from
the Soviet Union. St. Louis, USA
1977
– New Art from the Soviet Union.
The Herbert F. Johnson Museum
of Art, Cornell University, Ithaca,
N.Y.
– Unofficial Russian Painting.
Institute of Contemporary Art,
London
– La nuova arte sovietica:
una prospettiva non ufficiale.
La Biennale di Venezia
1978
Jankilewskij, Schtejnberg. Malaja
Grusinskaja, Moskau
– La nuova arte sovietica. La Biennale di Torino. Palazzo Reale, Turin
– Aspetti e documentazione degli
artisti non conformisti dell'Unione
Sovietica. Lodi, Italien
– La nuova arte sovietica non
ufficiale. Bellinzona, Schweiz
– Russische Malerei der Gegenwart. Saarland-Museum,
Saarbrücken
– Sept Artistes Russes. Galerie
Campo, Antwerpen
– New Art from the Soviet Union.
The Arts Club of Washington,
Kiplinger Editors Building,
Washington D.C.
– Modern Unofficial Soviet Art.
Municipal Museum, Tokyo
1979
Farbe, Form, Raum. Malaja
Grusinskaja, Moskau
– 20 Jahre unabhängige Kunst aus
der Sowjetunion. Museum Bochum
– 10 de la Russie. Galerie Hardy,
Paris
1980
19 Künstler. Malaja Grusinskaja,
Moskau
1981
Nouvelles tendances de l'art russe
non officiel 1970–1980. Le Centre
Culturel de la Villedieu, Frankreich
1982
Malerei. Malaja Grusinskaja,
Moskau
– Fotografie und Malerei. Zentrum
für Ästhetik in der Technik, Moskau
– Drei Ein-Abend-Ausstellungen,
Moskau
1983
Graphikausstellung. Malaja
Grusinskaja, Moskau
– Expressionisme russe. Musée
Russe en Exil, Montgeron,
Frankreich
1984
Malaja Grusinskaja, Moskau
– Russische Kunst der Gegenwart.
Dauerausstellung des Museums
Bochum
– Das Prinzip Hoffnung. Museum
Bochum
1985
Jankilewskij, Kabakow,
Schtejnberg. Universität Bielefeld,
Museum Bochum
– Graphik des 20. Jahrhunderts
aus ungarischen Sammlungen.
Kunstmuseum, Budapest
1986
Malerei. Malaja Grusinskaja,
Moskau
1987
Das Objekt I. Malaja Grusinskaja,
Moskau
– Der Künstler und die Gegenwart.
Ausstellungsräume an der
Kaschirskoje Chaussee, Moskau
– Einzelausstellung. Malaja
Grusinskaja, Moskau
– Sechziger und siebziger Jahre.
Eine Retrospektive. Beljajewo,
Moskau
– Einzelausstellung. Zentrales
Künstlerhaus, Moskau
– Siebziger und achtziger Jahre.
Eine Retrospektive. Beljajewo,
Moskau

Ilja Iossifowitsch Kabakow
*30.9.1933

1962
Ausstellung der Gruppe des Beljutin-Ateliers, Bolschaja Kommunistitscheskaja-Straße, Moskau
1965
Alternative attuali II. Castello
Spagnolo, L'Aquila, Italien
1966
16 Künstler aus Moskau.
XIX. Festival der Schönen Künste,
Sopot-Poznan, Polen
1967
Giovani artisti di Mosca. Gruppo
d'arte Renzo Botti, Cremona
– Quindici giovani pittori moscoviti. Galleria il Segno, Roma
1968
Café Blauer Vogel, Moskau
1969
Nuova Scuola di Mosca. Galleria
Pananti, Florenz
– Neue Schule von Moskau.
Galerie Behr, Stuttgart
– Neue Schule von Moskau.
Galerie Interior, Frankfurt a. M.
1970
Nuovi correnti a Mosca. Museo
Belle Arti, Lugano, Schweiz
– Russische Avantgarde in
Moskau heute. Galerie
Gmurzynska, Köln
– Sechs sowjetische Künstler.
Galerie R. Ziegler, Zürich
1973
Avant-garde russe, Moscou 1973.
Galerie Dina Vierny, Paris
– Russische Kunst der Gegenwart,
Graphiken der Avantgarde.
Museum am Ostwall, Dortmund
– Freiburg i. Brsg., BRD
1974
Progressive Strömungen in
Moskau 1957–1970.
Museum Bochum
1975
Zwanzig Moskauer Künstler. Pavillon für Imkerei, Ausstellung der
wirtschaftlichen Errungenschaften
der UdSSR, Moskau
– Russische nonkonformistische
Maler (Sammlung Gleser). Kunstverein Braunschweig; Kunstverein
Freiburg i. Brsg.; Kunstamt
Charlottenburg, West-Berlin
– Sieben aus Moskau. Galerie
Brandstätter, Wien
1976
Musée Russe en Exil (Eröffnungsausstellung), Montgeron,
Frankreich
– La peinture russe contemporaine. (In Zusammenarbeit mit
Musée Russe en Exil, Montgeron)
Palais de Congrès, Paris
– Alternativen (Sammlung Gleser).
Kunstverein, Esslingen
– Russische nonkonformistische
Maler (Sammlung Gleser).
Kunstverein, Konstanz, BRD
– Russische nonkonformistische
Maler (Sammlung Gleser).
Städtische Galerie «Die Fähre»,
Saulgau, BRD
1977
Unofficial Russian Painting. Institute of Contemporary Art, London
– La nuova arte sovietica: una
prospettiva non ufficiale.
La Biennale di Venezia
– Art et matière. Orangerie du
Luxembourg, Paris
– New Art from the Soviet Union.
The Arts Club of Washington,
Kiplinger Editors Building,
Washington D.C.
– New Art from the Soviet Union.
The Herbert F. Johnson Museum
of Art, Cornell University, Ithaca,
N.Y.
1978
La nuova arte sovietica. La Biennale di Torino. Palazzo Reale, Turin
– Aspetti e documentazione degli
artisti non conformisti dell'Unione
Sovietica. Lodi, Italien
– La nuova arte sovietica non
ufficiale. Bellinzona, Schweiz
– Russische Malerei der
Gegenwart. Saarland-Museum,
Saarbrücken
1979
Farbe, Form, Raum. Malaja
Grusinskaja, Moskau
– 20 Jahre unabhängige Kunst
aus der Sowjetunion. Museum
Bochum
– Vierte Dimension im Viereck,
Galerie Mart, Rockenberg
1980
19 Künstler. Malaja Grusinskaja,
Moskau
1981
Nouvelles tendances de l'art russe
non officiel 1970–1980. Le Centre
Culturel de la Villedieu, Frankreich
– La peinture russe d'aujourd'hui
1971–1981. Galleries Gorky, Paris
– 25 Years of Soviet Unofficial Art:
1956–1981. Museum of Soviet
Unofficial Art, Jersey City, USA
1982
Malerei. Malaja Grusinskaja,
Moskau
– Fotografie und Malerei. Zentrum
für Ästhetik in der Technik, Moskau
– Drei Ein-Abend-Ausstellungen,
Moskau

1983
Graphik. Malaja Grusinskaja, Moskau
1984
Fotografie in der Malerei. Staatsmuseum Tartu, Estland
– Das Prinzip Hoffnung, Museum Bochum
1985
Einzelausstellung: Am Rande. Kunsthalle, Bern; Musée Contini, Marseille; Kunstverein, Düsseldorf
– Einzelausstellung. Galerie Dina Vierny, Paris
– Jankilewskij, Kabakow, Schtejnberg. Zentrum für interdisziplinäre Forschung der Universität Bielefeld. Museum Bochum
1986
Einzelausstellung: Kabakow. Centre National des Arts Plastiques, Paris
1987
Der Künstler und die Gegenwart. Ausstellungsräume an der Kaschirskoje-Chaussee, Moskau
– Das Objekt I. Malaja Grusinskaja, Moskau
– Wohnstätte. Vereinigung Ermitage, Moskau
– Retrospektive Ausstellung Moskauer Künstler 1957–1987. Vereinigung Ermitage, Moskau
– Gegenwartskunst aus der Sowjetunion: Ilja Kabakow und Iwan Tschuikow. Museum für Gegenwartskunst, Basel
– FIAC. Galerie de France, Paris

Dmitrij Michailowitsch Krasnopewzew
*8.6.1925

1962–1975
– Ausstellungen in der Wohnung von Swjatoslaw Richter, Moskau
– Museum of Modern Art, New York
– Frankreich, USA, Brasilien, Japan, BRD, Schweiz u. a.
1967
Malerei und Zeichnung (Sammlung Gleser). Georgischer Künstlerverband, Tbilisi, Sowjetunion
– A Survey of Russian Painting, Fifteenth Century to the Present. Gallery of Modern Art, New York
– La Peinture Nouvelle d'Union Soviétique. Galerie ABC, Maison de la Tour, St. Restitut, Drôme, Frankreich
1970
Nuovi Correnti a Mosca. Museo Belle Arti, Lugano, Schweiz
1974
Huit peintres de Moscou. Musée de Peinture et de Sculpture, Grenoble, Frankreich
1975
Zwanzig Moskauer Künstler. Pavillon für Imkerei, Ausstellung der wirtschaftlichen Errungenschaften der UdSSR, Moskau
– Russischer Februar 1975 in Wien, Künstlerhaus Wien
– Russische nonkonformistische Maler (Sammlung Gleser). Kunstverein Braunschweig; Kunstverein Freiburg i. Brsg.; Kunstamt Charlottenburg, West-Berlin
1976
Sept Artistes Russes. Musée Russe en Exil, Montgeron, Frankreich
– Salon des Réalités Nouvelles, Paris
– Alternativen (Sammlung Gleser). Kunstverein, Esslingen
1979
Malaja Grusinskaja, Moskau
1980
Malaja Grusinskaja, Moskau
1982
Malaja Grusinskaja, Moskau
1983
Zeichnungen, Aquarelle. Malaja Grusinskaja, Moskau
1984
Malaja Grusinskaja, Moskau
1986
Malerei. Malaja Grusinskaja, Moskau

Wladimir Nikolajewitsch Njemuchin
*12.11.1925

1952
Herbstausstellung der Moskauer Künstler, Moskau
1953
Ausstellung Moskauer Künstler, Moskau
1965
The Fielding Collection of Russian Art. Arleigh Gallery, San Francisco
1967
Quindici giovani pittori moscoviti. Galleria il Segno, Rom
– A Survey of Russian Painting, Fifteenth Century to the Present. Museum of Modern Art, New York
– La Peinture Nouvelle d'Union Soviétique. Galerie ABC, Maison de la Tour, St. Restitut, Drôme, Frankreich
1969
Nuova Scuola di Mosca. Galleria Pananti, Florenz
– Neue Schule von Moskau. Galerie Behr, Stuttgart
– Neue Schule von Moskau. Galerie Interior, Frankfurt a. M.
1970
Nuovi correnti a Mosca. Museo Belle Arti, Lugano
1971
Alexej Smirnov und die russische Avantgarde. Kunstgalerie Villa Egli-Keller, Zürich
– Zehn Moskauer Künstler. Københavns Kommunes Kulturfond, Kopenhagen
1973
«Bulldozer-Ausstellung». Ismailowo, Moskau
– Avant-garde russe, Moscou 1973. Galerie Dina Vierny, Paris
1974
Zwanzig Moskauer Künstler. Pavillon für Imkerei, Ausstellung der wirtschaftlichen Errungenschaften der UdSSR, Moskau
– Erste Open-air-Herbstausstellung, Tscheremuschki, Moskau («Bulldozer-Ausstellung»)
– Zweite Open-air-Herbstausstellung, Ismailowo, Moskau
– Progressive Strömungen in Moskau 1957–1970. Museum Bochum
– Huit peintres de Moscou. Musée de Peinture et de Sculpture, Grenoble, Frankreich
1975
Zwanzig Moskauer Künstler. Pavillon für Imkerei, Ausstellung der wirtschaftlichen Errungenschaften der UdSSR, Moskau
– Russische nonkonformistische Maler (Sammlung Gleser). Kunstverein Braunschweig; Kunstverein Freiburg i. Brsg.; Kunstamt Charlottenburg, West-Berlin
– Der russische Februar in Wien (Sammlung Gleser). Künstlerhaus Wien
– Sieben aus Moskau. Galerie Brandstätter, Wien
1976
Sieben Künstler. Malaja Grusinskaja, Moskau
– Musée Russe en Exil, Montgeron, Frankreich
– Alternativen (Sammlung Gleser). Kunstverein, Esslingen
– Russische nonkonformistische Maler (Sammlung Gleser). Kunstverein, Konstanz
– Russische nonkonformistische Maler (Sammlung Gleser). Städtische Galerie «Die Fähre», Saulgau, BRD
1977
Unofficial Russian Painting. Institute of Contemporary Art, London
– La nuova arte sovietica: una prospettiva non ufficiale. La Biennale di Venezia
– La peinture russe contemporaine. (In Zusammenarbeit mit Musée Russe en Exil, Montgeron) Palais de Congrès, Paris
– Metropolitan Museum, New York
1978
Malaja Grusinskaja, Moskau
– La nuova arte sovietica non ufficiale. Bellinzona, Schweiz
– La nuova arte sovietica. La Biennale di Torino. Palazzo Reale, Turin
– Russische Malerei der Gegenwart. Saarland-Museum, Saarbrücken
– L'art russe non-officiel. (In Zusammenarbeit mit Musée d'Art Russe Contemporain) Musée du Vieux Château, Laval; Musée des Beaux-Arts, Tours, Frankreich
– New Art from the Soviet Union. The Arts Club of Washington, Kiplinger Editors Building, Washington D. C.
– Modern Unofficial Soviet Art. Municipal Museum, Tokyo
1979
Moscou-Paris. Musée Russe en Exil, Montgeron, Frankreich
– L'art russe contemporain. Galerie Moscou-Petersbourg, Paris
– 15 de Russie. (In Zusammenarbeit mit der Galerie Moscou-Petersbourg, Paris) Galerie Virus, Lausanne, Schweiz
– Moscou-Paris. (In Zusammenarbeit mit der Galerie Moscou-Petersbourg) Galeria Katia Granoff, Paris
1980
Malaja Grusinskaja, Moskau
– 15 de Russie. Galerie Moscou-Petersbourg, Paris
– Première Biennale des peintres russes. (In Zusammenarbeit mit Musée d'Art Russe Contemporain) Centre des Arts et Loisirs du Vesine, Vesine, Frankreich
– Migame. Paris
– Biennale de l'art graphique
– 80. Galerie Moscou-Petersbourg, Paris
– Esposizione d'arte russa non-ufficiale. Salone Fieristico, Rimini, Italien
– Unofficial Soviet Artists. Galerie Holst Halvorsens Kunsthandel A. S., Oslo
– Museum of Soviet Unofficial Art (Eröffnungsausstellung). Jersey City, USA
1981
Malaja Grusinskaja, Moskau
– Galerie Virus, Lausanne, Schweiz
– 25 Years of Soviet Unofficial Art: 1956–1981. Museum of Soviet Unofficial Art, Jersey City, USA
1982
Malaja Grusinskaja, Moskau

1982–1983
The Russian Still-Life and Portrait. C. A. S. E. Museum of Russian Contemporary Art in Exile, Jersey City, USA
1983
Malaja Grusinskaja, Moskau
– Unofficial Art from the Soviet Union. (In Zusammenarbeit mit C. A. S. E. Museum of Contemporary Russian Art in Exile), Cannon Rotunda and Russel Rotunda, Capitol Hill, Washington D. C.
– Portrait, nature morte et paysage russe. Musée d'Art Russe Contemporain, Montgeron, Frankreich
– Unofficial Art form the Soviet Union. Jewish Community Center, Scranton, USA
1984
Einzelausstellung. Kurtschatow-Institut für Kernphysik, Moskau
– Moscou-Paris-New York. Galerie Marie-Thérèse, Paris
– Inoffizielle russische Kunst. Meerbuscher Kultursommer, Meerbusch, BRD
– L'art graphique. Galerie Marie-Thérèse, Paris
– Ten Years Ago (The Tenth Anniversary of the «Bulldozer-Exhibition» in Moscow). C. A. S. E. Museum of Russian Contemporary Art in Exile, Jersey City, USA
– Il y a dix ans. Musée d'Art Russe Contemporain, Montgeron, Frankreich
1985
Sept peintres russes. Galerie Marie-Thérèse, Paris
– Eight Russian Artists. Profile Gallery (in Zusammenarbeit mit Galerie Marie-Thérèse, Paris), New York
1986
Einzelausstellung, New York
– Contemporary Russian Art. (In Zusammenarbeit mit C. A. S. E. Museum of Russian Contemporary Art in Exile), Gettysburg College, Gettysburg, USA
– Zehnter Jahrestag der Gründung von Musée d'Art Russe Contemporain en Exil, Montgeron, Frankreich
1987
Das Objekt. Malaja Grusinskaja, Moskau

Boris Konstantinowitsch Orlow
* 1. 4. 1941

1968
Ausstellung junger Künstler, Künstlerhaus am Kusnezkij Most, Moskau
1972
Ausstellung junger Künstler, Moskau
1975
Ausstellung in einer Wohnung, Moskau
1976
Ausstellung in einer Wohnung, Moskau
1980
Ausstellung russischer Künstler. Paris
1986
Folklore-Tradition in der professionellen und in der Laienkunst. Moskau
1987
Der Künstler und die Gegenwart. Ausstellungsräume an der Kaschirskoje Chaussee, Moskau
– Retrospektive Ausstellung Moskauer Künstler 1957–1987. Vereinigung Ermitage, Moskau

Nikolaj Nikolajewitsch Owtschinnikow
* 3. 9. 1958

1982
Performance «Der Turm des Himmels». Bildhauer-Club, Moskau
– Eintägige Ausstellungen im Künstlerhaus am Kusnezkij Most, Moskau
1983
14. Ausstellung junger Moskauer Künstler, Moskau
– Eintägige Ausstellungen im Künstlerhaus am Kusnezkij Most, Moskau
1984
15. Ausstellung junger Moskauer Künstler. Manege, Moskau
– Eintägige Ausstellungen am Kusnezkij Most, Moskau
– Malaja Grusinskaja, Moskau
1985
16. Ausstellung junger Moskauer Künstler. Künstlerhaus am Kusnezkij Most, Moskau
– Performance «Alles bestens». Moskau
– Malaja Grusinskaja, Moskau
– Ausstellung der Künstler des Theaters und des Films, Moskau – Kasan
1986
Für die Kunst kämpfen. Ausstellung im Bitza-Park, Moskau
– 17. Ausstellung junger Moskauer Künstler. Künstlerhaus am Kusnezkij Most, Moskau
1987
Ausstellungssaal an der Millionschtschikow-Straße, Moskau
– Club der Avantgardisten (1. Ausstellung), Moskau
– Retrospektive Ausstellung Moskauer Künstler 1957–1987. Vereinigung Ermitage, Moskau

Arkadij Iwanowitsch Petrow
* 7. 4. 1940

1982
Ausstellung zum 50. Jahrestag der Gründung der MOSCh, Moskau
1984
Einzelausstellung, Moskau
1987
Der Künstler und die Gegenwart. Ausstellungsräume an der Kaschirskoje-Chaussee, Moskau.
– Beteiligung an regionalen und Allunions-Gruppenausstellungen.
– Werke von Arkadij Petrow befinden sich in folgenden Sammlungen:
Russisches Museum, Leningrad (13 Arbeiten)
Sammlung Ludwig, Köln-Aachen
Sammlung Kostakis, Griechenland

Wiktor Dmitrijewitsch Piwowarow
* 14. 1. 1937

1984
Einzelausstellung: Zeichnungen und Aquarelle 1982–1984. Institut für makromolekulare Chemie der Akademie der Wissenschaften der CSSR, Prag
– Einzelausstellung: Bilder 1981–1984. UKDZ, Prag
– Werke von W. Piwowarow befinden sich in folgenden Sammlungen:
Staatliche Tretiakow-Galerie, Moskau
Puschkin-Museum der bildenden Künste, Moskau
Dostojewskij-Museum, Leningrad
Nationalgalerie, Prag
Galerie der Bildenden Künste, Nachod, Tschechoslowakei
Galerie Benedikt Reit, Louny, Tschechoslowakei

Dmitrij Petrowitsch Plawinskij
* 28. 4. 1937

1965
The Fielding Collection of Russian Art. Arleigh Gallery, San Francisco
1967
Quindici giovani pittori moscoviti. Galleria Il Segno, Rom
– A Survey of Russian Painting, Fifteenth Century to the Present. Gallery of Modern Art, New York
– La Peinture Nouvelle d'Union Soviétique. Galerie ABC, Maison de la Tour, St. Restitut, Drôme, Frankreich
1969
Institut für Weltwirtschaft und Internationale Beziehungen, Moskau
– Nuova Scuola di Mosca. Galleria Pananti, Florenz
– Neue Schule von Moskau. Galerie Behr, Stuttgart
– Neue Schule von Moskau. Galerie Interior, Frankfurt a. M.
1970
Nuovi correnti a Mosca. Museo Belle Arti, Lugano, Schweiz
– Alexej Smirnov und die russische Avantgarde. Kunstgalerie Villa Egli-Keller, Zürich
1971
Zehn Moskauer Künstler. Københavns Kommunes Kulturfond, Kopenhagen
1973
Avant-garde russe, Moscou 1973. Galerie Dina Vierny, Paris
1974
Zwanzig Moskauer Künstler. Pavillon für Imkerei, Ausstellung der wirtschaftlichen Errungenschaften der UdSSR, Moskau
– Erste Open-air-Herbstausstellung. Tscheremuschki, Moskau («Bulldozer-Ausstellung»)
– Zweite Open-air-Herbstausstellung. Ismailowo, Moskau
– Progressive Strömungen in Moskau 1957–1970. Museum Bochum
– Huit peintres de Moscou. Musée de Peinture et de Sculpture, Grenoble, Frankreich
1975
Zwanzig Moskauer Künstler. Pavillon für Imkerei, Ausstellung der wirtschaftlichen Errungenschaften der UdSSR, Moskau
– Russische nonkonformistische Maler (Sammlung Gleser). Kunstverein Braunschweig; Kunstverein Freiburg i. Brsg.; Kunstamt Charlottenburg, West-Berlin
– Der russische Februar in Wien (Sammlung Gleser). Künstlerhaus, Wien
– Sieben aus Moskau. Galerie Brandstätter, Wien
1976
Musée Russe en Exil, Montgeron, Frankreich
– Alternativen (Sammlung Gleser). Kunstverein, Esslingen, BRD
– Russische nonkonformistische Maler (Sammlung Gleser). Kunstverein, Konstanz, BRD
– Russische nonkonformistische Maler (Sammlung Gleser). Stadtgalerie «Die Fähre», Saulgau, BRD
1977
Unofficial Russian Painting. Institute of Contemporary Art, London
– La nuova arte sovietica: una prospettiva non ufficiale.

La Biennale di Venezia
— La peinture russe contemporaine. (In Zusammenarbeit mit Musée Russe en Exil, Montgeron) Palais de Congrès, Paris

1978
La nuova arte sovietica non ufficiale. Bellinzona, Schweiz
— La nuova arte sovietica. La Biennale di Torino. Palazzo Reale, Turin
— Russische Malerei der Gegenwart. Saarland-Museum, Saarbrücken
— L'art russe non-officiel. (In Zusammenarbeit mit Musée d'Art Russe Contemporain) Musée du Vieux Château, Laval; Musée des Beaux-Arts, Tours, Frankreich
— 15 de Russie. Galerie Hardy, Paris
— New Art from the Soviet Union. The Arts Club of Washington, Kiplinger Editors Building, Washington D.C.
— Modern Unofficial Soviet Art. Municipal Museum, Tokyo

1979
Moscou-Paris. Musée Russe en Exil, Montgeron, Frankreich
— L'art russe contemporain. Galerie Moscou-Petersbourg, Paris
— 15 de Russie. (In Zusammenarbeit mit der Galerie Moscou-Petersbourg, Paris) Galerie Virus, Lausanne, Schweiz
— Moscou-Paris. (In Zusammenarbeit mit der Galerie Moscou-Petersbourg) Galerie Katia Granoff, Paris

1980
15 de Russie. Galerie Moscou-Petersbourg, Paris
— Première Biennale des peintres russes. (In Zusammenarbeit mit Musée d'Art Russe Contemporain) Centre des Arts et Loisirs du Vesine, Vesine, Frankreich
— Migame. Paris
— Biennale de l'art graphique-80. Galerie Moscou-Petersbourg, Paris
— Esposizione d'arte russa non-ufficiale. Salone Fieristico, Rimini, Italien
— Unofficial Soviet Artists. Galerie Holst Halvorsens Kunsthandel A.S., Oslo
— Museum of Soviet Unofficial Art (Eröffnungsausstellung). Jersey City, USA

1981
Galerie Virus, Lausanne, Schweiz
— 25 Years of Soviet Unofficial Art: 1956–1981. Museum of Soviet Unofficial Art, Jersey City, USA

1982–1983
The Russian Still-Life and Portrait. C.A.S.E. Museum of Russian Contemporary Art in Exile, Jersey City, USA

1983
Portrait, nature morte et paysage russe. Musée d'Art Russe Contemporain, Montgeron, Frankreich
— Unofficial Art from the Soviet Union. (In Zusammenarbeit mit C.A.S.E. Musum of Russian Contemporary Art in Exile) Cannon Rotunda and Russel Rotunda, Capitol Hill, Washington D.C.
— Unofficial Art from the Soviet Union. Jewish Community Center, Scranton, USA

1984
Einzelausstellung. Kurtschatow-Institut für Kernphysik, Moskau
— Moscou-Paris-New York. Galerie Marie-Thérèse, Paris
— Inoffizielle russische Kunst. Meerbuscher Kultursommer, Meerbusch, BRD
— L'art graphique. Galerie Marie-Thérèse, Paris
— Ten Years Ago. (The Tenth Anniversary of the «Bulldozer-Exhibition» in Moscow). C.A.S.E. Museum of Russian Contemporary Art in Exile, Jersey City, USA
— Il y a dix ans. Musée d'Art Russe Contemporain, Montgeron, Frankreich

1985
Sept peintres russes. Galerie Marie-Thérèse, Paris
— Eight Russian Artists. Profile Gallery (in Zusammenarbeit mit Galerie Marie-Thérèse, Paris), New York

1986
Einzelausstellung. C.A.S.E. Museum of Russian Contemporary Art in Exile, Jersey City, USA
— Contemporary Russian Art. (In Zusammenarbeit mit C.A.S.E. Museum of Russian Contemporary Art in Exile), Gettysburg College, Gettysburg, USA
— Zehnter Jahrestag der Gründung von Musée d'Art Russe Contemporain en Exil, Montgeron, Frankreich

Andrej Wladimirowitsch Rojter
* 12.11.1960

1977
Graphik. Malaja Grusinskaja, Moskau
1978
Zeichnung. Malaja Grusinskaja, Moskau
1979
Malerei und Graphik. Malaja Grusinskaja, Moskau
1980
Malerei und Graphik. Malaja Grusinskaja, Moskau

1981
Der Künstler und die Musik. Malaja Grusinskaja, Moskau
— Aquarell. Malaja Grusinskaja, Moskau
1982
14. Ausstellung junger Moskauer Künstler. Künstlerhaus am Kusnezkij Most, Moskau
— Der Künstler und die Stadt. Malaja Grusinskaja, Moskau
1983
15. Ausstellung junger Moskauer Künstler. Manege, Moskau
1984
Zehn Künstler. Malaja Grusinskaja, Moskau
— Herbstausstellung: Malerei. Malaja Grusinskaja, Moskau
1985
Frühlingsausstellung: Malerei. Malaja Grusinskaja, Moskau
— Acht Künstler. Malaja Grusinskaja, Moskau
— Herbstausstellung: Malerei. Malaja Grusinskaja, Moskau
1986
Graphik. Malaja Grusinskaja, Moskau
— Ausstellung des 21. Künstlers. Malaja Grusinskaja, Moskau
— 17. Ausstellung junger Moskauer Künstler. Künstlerhaus am Kusnezkij Most, Moskau
1987
Der Künstler und die Gegenwart. Ausstellungsräume an der Kaschirskoje Chaussee, Moskau
— Die Jugend unseres Landes. Manege, Moskau
— Vereinigung Ermitage (1. Ausstellung), Moskau
— Erste Auktion des Kulturfonds, Moskau
— Chicago Art Fair
— Wohnstätte. Vereinigung Ermitage, Moskau
— Retrospektive Ausstellung Moskauer Künstler 1957–1987. Vereinigung Ermitage, Moskau
— Kubismus-Ausstellung. Club der Avantgardisten, Moskau
1987/1988
Wanderausstellung «In der Hölle». Club der Avantgardisten, Moskau

Eduard Arkadijewitsch Schtejnberg
* 3.3.1937

1961
Ausstellung im Klub, Tarussa, Sowjetunion
— Ausstellung junger Künstler der MOSCh, Moskau
1963
Ausstellung im Dostojewskij-Museum, Moskau

1965
Ausstellung im Institut für Atomenergie, Moskau
1967
Enthusiasten-Chaussee: Ausstellung der «12» (Sammlung Gleser), Moskau
— Malerei und Zeichnung (Sammlung Gleser). Georgischer Künstlerverband, Tbilisi, Sowjetunion
1968
Ausstellung junger Künstler. Künstlerhaus am Kusnezkij Most, Moskau
1970
Nuovi correnti a Mosca. Museo Belle Arti, Lugano, Schweiz
1974
Progressive Strömungen in Moskau 1957–1970, Museum Bochum
1975
Zwanzig Moskauer Künstler. Pavillon für Imkerei, Ausstellung der wirtschaftlichen Errungenschaften der UdSSR, Moskau
— Russische nonkonformistische Maler (Sammlung Gleser). Kunstverein Braunschweig; Kunstverein Freiburg i. Brsg.; Kunstamt Charlottenburg, West-Berlin
— Der russische Februar in Wien (Sammlung Gleser). Künstlerhaus Wien
— Sieben aus Moskau. Galerie Brandstätter, Wien
1976
Musée Russe en Exil (Eröffnungsausstellung), Montgeron, Frankreich
— La peinture russe contemporaine. Palais de Congrès, Paris
1977
Art et matière. Orangerie du Luxembourg, Paris
— Unofficial Russian Painting. Institute of Contemporary Art, London
— La nuova arte sovietica: una prospettiva non ufficiale. La Biennale di Venezia
— New Art from the Soviet Union. The Herbert F. Johnson Museum of Art, Cornell University, Ithaca, N.Y.
1978
Jankilewskij, Schtejnberg. Malaja Grusinskaja, Moskau
— La nuova arte sovietica. La Biennale di Torino. Palazzo Reale, Turin
— Russische Malerei der Gegenwart. Saarland-Museum, Saarbrücken
— Modern Unofficial Soviet Art. Municipal Museum, Tokyo
1979
Farbe, Form, Raum. Malaja Grusinskaja, Moskau

– 20 Jahre unabhängige Kunst aus der Sowjetunion. Museum Bochum
– Vierte Dimension im Viereck. Galerie Mart, Rockenberg, BRD
1980
19 Künstler. Malaja Grusinskaja, Moskau
– Die Kunst Osteuropas im 20. Jahrhundert. Zweiter Weltkongreß für Sowjet- und Osteuropastudien, Garmisch-Partenkirchen, BRD
1981
Nouvelles tendances de l'art russe non officiel 1970–1980. Le Centre Culturel de la Villedieu, Frankreich
– Schtejnberg, Neiswestnyj. Galerie Händer, Stockholm
1982
Malerei. Malaja Grusinskaja, Moskau
– Drei Ein-Abend-Ausstellungen, Moskau
– Morgnerhaus, Soest
1983
Graphik. Malaja Grusinskaja, Moskau
– Einzelausstellung. Zentrum für interdisziplinäre Forschung der Universität Bielefeld, Bielefeld
1984
Russische Kunst der Gegenwart. Dauerausstellung des Museums Bochum
– Das Prinzip Hoffnung. Museum Bochum
1985
Jankilewskij, Kabakow, Schtejnberg. Universität Bielefeld, Museum Bochum
1986
Einzelausstellung. Katholische Akademie der Erzdiözese Freiburg i. Brsg., BRD
1986/1987
Malerei. Malaja Grusinskaja, Moskau
1987
Der Künstler und die Gegenwart. Ausstellungsräume an der Kaschirskoje Chaussee, Moskau
– Einzelausstellung. Vereinigung Ermitage, Moskau
1988
Einzelausstellung. Galerie Claude Bernard, Paris

Wadim Abramowitsch Sidur
*28. 6. 1924   †26. 6. 1986

Einzelausstellungen:
1968
Zentrales Haus des Schriftstellerverbandes, Moskau
1972
Kreissparkasse in Verbindung mit der Galerie Lometsch, Kassel, BRD

1974
Staatliche Galerien (Schloß Wilhelmshöhe) aus Anlaß der Aufstellung der Plastik «Den Opfern der Gewalt», Kassel
1975
Studio-Galerie der Universität Konstanz, BRD
1977
University Art Gallery, Fairbanks, Alaska
1978
Galerie im Gang, Rathaus Charlottenburg, West-Berlin
– Studio-Galerie der Universität Konstanz, BRD
– Galerie des Wessenberghauses (Kunstverein), Konstanz
1979
Ritterhaus-Museum, Offenburg, BRD
– Galerie im Historischen Zuckerspeicher (Cremon 20), Hamburg
1980
Kleine Orangerie des Charlottenburger Schlosses, West-Berlin
– Galerie Weinand-Bessoth, Saarbrücken
1981
Kunstamt der Stadt Wetzlar, BRD
1982
Galerie auf der Empore aus Anlaß der Einweihung der Plastik «Die heutige Situation» auf dem Gelände der Universität Konstanz
– Ausstellung im Teppichhaus Keil und Kath, Bochum
1983
Rheinisch-Westfälische Auslandsgesellschaft, Dortmund
1984
Museum Bochum
– Neue Galerie, Kassel
– Galerie auf der Empore, Konstanz
– Kornhaus (Kulturamt der Stadt), Tübingen
1985
Evangelische Studentengemeinde, Würzburg
1986
Galerie Uni-art, Elblag, Polen
1987
Kunstverein, Heidelberg
– Komitee zur Verteidigung des Friedens, Moskau
– Klub des Kirower Stadtbezirks, Moskau

Gruppenausstellungen (W. Sidur):
1956
Ausstellung in der Akademie der Künste, Moskau
– Zweite Ausstellung junger Moskauer Künstler, Moskau
– Dritte Gruppenausstellung junger Künstler, Moskau

1957
Angewandte und dekorative Volkskunst der Russischen SFSR
– Skulpturenausstellung MOSCh, Moskau
– Ausstellung für angewandte Kunst anläßlich des 6. Welt-Jugendfestivals, Moskau
– Dritte Ausstellung junger Moskauer Künstler, Moskau
1958
Vierte Ausstellung junger Moskauer Künstler, Moskau
– Allunionskunstausstellung (40 Jahre Komsomol), Moskau
1971
Galerie Licht, Frauenfeld, Schweiz
1977
La nuova arte sovietica: una prospettiva non ufficiale. La Biennale di Venezia
1978/1979
Politische Graphik. Rathaus Charlottenburg, West-Berlin
1979
Zwanzig Jahre unabhängige Kunst aus der Sowjetunion. Museum Bochum
1980
Mein liebstes Bild. Offenburg, BRD
– Die Kunst Osteuropas im 20. Jahrhundert. Zweiter Weltkongreß für Sowjet- und Osteuropastudien, Garmisch-Partenkirchen, BRD
1983
Malaja Grusinskaja, Moskau
– Die menschliche Figur. Plastiken und Objekte. 8. Internationales Plastik-Symposium, Lindau am Bodensee
1983/1984
Gesellschaft für Strahlen- und Umweltforschung, München-Neuberg
1987
Das Objekt. Malaja Grusinskaja, Moskau
– Retrospektive Ausstellung Moskauer Künstler 1957–1987. Vereinigung Ermitage, Moskau
– Schrecken und Hoffnung. Deutsch-sowjetische Ausstellung. Kunsthalle, Hamburg

Üllo Sooster
*17. 10. 1924   †25. 10. 1970

1952
Ausstellung junger Künstler, Moskau
1962
Ausstellung der Gruppe des Beljutin-Ateliers, Bolschaja Kommunistitscheskaja-Straße, Moskau
– Hotel «Junost», Moskau
– Ausstellung zum 30. Jahrestag der Gründung der MOSCh, Manege, Moskau

1965
– Zeichnungen und Graphik junger sowjetischer Künstler. Usti na Orlici – Most, Tschechoslowakei
– Zlote Grono. Zielona Góra, Polen
1966
16 Künstler aus Moskau. XIX. Festival der Schönen Künste. Sopot-Poznan, Polen
1969
Nuova Scuola di Mosca. Galleria Pananti, Florenz
1970
Einzelausstellung. Staatsmuseum, Tartu, Estland
– Einzelausstellung. Künstlerverband, Tallin, Estland
– Nuovi correnti a Mosca. Museo Belle Arti, Lugano, Schweiz
– Russische Avantgarde in Moskau heute. Galerie Gmurzynska, Köln
1973
– Russische Kunst der Gegenwart, Graphiken der Avantgarde. Museum am Ostwall, Dortmund
1978
Einzelausstellung. Malaja Grusinskaja, Moskau
1984
Einzelausstellung. Staatsmuseum, Tartu, Estland
1986
Einzelausstellung. Staatsmuseum, Tallin, Estland

Boris Petrowitsch Sweschnikow
*1. 2. 1927

1974
Malaja Grusinskaja, Moskau
– Huit peintres de Moscou. Musée de Peinture et de Sculpture, Grenoble, Frankreich
1976
– La peinture russe contemporaine. (In Zusammenarbeit mit Musée Russe en Exil, Montgeron) Palais de Congrès, Paris
1977
Secker Marburg, London
– La nuova arte sovietica: una prospettiva non ufficiale. La Biennale di Venezia
1987
Retrospektive Ausstellung Moskauer Künstler 1957–1987. Vereinigung Ermitage, Moskau

Iwan Semjonowitsch Tschuikow
*22. 5. 1935

1957
Ausstellung junger sowjetischer Künstler anläßlich des 6. Welt-Jugendfestivals, Moskau

1967
6. Ausstellung junger Künstler, Moskau
1976
Ausstellung im Atelier von L. Sokow. Beteiligung an sieben Ausstellungen in Wohnungen, Moskau
1977
La nuova arte sovietica: una prospettiva non ufficiale. La Biennale di Venezia
– Unione Sovietica 1960–1977. Arte cinetica, poesia visiva, arte concettuale, happening & fotografia (sieben Teilnehmer). Galerie Laboratorio, Mailand
1978
Wissenschaft und Kunst. Haus der Akademie der Wissenschaften, Moskau
1979
Farbe, Form, Raum. Malaja Grusinskaja, Moskau
– Quatre photographes soviétiques. Centre Pompidou, Paris
– Das andere Kinderbuch. Galerie Remont, Warschau
1981
25 Years of Soviet Unofficial Art: 1956–1981. Museum of Soviet Unofficial Art, Jersey City, USA
1984
Fotografie in der Malerei. Staatsmuseum, Tartu, Estland
– Tradition und Gegenwart. Düsseldorf, Hannover, Stuttgart
1986
18 Künstler. Malaja Grusinskaja, Moskau
1987
Der Künstler und die Gegenwart. Ausstellungsräume an der Kaschirskoje Chaussee, Moskau
– Das Objekt. Malaja Grusinskaja, Moskau
– Wohnstätte. Vereinigung Ermitage, Moskau
– Retrospektive Ausstellung Moskauer Künstler 1957–1987. Vereinigung Ermitage, Moskau
– Gegenwartskunst aus der Sowjetunion: Ilja Kabakow und Iwan Tschuikow. Museum für Gegenwartskunst, Basel
– FIAC. Galerie de France, Paris

Wadim Arisowitsch Zacharow
*10.10.1959

1979
Gruppenausstellung in der Wohnung von Jurij Albert, Moskau
1982
Galerie APTART (1. Ausstellung), Moskau
– APTART in der Natur. Kalistowo, 29. Mai

1983
Come Yesterday and You'll Be First. City Without Walls. Newark, N.J.
– Contemporary Russian Art Center of America, New York
– Sieg über der Sonne. Galerie APTART, Moskau
– APTART hinter dem Zaun. Siedlung Tarassowka
– Ausstellung «SZ» (W. Skersis, W. Zacharow). Galerie APTART, Moskau
1984
Wanderausstellungen «SZ», Moskau
– Einzelausstellung. Galerie APTART, Moskau
1985
APTART in Tribecca. Washington D.C.
1986
O, Malta! Botschaft von Malta, Moskau
– 17. Ausstellung junger Moskauer Künstler. Künstlerhaus am Kusnezkij Most, Moskau
– Kunst gegen Kommerz. Bitza-Park, Moskau
1987
Club der Avantgardisten (1. Ausstellung), Moskau
– Direct from Moscow! Gallery Phillis Kind, New York
– Visuelle künstlerische Kultur. Vereinigung Ermitage, Moskau
– Wohnstätte. Vereinigung Ermitage, Moskau
– Retrospektive Ausstellung Moskauer Künstler 1957–1987. Vereinigung Ermitage, Moskau
– Kubismus-Ausstellung. Club der Avantgardisten, Moskau
1987/1988
Wanderausstellung «In der Hölle». Club der Avantgardisten, Moskau

Anatolij Timofejewitsch Zwerew
*3.11.1931 †9.12.1986

1965
Einzelausstellung. Galerie Motte, Paris
– Einzelausstellung, Genf
1967
Enthusiasten-Chaussee, Klub Druschba, Moskau
– Malerei und Zeichnung (Sammlung Gleser). Georgischer Künstlerverband, Tbilisi, Sowjetunion
– La Peinture Nouvelle d'Union Soviétique. Galerie ABC, Maison de la Tour, St. Restitut, Drôme, Frankreich
– A Survey of Russian Painting. Fifteenth Century to the Present. Gallery of Modern Art, New York

1970
Nuovi correnti a Mosca. Museo Belle Arti, Lugano, Schweiz
1971
Alexej Smirnov und die russische Avantgarde. Kunstgalerie Villa Egli-Keller, Zürich
– Zehn Moskauer Künstler. Københavns Kommunes Kulturfond, Kopenhagen
1974
Progressive Strömungen in Moskau 1957–1970. Museum Bochum
– Huit peintres de Moscou. Musée de Peinture et de Sculpture, Grenoble, Frankreich
1975
Zwanzig Moskauer Künstler. Pavillon für Imkerei, Ausstellung der wirtschaftlichen Errungenschaften der UdSSR, Moskau
– Russischer Februar 1975 in Wien. Künstlerhaus, Wien
– Sieben aus Moskau. Galerie Brandstätter, Wien
– Russische nonkonformistische Maler (Sammlung Gleser). Kunstverein Braunschweig; Kunstverein Freiburg i. Brsg.; Kunstamt Charlottenburg, West-Berlin
1976
Musée Russe en Exil (Eröffnungsausstellung), Montgeron, Frankreich
– Alternativen (Sammlung Gleser). Kunstverein, Esslingen. BRD
– Russische nonkonformistische Maler (Sammlung Gleser). Städtische Galerie «Die Fähre», Saulgau, BRD
1978
La nuova arte sovietica. La Biennale di Torino. Palazzo Reale, Turin
1979
Première Biennale des peintres russes. (In Zusammenarbeit mit Musée d'Art Russe, Contemporain) Centre des Arts et Loisirs du Vesine, Vesine, Frankreich
– Moscou–Paris. Musée Russe en Exil, Montgeron, Frankreich
1980
Museum of Soviet Unofficial Art (Eröffnungsausstellung), Jersey City, USA
1981
25 Years of Soviet Unofficial Art: 1956–1981: Museum of Soviet Unofficial Art, Jersey City, USA
1981/1982
25 ans de l'art russe non-officiel. Musée de l'Art Russe Contemporain, Montgeron, Frankreich
1982
Russian Abstract and Pop Art. Museum of Russian Contemporary Art in Exile, Jersey City, USA

1982/1983
The Russian Still-Life and Portrait. C.A.S.E. Museum of Russian Contemporary Art in Exile, Jersey City, USA
1983
Einzelausstellung. Malaja Grusinskaja, Moskau
1985
Three Russian Expressionists. Miro and Spizman Fine Arts, London

Konstantin Wiktorowitsch Zwesdotschotow
*22.9.1958

1978
Experiment. Malaja Grusinskaja, Moskau
1982
Galerie APTART (1. Ausstellung), Moskau
– Einzelausstellung. Galerie APTART, Moskau
– APTART in der Natur. Kalistowo 29. Mai
1983
Come Yesterday And You'll Be First. City Without Walls. Newark, N.J.
– Contemporary Russian Art Center of America, New York
– APTART hinter dem Zaun. Siedlung Tarasowka
– Einzelausstellung. Galerie APTART, Moskau
1984
Ferne Länder. Galerie APTART, Moskau
– Für die Seele und das Körperchen (zusammen mit N. Aleksejew). Galerie APTART, Moskau
1985
APTART in Tribecca. Washington D.C.
1986
Bewaffneter Dezember-Aufstand. Privatwohnung, Moskau
– O, Malta! Botschaft von Malta, Moskau
– Kunst gegen Kommerz. Bitza-Park, Moskau
1987
Club der Avantgardisten (1. Ausstellung), Moskau
– Visuell-künstlerische Kultur. Vereinigung Ermitage, Moskau
– Wohnstätte. Vereinigung Ermitage, Moskau
– Retrospektive Ausstellung Moskauer Künstler 1957–1987. Vereinigung Ermitage, Moskau
– Kubismus-Ausstellung. Club der Avantgardisten, Moskau
1987–1988
Wanderausstellung «In der Hölle». Club der Avantgardisten, Moskau

© Copyright 1988 by
EDITION STEMMLE,
Verlag 'Photographie' AG,
CH-8201 Schaffhausen.
Alle Rechte vorbehalten,
insbesondere die der
Reproduktion jeder Art.

Die Texte der Künstler sind im
Auftrag des Herausgebers speziell
für dieses Buch geschrieben
worden.

Die Porträt- und Atelieraufnahmen
sind von Jurij Scheltow,
ausgenommen die von
Wadim Sidur: E. Gladkow,
und die von Anatolij Zwerew:
W. Palmin.

Übersetzungen der Texte aus
dem Russischen:
Małgorzata Czyszkowska,
mit Ausnahme des Textes zu
Zwerew:
Gisela Riff-Eimermacher,
und zu Zacharow:
Liesl Ujvary.
Mit freundlicher Genehmigung
der Zeitschrift Durch 2/1987.

Gestaltung: Ewald Graber –
Meret Meyer, Bern
Produktion: Peter Renn
Photolithos: Schwitter AG,
CH-4123 Allschwil
Satz, Druck: Meier + Cie AG,
CH-8201 Schaffhausen
Buchbinder: Buchbinderei
Schumacher, CH-3185 Schmitten

ISBN 3-7231-0370-7